本研究为2020年国家社科基金重大项目"制度型开放与全球经济治理制度创新研究（项目编号：20&ZD061）"的阶段性成果

GLOBAL
INVESTMENT GOVERNANCE
AND SYSTEM CONSTRUCTION

全球投资治理与
体系建构

陈伟光 王燕 著

人民出版社

序　言

冷战终结后，全球化进入高涨时期，全球治理的理论概念也开始在学术领域流行。1995 年"全球治理委员会"首次对"治理"加以界定，强调治理是各种公共的和私人领域的个人和各类管理共同事务的方法的总和，其要义和宗旨在于"多元协同的治理，利益协调的治理、规则为基础的治理、公正公平的治理以及有序高效的治理"。全球治理是全球化派生出来的概念，两者之间具有密不可分的内在逻辑关联。

第一，全球治理源于对全球问题和公共事务协商、处理和解决的需要。全球性问题主要是全球化引起的，全球治理的提出反映了国际社会对全球秩序维护和对全球性问题的担忧，是无政府状态下对世界秩序的有目的和有意向的塑造。全球治理强调的是与政府统治相区别的无政府状态下的世界政治，其主体的多元性不仅从国家拓展到超国家的各类国际组织，还包括跨国公司及全球公民社会；其方式强调的是基于规则的治理，其目标强调的是公平和有效的"善治"。

第二，从全球化和全球治理的关系上说，全球化是因，全球治理是果，全球化主要遵循经济的逻辑，全球治理主要体现政治的向度。全球化与全球治理的关系说明，只有这两者相适应，全球化进程才会顺利。有一个好的全球治理，全球化才会蓬勃发展，全球治理如果跟不上全球化的步伐，出现治理赤字或治理失效，全球化必然受阻。历史经验也表明，在20 世纪 30 年代大萧条引发的贸易保护主义中，西方国家没有协调好治理，导致了上一轮的全球化的中断。二战胜利后，美国主导的以布雷顿森林体系为基础的规则体系，为全球贸易和金融运行奠定了制度基础，推动了新近一轮全球化的极大扩张。国际金融危机的爆发以及随后的全球经济长期低迷，又反映了传统的全球治理体系不适应新的世界格局和全球化发展的需要。

第三，从更深层次的意义上讲，全球治理以管理和促进全球化为宗旨，并非是全球化的被动应对。作为全球化社会的上层建筑，全球治理源自全球化并超越全球化，全球性问题也并非都直接源自全球化，如全球气候治理领域内，温室气体的排放并不是全球化的直接结果，太空、极地和深海等全球性问题也是如此。所以，全球治理超越全球化效应并体现对全球公域的共同管理。

全球经济治理是脱胎并从属于全球治理的一个概念。毋庸置疑的是，就像经济全球化是全球化重要组成部分一样，全球治理和全球经济治理是不可分割的，由于经济全球化是全球化的先导和主体内容，全球经济治理也是全球治理的主体和核心，但又不是全球治理的全部。全球治理除了在经济领域的合作、协调外，还要共同处理、解决诸如环境、能源、安全、网络以及太空、极地等各个领域的全球问题。具体来讲，全球经济治理的内容主要包括下述几个方面。

一是全球宏观经济的治理。针对供求市场全球化与全球市场统一管理主体缺位的矛盾，需要完善全球货币体系，建立各国财政政策、货币政策和汇率政策的合作和协调机制，以维护全球经济的稳定和发展、减少全球经济的波动、预防危机的发生或在危机出现时共同"救市"。二是全球金融治理。源于金融市场的一体化、金融全球化与全球金融监管不力的矛盾，需要构建金融市场和金融机构监管的全球合作和协调机制，防范和处置金融体系风险。三是全球贸易治理。针对产业关联纵深发展带来的贸易全球化与全球贸易共同管理不足的矛盾，需要建立多边贸易体制推进贸易自由化，以调解和处理贸易纠纷。四是全球产业治理。针对生产网络的全球分布和全球价值链的形成，需要建立基于协调的校正机制运作的制度治理系统，需要各国产业政策和全球价值链治理过程中的合作与协调。五是全球会计治理。针对全球经济一体化趋势与全球会计制度非同一性的矛盾，需要由政府、非政府组织、私人企业及社会团体等为解决全球性的会计问题而形成对话、协商机制。其核心问题是会计准则的国际协调与趋同，以形成高质量的、单一的会计标准，建立全球范围内被普遍认可并执行的高质量财务报告准则体系。六是发展治理。针对全球化带来的总体经济增长与全球经济发展不平衡等加剧的矛盾，需要加强和完善以收入公平为目标，以减贫、脱贫为主体内容的国际多边合作协调机制，缩小穷国和富国的发展差距。

国家是全球经济治理的最重要的行为主体，这是无世界政府条件下的基本特征。冷战结束后，中国主动融入发达国家主导的经济全球化及其治理体系，在相当一段时间内，中国参与全球经济治理中表现为能力的不足、地位的次要和行动的约束。以至于一些学者认为，中国参与全球经济治理的过程，实际上是"被"全球经济治理的过程。2008年应对全球金融的"20国集团峰会（G20）"首次召开，标志着发达国家和新兴市场国家对全球经济合作共治的时代到来，也标志着中国开始走向了全球经济治理的舞台中心。随着中国经济的进一步崛起，中国愈来愈成为国际社会关注的焦点，与世界的互动关系也越来越紧密，中国提出的有关全球发展和全球秩序的主张和方案受到广泛的重视，在全球经济治理上的话语权和影响力得到显著的提升。可以看到，在国内重大会议和国际重要场合，中国领导人提出一系列主张和倡议，"中国积极参与全球经济治理""提高中国在全球经济中制度性话语权""增加新兴市场国家和发展中国家的代表性和发言权""推动国际秩序和全球治理体系朝着更加公正合理方向发展""倡导共商共建共享的全球治理的理念"等，发出了更多的中国声音、注入了更多的中国元素，表达了当代中国的利益诉求和责任担当，也是中国趋向实施更加积极有为国际战略的体现。在实践中，中国通过"一带一路"建设、金砖国家合作机制以及新型大国关系协调等模式，积极推进全球经济治理体系的改革，力促 G20 向全球经济长效治理机制成功转型，最终形成以中国理念和实践引领全球经济治理的新格局。

如何提升中国全球经济治理中的话语权？中国参与全球经济治理的合理的战略路径是什么？这不仅是一个重大现实问题，也是一个重大理论问题，需要广大理论工作者的理性探索和科学求证。广东外语外贸大学国际战略跨学科研究团队，是在校党委书记、学科带头人隋广军教授亲力亲为下组建的。2010 年以来，他领军团队聚焦于全球经济治理问题的研究，集中研究资源攻关这一研究方向，经过两年的跟踪研究和成果积累，于 2012 年获得了教育部长江学者和创新团队发展计划的立项资助，2017 年创新团队计划获得优秀结项，并获得教育部长江学者和创新团队 2008—2010 年期间的滚动支持。

经过该计划的精心培育和团队成员的精诚合作，"'一带一路'与全球经济治理互动机制研究"团队获得了一批标志性成果，特别是在该研究方向上，团队获得了多项国家重大项目的资助，如 2015 年和 2016 年分别承接的国家社科基金重大项目："'一带一路'战略与中国参与全球经济治理问题研究"和"提高中国在全球经济治理中的制度性话语权"。这里要感谢中国科学院汪寿阳教授和中山大学李新春教授，还要感谢阳爱民、李青、肖鹞飞、周骏宇和程永林等一批校内的专家学者，他们在团队前期培育阶段的辛勤付出和智慧贡献，是不可忘怀的。

"'一带一路'与全球经济治理互动机制研究"团队是广外教育部创新总团队中五个研究团队之一，这本呈现给读者的专著，是团队成员历时两年心血打造的力作。与同类研究比较，该成果的主要内容和创新特色如下：

　　一是将全球经济治理理论与制度性话语权理论进行有机地结合。在全球经济治理的语境下发展了制度性话语权的理论，对党的十八届五中全会提出的"提高中国在全球经济治理的制度性话语权"重大战略实践进行了理论层面上的深度研究。综合运用话语理论、新制度经济学理论、新自由制度主义和建构主义等核心成果，建立了全球经济治理的制度性话语权的理论分析框架。

　　二是将国际经济制度的发展与中国的战略选择结合起来，开展对全球经济治理的形成及其制度变迁的中国角色的研究。针对全球经济治理面临有效性和合法性不足等问题，提出中国在全球经济治理制度改革中的定位、原则、目标和路径。本书不乏高屋建瓴的国际机制演进、大国协调关系发展等内容，也"颇具地气"地探讨中国提升制度性话语权的话语身份、话语场合、话语内容、话语时机、话语方式等具体策略。

　　三是体现了跨学科交叉研究特色。本书注重学科之间的相互借鉴和融合，以国际政治经济学、法学、国际关系学和社会学相关学科理论为基石，探讨了全球经济治理下的制度演进及话语权分配，赋予全球经济治理与话语权这一议题全新的解释，勾勒了中国在全球治理中制度性话语权提升战略的路线图。

　　这本书的完成是团队共同努力的结果，全书共分为六章，其中第一章、第二章由陈伟光教授撰写。第三章、第四章由王燕副教授撰写。第五章、第六章由陈伟光教授、王燕副教授撰写。广东外语外贸大学 2016 级金融硕士生王小龙、钟华明在第二章、第五章部分小节资料收集、数据汇编及初稿撰写方面提供了协助，广东外语外贸大学战略研究院郭晴博士在审核、补充第二章、第五章数据方面提供了帮助。

　　这里要特别感谢王燕副教授，整个书稿在修改、调整、统稿乃至联系出版等工作中，她不辞辛苦，付出了大量的精力和劳动。还要感谢，对在本书写作设计和修改过程中提出建议的李青、肖鹞飞、梁立俊、陈万灵、程永林、王璐瑶、郭晴等学者。

  正值本书将要付梓之际，全球化进程开始显现出新的趋势：全球贸易增速急剧下滑、投资不振和劳动力流动趋缓；英国脱欧和欧洲一体化进程的受挫；西方跨国银行的国际贷款增幅减少、国际资本流动放缓、部分企业回流到本国市场；主要西方国家的移民政策、投资政策、监管政策等都有朝着逆全球化方向发展的倾向。这种"逆全球化"或"去全球化"潮流，是二战以来从未有过的现象，以至于一些学者认为这是"新自由市场的全球化终结"和"后全球化时代的到来"。实际上，当前的全球化逆动趋势，是全球金融危机调整后的滞后反映，收入分配问题、就业问题和难民潮问题是其中的主要诱因。从根源上讲，是全球化和全球治理的不匹配，致使全球治理失灵的结果。大国是全球化的主要推动者和全球治理规则的设计者，但也可以成为去全球化的主要推手。面对发达国家去全球化引发的不利形势，中国应如何应对？这一现实问题是对理论工作者的挑战和考验，本研究团队任重而道远！

陈伟光

2020 年 10 月 25 日

目　录

第一章　全球投资治理：概念厘定及理论溯源

第二次世界大战后，尤其是在第三次科技革命的推动下，整个世界面貌发生了显著的改变，全球政治局势相对稳定、经济飞速发展、文化相互融合，和平与发展成为时代主题。在世界变革潮流中，世界经济得到了前所未有的发展，各国经济相互依存度越来越高。民族国家间、国际企业间的竞争愈演愈烈，越来越多的国家和经济体主动或被动、自觉或不自觉地融入全球经济体系。经济全球化浪潮正以不可阻挡之势席卷着全球每一个角落，并成为世界经济发展的不可逆转的趋势。经济全球化涵盖生产、贸易、金融和投资等众多领域，在其进程中，跨国直接投资扮演了不可替代的作用，它是经济全球化的原动力和加速器，与此同时，经济全球化是国际投资发展的推动器，两者具有互助性的关系。

第一节　经济全球化与国际直接投资

一、经济全球化

"经济全球化"一词最早是由 T. 莱维于 1985 年提出的，现已经被人们广泛接受并使用，正如美国学者丹尼尔·耶金所言："大约不到 10 年前创造的'全球化'这个词已成为国际经济中难以回避的和被公认有用的格言。"①虽然经济全球化已被广泛地接受和使用，但是由于经济全球化包涵着极为丰富和复杂的含义，学术界至今仍未对其定义达成一致的看法。各国学者或组织机构从不同的方面或角度进行分析，试图给出一个能被广泛认可的经济全球化的定义。例如，国际货币基金组织（IMF）把经济全球化视为世界经济发展的客观过程，并认为经济全球化是世界经济相互依赖的反映。IMF 在 1997 年 5 月发表的《世界经济展望》中指出，"经济全球化表现为跨国商品与服务贸易及资本流动规模和形式的增加，以及技术的广泛迅速传播，使世界各国经济的相互依赖性增强"②。在《迈进 21 世纪：1999/2000 年世界发展报告》中，世界银行从全球一体化的角度定义经济全球化："经济全球化就是通过扩大商品、服务、资本、劳动力和观念的流动以及通过各国解决全球环境问题的集体行动而使世界各国经济持续一体化。"还有学者认为经济全球化就是全球资本主义化，如美国学者阿里夫·德里克教授认为，在经济全球化历史进程中，生产、贸易、资本、科学技术以及资本主义生产关系在世界市场上自由发展，从而使资本主义的政治、经济和文化渗入到了世界上的每一个角落。③

综上所述，不难看出，国内外学者对经济全球化的定义因出发点和研究问题的角度不同而各不相同。不同观点都有一定根据和道理，强调了经济全球化的不同方面或特征。本书认为，经济全球化的定义需要考虑以下几个方面：第一，经济全球化是一个历史过程，它是国际生产力发展和国际分工的产物，其产生和发展具有客观性，不以任何人的意志为转移。第二，经济全球化是资源在全球范围的优化配置，商品、服务和生产要素等

---

① ［美］丹尼尔·耶金：《一个时堪词的诞生》，《新闻周刊》1999 年第 2 期。
② 国际货币基金组织：《世界经济展望》，中国金融出版社 1997 年版，第 45 页。
③ 董岩：《经济全球化基本问题研究》，吉林大学博士论文，2013 年 5 月。

在全球范围按照自身的规律和要求自由并且高效地配置。第三，发达资本主义国家主导了经济全球化进程，并向世界宣扬其经济制度。第四，经济全球化促使世界经济融为一个有机整体，各国经济相互影响、相互制约，几乎每一个经济体、国家、企业都不可避免地卷入经济全球化的浪潮之中。

　　经济全球化是世界经济和科技发展的产物，其经历了一个漫长的发展过程。从历史上看，经济全球化作为一种现象已经存在了几百年，迄今经历了四个高速发展的阶段，[①]尤其是目前的第四阶段（20世纪90年代至今），经济全球化发展到了一个崭新的阶段，达到前所未有的高度。生产全球化、贸易全球化、金融全球化、投资全球化、产业全球化、科技全球化等共同构成了经济全球化的庞大网络体系。经济全球化浪潮的形成并非偶然的，其形成具有必然性。具体而言，经济全球化形成的原因主要有以下几个方面：冷战结束后，国际局势相对稳定为经济全球化提供了良好的国际环境；生产力的发展为经济全球化提供了物质基础；以信息技术为核心的新科技革命是经济全球化的引擎；市场经济在世界范围的普及与发展是经济全球化的重要条件；保持强劲的全球扩张和渗透势头的跨国公司是经济全球化发展的主要载体；战后构建起来的国际货币基金组织、世界银行和世界贸易组织等三大国际经济组织为经济全球化提供了制度保障。

　　经济全球化改变着整个世界的面貌，世界经济得到飞速发展。经济全球化给世界各个国家和地区带来巨大的发展机遇，它有利于各国生产要素的优化配置和合理利用，促进了国际分工的发展和国际竞争力的提高，促进了经济结构的合理优化，推动人类走向文明。但是，经济全球化是一把"双刃剑"，人类不可忽视它所带来的危害，它在推动世界经济发展的同时

---

　　① 　唐海燕：《当代经济全球化的发展及其后果》，《华东师范大学学报（哲学社会科学版）》1999年第4期。

也破坏了部分国家或地区的政治、经济和文化。例如经济全球化带来了全球金融危机，导致贫富差距加大。世界环境污染也是经济全球化的一大危害。此外全球化还产生了国际移民和难民问题，加剧了民族和种族冲突、宗教冲突等。虽然经济全球化是一把"双刃剑"，但是其利大于弊，经济全球化是当代科学技术发展、生产力发展和国际分工发展到较高水平的必然结果，其深入发展的大趋势不会改变。

二、国际直接投资

伴随着经济全球化的快速发展，国际直接投资①（Foreign Direct Investment，简称 FDI）一词越来越频繁地出现在各种媒体和文献中。通常，国际直接投资又被称为外国直接投资、外商直接投资、海外直接投资或对外直接投资。从东道国角度而言，一般将其称为外国直接投资或外商直接投资；从投资国角度出发，一般将其称为海外直接投资或对外直接投资。②与经济全球化概念一样，国际上对国际直接投资尚无一个公认的定义。本书列举了几项具有代表性的观点，经济合作与发展组织（OECD）将国际直接投资定义为："一个国家的居民（直接投资者）在投资者所在国之外

---

① 按照投资经营权有无为依据，国际投资分为国际直接投资和国际间接投资。国际间接投资是指在国际债券市场购买中长期债券，或在外国股票市场上购买企业股票的一直投资活动，是投资国为获取固定的稳定的利息收益而向东道国的金融资本借贷活动。理论界对于国际直接投资与国际间接投资的区分存在争议，从理论上讲，国际直接投资与国际间接投资的根本区别在于是否获得被投资企业的有效控制权。本研究重点研究国际直接投资，几乎不涉及国际间接投资。

② 本研究根据不同的应用领域采用不同的名称，当强调世界直接投资行为整体时，一般采用国际直接投资或全球投资；当站在某一国家或地区的立场上时，一般采用对外直接投资，例如"中国对外直接投资""欧盟对外直接投资"；当应用于描述具体企业时，一般采用海外直接投资，例如"华为海外直接投资"。

的另一个国家的企业（直接投资企业）进行的以获得持久利益为目的的活动。持久利益的含义是指直接投资者和企业之间存在一种长期的关系，直接投资者对企业的管理有重大影响。"国际货币基金组织（IMF）将其定义为："在投资人以外的国家或经济区域所经营的企业中拥有的持续利用的投资，其目的在于对该企业的经营管理拥有有效的发言权或管理控制权。"世界贸易组织（WTO）在其 1996 年年报中指出："国际直接投资是指一个国家的投资者获得了来自另一个国家的资产，并具有管理该项资产的意图。"联合国贸易和发展会议（UNCTAD）在其发表的《世界投资报告》中指出："国际直接投资是一国（地区）的居民实体（外国直接投资或母公司）在其本国（地区）以外的企业（外国直接投资企业、分支企业或国外分支机构）中建立长期关系，享有持久利益，并对之进行控制的投资。"[①] 中国商务部等部门发布的《中国对外直接投资统计公报》则将对外直接投资定义为："我国企业、团体等在国外及港澳台地区以现金、实物、无形资产等方式，以控制国（境）外企业的经营管理权为核心的经济活动。对外直接投资的内涵主要体现在一经济体通过投资于另一经济体而实现其持久利益的目标。"虽然国际社会关于国际直接投资的定义有所差异，但都强调了国际直接投资是国（境）外投资、持续性投资、控制性投资等。简而言之，国际直接投资是投资者投向国（境）外的控制性投资，并以获取持续性投资利益为目的。[②]

追溯国际直接投资的起源，国内外学者一般认为其起源于 19 世纪中后期，至今已有一百多年的历史。1802 年，苏格兰酿酒商约翰·斯坦

① UNCTAD, World Investment Report 1998, UN/WIR/1998, p.350.
② 由于本研究所涉及的国际直接投资数据主要来源于联合国贸易和发展会议，且联合国贸易和发展会议（UNCTAD）关于国际直接投资的定义比较流行，本研究也主要在 UNCTAD 定义上使用国际直接投资的概念。

（John Stein）在俄国圣彼得堡开设酿酒厂，这被视为国际直接投资的萌芽。1855 年，美国 J. 福特公司在英国创办了一家橡胶厂，这家企业由美国人投资、设计、提供设备和管理，这可以算作世界上最早的一家现代意义的国际直接投资企业。[①] 此后，德国拜耳化学公司（1865 年）、瑞典诺贝尔公司（1866 年）、美国胜家公司（1867 年）等一批制造业公司先后在海外设立分支机构和子公司，这批早期跨国公司的相继建立标志着国际直接投资的起步，并且标志着国际直接投资在世界经济史上迈出了历史性的一步。

在一百多年的发展历程中，国际直接投资呈现出长期的增长趋势与短期的波动性发展趋势。投资规模不断增加，投资区域扩展至全球，投资格局发生了深刻的变化。国际直接投资起源于欧美等发达国家，这些国家一直是国际直接投资的主导力量，它们率先完成了工业化，并且出现"资本过剩"的现象，迫切需要开拓国际市场。国际直接投资在初期发展缓慢，投资规模小，主要流向农产品和原材料的主产地，并且投向生产初级产品和为生产初级产品服务的公共设施部门。随着经济全球化和新科技革命的快速发展，特别是 20 世纪 90 年代初以来，国际直接投资迅速发展，国际直接投资规模迅速扩大，投资格局发生变化。根据联合国贸发会议《世界投资报告 2017》数据显示，2016 年末，全球外国直接投资流出存量增长达到 26.2 万亿美元，发达国家对外直接投资仍占主导地位但主导力下降，发展中国家国际直接投资迅速发展，国际直接投资地位上升，大部分国家和地区主动或被动参与国际直接投资，投资区域覆盖全球，投资行业实现全覆盖，跨国并购成为国际直接投资的主要方式。国际直接投资政策朝着自由化、规范化和科学化发展，国际直接投资已经成为推进全球经济发展

① 陈亚南：《经济全球化中的国际直接投资研究》，厦门大学博士论文，2002 年，第 7 页。

的最重要、最活跃的因素，被誉为推动世界经济发展的"发动机"。

三、经济全球化与国际投资的关系

当前，经济全球化是世界经济的重要特征，是世界经济发展不可逆转的趋势。在经济全球化趋势下，各国或地区商品、服务、资本、技术等生产资料和生产要素在全球市场流动，生产过程、产品相互交换和消费，科学技术、信息服务等在全球范围内发生分工和合作，民族国家间、国际企业间的竞争愈演愈烈，使世界经济成为一个有机整体，形成"世界经济"。经济全球化主要体现为贸易全球化、金融全球化和生产全球化。贸易、金融、生产与投资是紧密联系、密不可分的，它们的发展必将带动国际直接投资的发展。它们优化了国际直接投资环境，为国际直接投资发展提供了广阔的空间，具有投资创造效应。反过来，国际直接投资是经济全球化的"发动机"，经济全球化以国际直接投资为先导，并以国际直接投资为其核心成分，国际直接投资所导致的资本、技术、人员、信息等要素在各国间更为自由的流动，将进一步加快经济全球化的进程，尤其是促进贸易、金融、生产的全球化。总之，经济全球化与国际直接投资都是世界经济发展的重要特征，它们相互依赖、相互影响，呈现一种互促性的关系。

（一）经济全球化加速国际直接投资发展

经济全球化优化国际直接投资环境，为其提供了广阔的发展空间。在经济全球化趋势下，各国（地区）经济交流突破了社会政治制度、宗教、文化等种种限制，市场对外开放程度显著提高，实现了商品、服务、资本和技术等跨国界、全球性的流动，形成一个开放的、统一的"全球市场"，而这个"全球市场"正是国际直接投资发展必要的条件。

在经济全球化浪潮下，要素的全球流动障碍得到极大地消除，以及各国经济联系加强，其主要体现为贸易全球化、金融全球化和生产全球化。贸易、金融和生产都是国际直接投资发展的动力因素，尤其是生产的全球化。国际直接投资主要方式是通过跨国投资建厂等生产性投资，从这个角度来说，生产全球化是国际直接投资发展的一个重要的动力。从全球产业结构的角度来看，经济全球化对全球产业结构调整有显著影响，而全球产业调整是国际直接投资发展的一个契机。经济全球化打破了原有的全球产业结构，各国内部也加紧优化本国国内产业结构，而产业结构的调整必然涉及投资。比如，由于中国加快国内产业结构调整，部分低端加工制造企业被迫转移至东南亚等成本较低的国家，国际制造企业纷纷在东南亚国家投资建厂，而一些高端企业则选择进入中国。经济全球化通过加强各国联系来影响国际直接投资规模和结构。为顺应经济全球化的趋势，世界各国和地区，尤其是发展中国家和地区都在积极采取措施，不同程度地开放本国的市场，为国际直接投资提供了投资场所，国际直接投资在各国、各区域、各大洲的投资规模、行业等进行了优化，使国际投资效益得到提升，推动国际直接投资合理、高效发展。

经济全球化既是一个过程，又是一种状态。一定时期经济全球化达到的状态会进一步促进国际直接投资的发展，跨国公司的对外直接投资具备一定规模之后，其本身具有的一定的自我繁衍功能也会使其进一步加大对外投资。[①]

（二）国际直接投资推动经济全球化进程

国际直接投资是经济全球化的重要载体，使各国经济在更高层次上相互融合，但经济全球化也以国际直接投资为先导。在经济全球化的进程

---

① 梁军：《国际直接投资的发展与中国不同地区的引资战略——基于时间和空间视角的研究》，上海社会科学院博士论文，2007 年。

中，跨国公司起到不可忽视的作用，是经济全球化的载体，促进经济全球化的形成，而跨国公司是国际直接投资的主体。因此，从某种意义上讲，国际直接投资是经济全球化的重要载体，是推动经济全球化主要因素和主要渠道，并使各国经济在更高层次上相融合。从近30年来对外直接投资的存量和流量的发展来看，跨国公司的数量和规模急剧发展，跨国公司的数量和规模已然成为国际直接投资规模大小的重要指标，经济全球化需要借助跨国公司的发展而发展，跨国公司成为经济全球化和国际直接投资的纽带，加强了经济全球化和国际直接投资的联系。另外，经济全球化所涵盖的生产全球化无疑主要是由跨国公司的对外直接投资推动的。

资本全球化是经济全球化的表现形式之一，而国际直接投资是资本的全球性流动，国际资本流动速度和广度的增强是形成全球性生产体系的原动力，也是经济全球化核心成分。经济全球化离不开国际直接投资，必须借助国际经济投资的发展而发展，它将导致资金、技术和人员等要素在各国间更为自由的流动，为世界统一市场的形成提供条件，将进一步加快经济全球化的进程。

第二节　全球投资治理概念辨析

在最近的二十年时间里，伴随着冷战体制的解体和全球化进程的快速推进，整个世界体系和格局发生了巨变。美苏对立的两极格局结束后，世界形成了"一超（指美国）多强（多指中国、欧盟、俄罗斯与日本）"的世界格局，随着新兴经济体的崛起（如中国、印度、巴西、南非等），世界格局正在走向多极化。在国际格局的巨变中，整个世界充满多重危机，全球性的问题愈演愈烈，例如阿富汗战争、伊拉克战争、乌克兰事件等地区局部战争与冲突，非洲的政治、种族、宗教、贫穷、疾病、安全等问

题，全球气温变暖、部分物种灭绝、水土污染等环境问题，世界金融危
机、欧洲主权债务危机等，这些全球现实问题甚至危机的滋生、蔓延和扩
展迫切需要"全球治理"。

一、全球治理

自从 1989 年世界银行在其报告中首次使用了"治理危机"（crisis in
governance）后，"治理"（governance）一词在世界上被广泛使用。正如
研究治理问题的专家鲍勃·杰索普 (Bob Jessop) 所说的那样："过去 15 年
来，它在许多语境中大行其道，以至成为一个可以指涉任何事物或毫无
意义的时髦词语。"[①]"治理"的概念可以追溯到古希腊，在该词的词源上，
治理有两种意思：一是众人划桨，二是对公共事务的治理。[②]"治理"概念
既是一个旧概念，也是一个新概念。一方面，它早在古希腊时期就出现
了，意指控制、引导和操纵，长期与"统治"（government）一词交叉使用；
另一方面，20 世纪 90 年代以来，治理作为一个新概念，为西方学者，特
别是政治学家和政治社会学家，重新做了界定。治理理论的主要创始人之
一詹姆斯·罗西瑙 (James N. Rosenau) 在其代表作《没有政府统治的治理》
和《21 世纪的治理》等文章中明确了治理与统治是不同的两种概念。他
将治理定义为一系列活动领域里的管理机制，它们虽未得到正式授权，却
能有效发挥作用。另外，他还指出："与统治不同，治理指的是一种由共
同的目标支持的活动，这些管理活动的主体未必是政府，也无须依靠国家

---

① ［美］鲍勃·杰索普：《治理的兴起及其失败的风险：以经济发展为例的论述》，
《国际社会科学杂志》1999 年第 2 期。
② ［法］卡蓝默：《破碎的民主》，高凌翰译，生活·读书·新知三联书店 2005
年版，第 4—5 页。

的强制力量来实现。换句话说，与政府统治相比，治理的内涵更加丰富。它既包括政府机制，同时也包括非正式的、非政府的机制。"①治理理论的另一位代表人物罗茨（R. Rhodes）认为：治理意味着"统治的含义有了变化，意味着一种新的统治过程，意味着有序统治的条件已经不同以前，或是以新的方法来统治社会"②。

自冷战结束后，"治理"概念被广泛应用于解决国际间的重大问题，"全球治理"（global governance）一词也逐渐流行起来。全球治理于 20 世纪 70 年代中期孕育而生，90 年代形成体系化概念。在冷战即将全面终结之际，即 20 世纪 90 年代初，德国政治家威利·勃兰特（Willy Brandt）最早提出全球治理的概念；几乎与此同时，全球治理理论的主要创始人之一——美国著名学者詹姆斯·罗西瑙从学术上提炼和建立了全球治理的概念和理论框架，他提出全球治理是"没有政府的治理"，强调全球治理是"通过运用控制手段追求具有跨国影响之目标的所有人类活动层面——从家庭到国际组织——的规则体系"③。新自由制度主义理论的代表人物罗伯特·基欧汉（Robert O. Keohane）和小约瑟夫·奈（Joseph S. Nye）则认为：全球治理是在全球化不断发展的条件下，当代国际体系中"正式和非正式的指导并限制一个团体集体行动的程序和机制"④。著名学者安东尼·麦克格鲁说："全球治理不仅意味着正式的制度和组织——国家机构、政府间合作等——制定（或不制定）和维持管理世界秩序的规则和规范，而且意味着所有其他组织和压力团体——从多国公司、跨国社会运动到众多的非

---

①　转引自俞可平：《全球治理引论》，《马克思主义与现实》2002 年第 1 期。

②　转引自俞可平：《全球治理引论》，《马克思主义与现实》2002 年第 1 期。

③　James N. Rosenau, "Governance in the Twenty-first Century", Global Governance, Vol.1, No.1, 1995, p.13.

④　[美] 约瑟夫·奈、约翰·唐纳胡主编：《全球化世界的治理》，王勇等译，世界知识出版社 2003 年版，第 10 页。

政府组织——都追求对跨国规则和权威体系产生影响的目标和对象。"① 此外、戴维·赫尔德、奥兰·扬、皮埃尔·塞纳克伦斯、罗伯特·吉尔平、罗伯特·考克斯等西方学者从不同的角度探讨了全球治理的概念。

　　随着中国融入世界大舞台，中国学者也重视对全球治理理论的研究。如中国学者蔡拓认为，"所谓全球治理，是以人类整体论和共同利益论为价值导向的，多元行为体平等对话、协商合作，共同应对全球变革和全球问题挑战的一种新的管理人类公共事务的规则、机制、方法和活动"②。著名学者俞可平认为："全球治理指的是通过具有约束力的国际规制 (regimes) 解决全球性的冲突、生态、人权、移民、毒品、走私、传染病等问题，以维持正常的国际政治经济秩序。"③

　　与"治理"概念一样，学者对"全球治理"的概念的界定没有形成统一的意见。但是，由全球治理委员会在 1995 年发表的《我们的全球之家》(*Our Global Neighborhood*) 的研究报告提出的全球治理的定义最具权威性和代表性。根据其解释，"治理是各种各样的个人、团体——公共的或个人的——处理其共同事务的总和。这是一个持续的过程，通过这一过程，各种相互冲突和不同的利益可望得到调和，并采取合作行动。这个过程包括授予公认的团体或权力机关强制执行的权力，以及达成得到人民或团体同意或者认为符合他们的利益的协议"。全球治理委员会给出的定义囊括了全球治理的性质、主体、途径、目标等核心内容，具有很强的代表性。总体而言，全球治理的不同定义或是强调多元治理主体，或是强调多层合作，或是突出国际规制，或是表现全球集体利益，但是其中的共性则

---

　　① ［英］戴维·赫尔德等：《全球大变革：全球化时代的政治、经济与文化》，社会科学文献出版社 2001 年版，第 70 页。转引自俞可平：《全球治理引论》，《马克思主义与现实》2002 年第 1 期。

　　② 蔡拓：《全球治理的中国视角与实践》，《中国社会科学》2004 年第 1 期。

　　③ 俞可平：《全球治理引论》，《马克思主义与现实》2002 年第 1 期。

在于肯定全球治理是当代国际体系中多元多层行为体共同应对全球化所带来的全球性问题的集体行动。

当今世界，几乎所有重大国际理论及其实践都与全球化有关，全球治理理论就是应对全球化思潮而出现的一种新兴理论，关于全球化的争论是"全球治理理论兴起的一个重要根源"[①]。全球化所带来的全球性问题不断凸显是全球治理理论及其实践的发展的重要推动力，全球治理就是对全球性问题的有效治理。从某种意义上来说，全球治理是国内治理在全球范围的延伸，是超国家的治理，世界上没有也不可能有一个"世界政府"来治理全球性问题。一直以来，主权国家在国际政治中居于核心地位，但二战后，大量的国际非国家行为体迅速兴起，并逐渐成为国际社会的重要力量。主权国家是治理体系中的重要部分但不是全部，全球治理应该是民族国家、国际组织、非政府组织、企业、跨国公司、全球公民社会等共同组成的多元治理主体，超国家层次、国家层次、次国家层次等多层治理体系。全球治理是国际机制的治理，是通过制定权威性、有强大约束力的国际规则来治理全球性问题，国际规则的形成是国际力量长期博弈的结果，其内容必须服从或服务于全球治理的目标。全球治理是全球利益的治理，是人类共同利益的实现过程，它是通过全球公共产品的生产和分配来实现共同利益，这种共同利益囊括了人类安全、和平、发展、福利、平等、自由和人权等，即全球治理的目标。总之，全球治理是一种"新型"的全球治理，而不是旧的全球治理，它是治理主体、客体、途径和模式等改革或创新。[②]

---

① ［美］马丁·休伊森、蒂莫西·辛克莱：《全球治理理论的兴起》，张胜军编译，《马克思主义与现实》2002 年第 1 期。

② 庞中英：《全球治理的"新型"最为重要——新的全球治理如何可能》，《国际安全研究》2013 年第 1 期。

二、全球经济治理

正如全球化扩展到经济领域演变成经济全球化，全球治理扩展到经济领域则演变成全球经济治理。全球治理和全球经济治理是对应于全球化和经济全球化的两个概念和术语。由于全球经济治理是全球治理的组成部分，全球经济治理和全球治理概念是一脉相承的，对全球经济治理概念的界定包含在国内外众多学者对全球治理的研究之中，与全球治理一样也存在着不同的观点。①

全球经济治理具有丰富的内涵。从内涵来看它有三种不同的含义：第一，当人们用它描绘二战结束以来国际社会为重建国际经济秩序而进行的各种合作时，它是一段承载着时代变化的历史；第二，当人们用它描述起步于 2008 年下半年的 G20 合作机制时，它是用于进行国际合作和协调的制度框架；第三，当人们用它表达期待建立一个超越国家主权的全球性管理体制时，它是一个面向未来的构想。从广义的、综合意义来看，它是指在一部分或全体主权国家之间进行的、超越国家主权的经济合作和共治，它既包括合作行为和行动，也包括创立和运行合作机制，同时也包括相关的各种理念和构想。②

冷战结束以来，经济全球化不断深入，使得世界经济成为一个高度复杂、相互依赖的、庞大的世界经济网络体系。在这个世界经济网络体系中，经济全球化的无序与全球经济调节的弱势并存，各种经济力量长期博弈，全球经济治理在冲突与协调中发展。与全球治理体系一样，全球经济

---

① 注：学者关于全球治理的分类有不同的观点。本研究认为，根据治理内容的不同，全球治理大致分类为全球经济治理、全球环境治理、全球安全治理、全球卫生治理、全球能源治理、全球文化治理等。

② 周宇：《全球经济治理与中国的参与战略》，《世界经济研究》2011 年第 11 期。

治理是一个复杂的网络治理体系，是多元多层的治理体系，包括民族国家、国际组织、非政府组织、企业、跨国公司、全球公民社会等共同组成的多元治理主体，超国家层次、国家层次、次国家层次等多层治理体系。全球经济治理是全球治理在经济领域的延伸，全球经济治理的治理对象是全球性经济问题。从宏观上来看，全球性经济问题包括全球经济总量和结构失衡的问题，以及各国宏观经济政策的冲突；从微观上看，全球性经济问题包括世界经济的生产与贸易、货币与金融、投资与消费、区域经济合作与全球经济合作等方面的问题。全球经济治理的关键有效地处理各国或各区域之间的关系，从而预防和缓解大国（尤其是超级大国和其他大国）之间的严重经济政策冲突。全球经济治理也是以国际规则为基础的治理，有效的全球经济治理必须建立在有效的、权威性的国际规则上，而国际规则的制定有赖于主权国家、国际经济组织、非政府组织等多元治理主体，国际规则以实现全球共同利益为目标。

回顾近代历史，自世界经济形成以来，只有过去的这六十多年，尤其是冷战结束后的这二十年存在着真正意义上的全球经济治理。[①] 冷战结束后，国际体系加速转型和经济全球化快速推进，国际力量对比和世界经济格局发生显著变化，以美国为首的传统大国相对衰弱，以金砖国家为代表的新兴大国迅速崛起。这成为当今世界格局最根本性的变化。这一根本性的变化给现有的世界经济体系带来严重的挑战，传统发达经济体面临新兴经济体的挑战，经济全球化面临区域经济一体化趋势加强的挑战，新自由主义经济发展模式面临着新凯恩斯主义的挑战，国家经济主权面临跨国公司的挑战。国际格局的深刻变化及其带来的挑战迫使国际社会对传统的以美国等大国主导的全球经济治理体系进行了重大变革。尤其是 2008 年

---

① 庞中英：《1945 年以来的全球经济治理及其教训》，《国际观察》2011 年第 2 期。

金融危机后，全球经济治理的呼声越来越高，并迅速引起了政界、学界的广泛关注。二战后，全球经济治理机制经历了几个不同的发展阶段，① 建立了领导性机制、执行与咨询性机制和合法性机制等三类全球经济治理机制，② 包括国际货币基金组织、世界银行（WB）和世界贸易组织（WTO）等传统国际经济组织。在"后金融危机时代"，国际战略格局中的两大"集群"——西方发达国家与新兴发展中国家——正围绕全球经济治理展开激烈博弈，新兴发展中国家开始挑战西方发达国家的全球经济治理的主导权，G20、金砖国家合作机制等新型全球经济治理模式走上治理舞台，其中，G20 成为全球经济治理核心平台，对全球经济治理起到重要作用。但是现有的 G20 只是一个合作平台，其尚没有机制化，G20 的未来尚不明晰，世界各国能否利用 G20 实现全球经济有效治理还是一个未知数。

三、全球投资治理

"投资"是经济发展的"三驾马车"之一，经济增长的巨大推手，国际投资是经济全球化的重要支柱，是全球经济增长的"助推器"。国际投资是资本的跨国运动，在资本的跨国运动过程中，资本运动遇到重重阻碍，跨国投资得不到有效保护，投资自由化受到限制，但是国际上尚没有建立一套完整的国际投资体系，这极大地阻碍了国际投资的发展。

当国际投资在全球范围出现问题时，全球治理的理念就被引入到国际投资领域，演化成"全球投资治理"的理念。国际投资是全球经济的重要组成部分，全球投资治理是全球经济治理在投资领域的具体表现。实际上，国际上很少使用"全球投资治理"这一概念，从某种程度上来讲，全

---

① 周宇：《全球经济治理与中国的参与战略》，《世界经济研究》2011 年第 11 期。

② 叶玉：《全球经济治理体系的冲突与协调》，《国际观察》2013 年第 3 期。

球投资治理是一个新的概念，何为全球投资治理呢？参照全球治理和全球经济治理的概念，笔者认为，全球投资治理是指各国以非歧视原则为核心原则，以实现国际投资规则化、自由化和公平性为目标，通过协商谈判制定一套具有约束力的全面覆盖投资促进、保护、便利和自由化的国际投资规则，从而促进国际投资健康、可持续发展。

二战后，尤其是冷战结束后，跨国公司如雨后春笋般纷纷涌现出来，推动国际投资迅速发展，其规模与影响力不断扩大。与此同时，国际投资领域争端愈演愈烈、投资风险向多样化和高危害性发展、投资自由化与保护主义的矛盾激化，全球投资治理成为必然选择。为适应经济全球化和国际投资发展的要求，解决国际投资领域问题，各国加紧制定本国对外投资规则，同时积极参与国际投资规则的谈判，并建立了包括双边投资协定、区域投资协定、世界银行下的解决投资争端国际中心和多边担保机构、世界贸易组织的《与贸易有关的投资措施协定》和《服务贸易总协定》等传统投资治理体系。传统投资治理体系中囊括了投资自由化、投资保护、投资争端解决程序等方面的内容。但是，传统投资治理体系是不完整、不公平的，缺乏国际认可度，其远远滞后于国际投资的发展，国际社会对于建立一套完整的新型全球投资治理体系的呼声越来越高，新型全球投资治理体系的构建已被纳入新型国际体系或国际经济体系构建的重要环节，构建新型全球投资治理体系的需要将国际投资保护、国际投资自由化、国际投资环境、国际投资产业结构、国际投资风险、双边或多边的相关国际投资协议、投资争端解决机制、主权财富基金等纳入议题。新型全球投资治理体系是对传统全球治理体系的改革或创新，重点在于"新"。

四、全球治理、全球经济治理与全球投资治理的联系

从理论渊源来看，全球经济治理脱胎于全球治理，全球治理的理论来

源于建立国际秩序、解决全球性问题的实践行动，而全球经济治理源自建立国际经济秩序和解决经济领域中的全球问题的需要。[①]"如果说国际治理能够实现，第一个实现的就应该是经济领域。"[②] 全球经济治理是全球治理的主体和核心的内容领域。全球治理涉及领域非常宽泛，如经济、环境、安全、卫生、健康、文化、能源资源等领域。由于经济现象已经渗透到人类社会各领域，已很难将经济与其他领域完整区分或割裂开来，其他领域的全球治理必须考虑经济治理问题，全球经济治理过程和结果将极大地影响其他领域的全球治理效果。另外，全球治理与全球经济治理是整体与部分的关系，全球治理离不开全球经济治理，全球治理的效果影响全球经济治理，同样，全球经济治理离不开全球治理，全球经济治理的效果影响全球治理，甚至可以说，全球治理的成败取决于全球经济治理。同样，全球投资治理也是脱胎于全球治理和全球经济治理，全球投资治理来源于建立国际投资体系、解决全球性投资问题的实践。全球治理、全球经济治理和全球投资治理是治理理论在不同领域的表现，它们是同一问题的不同面，既密切相关又互有区别。

虽然全球治理与全球经济治理休戚相关，但是全球治理与全球经济治理还是存在某些区别，其中最主要的区别是两者的治理对象或内容的差异，全球治理的治理对象或内容是全球性问题，而全球经济治理的治理对象或内容是全球问题中的经济领域问题，即全球性经济问题。此外，全球经济治理的提法要晚于全球治理，治理主体、治理目标、治理方式等都有一定的区别。即使全球治理与全球经济治理存在某些区别，但要严格而又

---

① 广东国际战略研究院课题组：《中国参与全球经济治理的战略：未来 10—15 年》，《改革》2014 年第 5 期。

② ［美］罗伯特·吉尔平：《国际治理的现实主义视角》，曹荣湘译，《马克思主义与现实》2003 年第 5 期。

清晰地划分出两者的区别是非常困难的，很多情况下对全球治理与全球经济治理的概念不作严格区分，甚至在同一场合同一语境交替使用。[①] 因此，全球经济治理脱胎于全球治理，是全球治理中的最重要领域。全球经济治理是全球治理的目标，全球经济治理的目标要服从或服务于全球治理。

从全球经济治理与投资治理的关系来看，投资是人类的基本经济活动，经济增长是投资的出发点和归宿，投资活动是经济活动的重要组成部分。全球经济治理是全球治理在经济领域的重要体现，同样，全球投资治理是全球经济治理在投资领域的延伸，全球投资治理是全球经济治理的重要内容，但其并不是全球经济治理的全部，全球经济治理内容还包括了全球宏观经济治理、全球金融治理、全球贸易治理、全球产业治理、全球会计治理和贫困治理等。[②]

正如全球治理与全球经济治理是整体与部分的关系一样，全球经济治理与全球投资治理也是整体与部分的关系，全球投资治理促进或妨碍全球经济治理的前进，全球投资治理必须处于全球经济治理的大环境中，全球投资治理目标是服务或服从于全球经济治理，反过来，全球经济治理统领全球投资治理，其必须为全球投资治理提供治理条件，只有两者相互配合，才能达到最优化的治理效果。全球治理与全球经济治理具有高度的关联性，但是两者毕竟不是同一事物，而是包含与被包含的联系，全球投资治理只是全球经济治理的一个重要组成部分，在许多具体方面两者还是存在不少差异，例如两者的治理内容、治理主体、治理对象、治理途径等方面是存在差异的，这些具体差异不容忽视，它们是制定具体治理战略的重要依据。

---

① 陈伟光：《全球治理与全球经济治理——若干问题的思考》，《教学与研究》2014 年第 2 期。

② 陈伟光：《全球治理与全球经济治理——若干问题的思考》，《教学与研究》2014 年第 2 期。

总之，全球治理、全球经济治理和全球投资治理相辅相成，是治理范围逐渐细化的过程。全球治理起到统揽全局的作用，全球治理包含全球经济治理，全球经济治理包含全球投资治理，即全球投资治理处于全球治理和全球经济治理中，全球经济治理从属于全球治理，三者的关系是既有联系又有区别，共同服务于世界的健康、有序发展。

第三节　全球投资治理的理论

国际投资缘何发生？ 20 世纪 60 年代起，国际经济学者纷纷探讨跨国直接投资形成的原因、条件和规律，并形成了若干理论学派，其主流理论包括垄断优势理论、内部化理论、产品生命周期理论、国际生产折衷理论、比较优势理论、国际直接投资发展阶段理论、投资诱发要素组合理论、边际产业扩张论、补充性的对外直接投资理论等。

一、垄断优势理论

1960 年美国学者斯蒂芬·海默（Stephen Hymer）在麻省理工学院完成的博士论文《国内企业的国际化经营：对外直接投资的研究》中首次提出了垄断优势理论。他认为国际直接投资是结构性市场不完全尤其是技术和知识市场不完全的产物。企业在不完全竞争条件下获得的各种垄断优势，如技术优势、规模经济优势、资金和货币优势、组织管理能力的优势是该企业从事对外直接投资的决定性因素称主要推动力量。[①] 在海默之后，麻省理工学院 C.P. 金德贝格在 20 世纪 70 年代对海默提出的垄断优势理

---

① 陆雄文：《管理学大辞典》，上海辞书出版社 2013 年版。

论进行的补充和发展。鉴于海默和金德尔伯格对该理论均作出了巨大贡献，该理论又被称为"海默—金德尔伯格传统"（H-K Tradition）。垄断优势理论突破了国际间资本流动导致对外直接投资的传统贸易理论框架，突出了知识资产和技术优势的重要作用，使国际直接投资的理论研究开始成为独立学科。这一理论既解释了跨国公司为了在更大范围内发挥垄断优势而进行横向投资的原因，也解释了跨国公司为了维护垄断地位而将部分工序，尤其劳动密集型工序，转移到国外生产的纵向投资原因。但这一理论也存在一些缺陷，如不能很好解释跨国公司对外直接投资流向的产业分布或地理分布；并且，该理论以美国为研究对象，对发展中国家企业的对外直接投资缺乏指导意义。

二、内部化理论

内部化理论由英国学者巴克莱和卡森在 1976 年出版的《跨国公司的未来》一书中提出。他们认为跨国公司生产以外的活动如研究与开发、培训等，与中间产品（半成品和原材料，结合在专利权、人力资本中的各种知识）密切相关。中间产品市场尤其是知识产品市场的不完全，使企业不能有效利用外部市场来协调其经营活动，这构成内部化的关键前提。当内部化过程超越国界，跨国公司便应运而生。跨国公司国际直接投资是为了避免因交易不确定性而导致的高交易成本。内部化理论则研究各国（主要是发达国家）企业之间的产品交换形式与企业国际分工与生产的组织形式，认为跨国公司正是企业国际分工的组织形式。

三、产品生命周期理论

产品生命周期理论是美国哈佛大学教授雷蒙德·弗农 (Raymond Vernon) 于 1966 年在其《产品周期中的国际投资与国际贸易》一文中首次提出的。产品生命周期是产品的市场寿命，即一种新产品从开始进入市场到被市场淘汰的整个过程。费农认为产品生命是指市场上的营销生命，产品和人的生命一样，要经历形成、成长、成熟、衰退这样的周期。就产品而言，也就是要经历一个开发、引进、成长、成熟、衰退的阶段。这个周期在不同的技术水平的国家里，发生的时间和过程是不一样的，期间存在一个较大的差距和时差，正是这一时差，表现为不同国家在技术上的差距，它反映了同一产品在不同国家市场上的竞争地位的差异，从而决定了国际贸易和国际投资的变化。为了便于区分，费农把这些国家依次分成创新国（一般为最发达国家）、一般发达国家、发展中国家。

典型的产品生命周期一般可以分成四个阶段，即介绍期（或引入期）、成长期、成熟期和衰退期。在新产品阶段，产品是知识技术密集型的，研发能力和高收入的市场条件非常重要，企业考虑供应国内需求，享有出口垄断地位；在成熟阶段，产品成为资本密集型，价格成为竞争的主要因素，企业考虑国际直接投资，降低成本；在标准化阶段，价格竞争更为重要，劳动力成为成本的关键因素，企业考虑在发展中国家直接投资。该理论动态地考察了比较优势的转移过程，揭示了对外直接投资的动因和基础。[1]

四、国际生产折衷理论

国际生产折衷理论是由英国的邓宁在 1977 年出版的《贸易、经济活动的区位与跨国企业：折衷理论的探索》一文中提出，并在 1981 年出版的《国际生产与跨国企业》一书中系统阐述。邓宁认为企业从事国际直接投资由该企业本身所拥有的所有权优势、内部化优势和区位优势三大基本

---

① 许罗丹、谭卫红：《对外直接投资理论综述》，《世界经济》2004 年第 3 期。

因素共同决定。企业若仅拥有所有权优势，则选择技术授权；企业若具有所有权优势和内部化优势，则选择出口；企业若同时具备三种优势，才会选择国际直接投资。

因此，所有权优势是发生国际投资的必要条件，指一国企业拥有或是能获得的国外企业所没有或无法获得的特点优势，包括技术优势、企业规模、组织管理能力、金融与货币优势。内部化优势是为避免不完全市场给企业带来的影响将其拥有的资产加以内部化而保持企业所拥有的优势，包括避免签订和执行合同需要较高费用，买者对技术出售价值的不确定，需要控制产品的使用。区位优势是指投资的国家或地区对投资者来说在投资环境方面所具有的优势。它包括直接区位优势，即东道国的有利因素；间接区位优势，即投资国的不利因素。

五、国际直接投资发展阶段理论

20 世纪 80 年代初，邓宁在一篇题为《解释不同国家国际直接投资定位：一种动态发展路径》的文献中，研究了以人均国民生产总值（GNP）为标志的经济发展阶段与一个国家的外国直接投资（外资流入）以及一个国家对外直接投资（资本流出）与一国净的对外直接投资之间的关系。同时，也对对外直接投资阶段的划分以及各阶段国际直接投资的特征和国际直接投资发展阶段顺序推移的内在机制，进行了较为全面的解释。

第一阶段——人均 GNP 低于 400 美元或等于 400 美元。不会产生直接投资净流出的现象，这是由于一个国家的企业还没有产生所有权优势。第二阶段——人均 GNP 在 400—1500 美元之间。在这一时期内外资流入量增加，但主要是利用东道国原材料及劳动力成本低廉的优势，进行一些技术水平较低的生产性投资。在对外投资方面，东道国的投资流出仍停留在很低的水平上。第三阶段——人均 GNP 在 2000—4750 美元之间。由于东道国企业所有权优势和内部化优势大大增强，人均净投资流入开始下降，对外直接投资流出增加。第四阶段——人均 GNP 在 2600—5600 美元之间。这一时期是国际直接投资净流出的时期。随着该国经济发展水平的提高，这些国家的企业开始具有较强的所有权优势和内部化优势，并具备发现和利用外国区位优势的能力。

六、边际产业扩张论

边际产业扩张论是 20 世纪 70 年代中期日本一桥大学的小岛清教授（Kiyoshi Kojima）提出的。小岛清在国际贸易比较优势理论的基础上，总结出所谓的"日本式对外直接投资理论"。小岛清认为，各国经济情况均有特点，所以根据美国对外直接投资状况研究出来的理论无法解释日本的对外直接投资。他认为，日本对外投资之所以成功，主要是由于对投资企业能够利用国际分工原则，把国内失去优势的部门转移到国外，建立新的出口基地；在国内集中发展那些具有比较优势的产业，使国内产业结构更趋合理，促进对外贸易的发展。由此，他总结出"日本式对外直接投资理论"，即对外直接投资应该从投资国已经或即将陷于比较劣势的产业，即边际产业依次进行。

七、投资诱发要素组合理论

国际经济学者为了克服以往对外直接投资理论的片面性和局限性，提出了"投资诱发要素组合理论"。该理论的核心观点是：任何形式的对外直接投资都是在投资直接诱发要素和间接诱发要素的组合作用下而发生的。所谓直接诱发要素，主要是指各类生产要素，包括劳动力、资本、资源、技术、管理及信息知识等。如果投资国拥有技术上的相对优势，可以诱发其对外直接投资，将该要素转移出去。反之，如果投资国没有直接诱发要素的优势，而东道国却有这种要素的优势，那么投资国可以通过对外直接投资方式来利用东道国的这种要素。间接诱发要素是指除直接诱发要素以外的其他诱发对外直接投资的因素，主要包括三个方面：投资国政府诱发和影响对外直接投资的因素；东道国诱发和影响对外直接投资的因素；全球性诱发和影响对外直接投资的因素。

八、小规模技术理论和技术地方化理论

20 世纪 70 年代之后，出现了一些以发展中国家对外投资为研究对象的研究。1983 年，哈佛大学跨国公司研究学者刘易斯·威尔斯教授提出小规模技术理论。他认为发展中国家跨国公司拥有的小规模制造技术虽然不能和发达国家先进技术相比，但构成其特有优势。这些技术具有劳动密集型特征，灵活性高，适合小批量生产，满足发展中国家相对狭小的市场需要。发展中国家同时具有当地采购和低价产品影响战略的优势，使其能够与发达国家跨国公司竞争，并保护出口市场。由此，技术不够先进、经营范围和生产规模较小的发展中国家跨国公司依然可以对外进行投资，与发达国家跨国公司展开竞争。

同年，英国学者拉奥（Lall）以印度跨国公司为研究对象，提出国际直接投资的"技术地方化"理论，认为其跨国公司虽然规模小、标准技术和劳动密集型，但包含了企业自身的创新活动。该理论强调发展中国家对发达国家引进技术不是一味的模仿和复制，而是消化后加以改进和创新。这种创新为其技术引进带来新的竞争优势，使其在当地和邻国市场上具有竞争优势。

第二章 全球投资治理框架下的对外直接投资

第一节 国际直接投资的基本状况

自 19 世纪中后期起源至今，国际直接投资已经走过了一百多年的历史，这一百多年也正是全球格局发生巨变的时期，发生了许多改变世界的大事件。这个时期资本主义国家不断发展壮大的同时，社会主义兴起并发展。国际社会经历了两次世界大战和三次工业革命，进入全球化时期。美苏争霸随着东欧剧变和苏联解体而告终，随后全球经济又陷入两次金融危机。国际直接投资正是在这种不断变革的全球格局中发展壮大，其发展历程曲折艰辛。

作为经济全球化的重要推动力量，国际直接投资总体规模与日俱增。根据《2017 年世界投资报告》数据显示，截至 2017 年，全球国际直接投资存量达到 30.84 亿美元，2017 年全球投资流量达到 1.43 万亿美元，并预测 2018 年将增长到 1.85 万亿美元。可见，在对外直接投资流量上尽管受到全球金融形势影响，出现一些波动，但是总体处于增长态势，在曲折中前进。

表 2-1　世界对外直接投资情况

（单位：亿美元）

年份	流量	存量	年份	流量	存量
1980	538	5993	1999	10919	71995
1981	529	6357	2000	12412	80084
1982	276	6273	2001	7588	77745
1983	368	6439	2002	5281	78598
1984	504	6748	2003	5807	100339
1985	626	7800	2004	9198	118380
1986	975	9258	2005	9043	125638
1987	1414	11399	2006	14253	157457
1988	1803	12905	2007	22672	193434
1989	2305	15074	2008	19993	165185
1990	2409	20879	2009	11712	195891
1991	1974	23403	2010	14676	212886
1992	2021	23800	2011	17117	219128
1993	2429	27687	2012	13468	239163
1994	2870	31062	2013	14107	263126
1995	3632	37860	2014	12620	251286
1996	3964	43005	2015	16219	255143
1997	4756	49777	2016	14732	268256
1998	6883	59239	2017	14300	308379

资料来源：根据 UNCTAD 国际直接投资数据整理所得。

对外直接投资是一国经济外向国际化的必然选择，是带动世界经济增长、推动经济全球化的重要推动力。世界主要国家的对外直接投资经历了不断发展的历程。第二次世界大战以来，国际直接投资以美国为起点，逐步向日本、欧洲和以"亚洲四小龙""金砖国家"为代表的发展中国家转移。各国跨国公司快速发展，对外直接投资的规模不断扩大、产业结构不断升级，在促进各国经济发展和经济全球化方面发挥了越来越重要的作用。

（单位：亿美元）

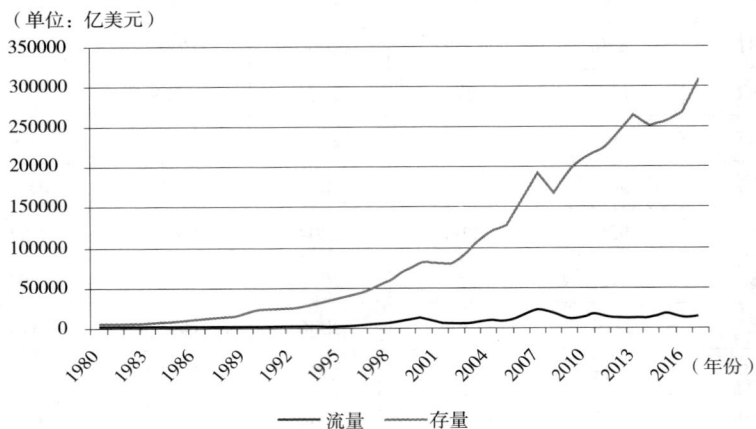

图 2-1　1980—2016 年世界对外直接投资流量和存量变化趋势

然而，当前的国际直接投资的发展是不平衡的。以美国为代表的发达国家占据国际直接投资的主导地位，主导着国际直接投资的发展，而以金砖国家为代表的发展中国家处于支配地位，它们是推动国际直接投资发展的重要力量。发达国家之所以能占据国际直接投资的主导地位，是因为其拥有强大的综合国力，尤其是强大的经济实力，而发展中国家经济实力与发达国家有较大的差距，尚不能撼动发达国家的主导地位。随着经济全球化的发展，国际体系发生变革，传统大国衰退，新兴大国迅速崛起，国际投资格局也发生了变化，发达国家对外直接投资速度放缓，占全球对外直接投资的比重下降，而发展中国家对外直接投资迅速增长，占全球对外直接投资的比重显著上升。但是，发展中国家对外直接投资水平仍与发达国家有较大差距，发达国家仍是国际直接投资的主导力量。

第二节　发达国家与发展中国家对外 直接投资：规模与结构

国际直接投资最初为发达国家对发展中国家的单向投资，逐渐朝北南投资、南南投资、北北投资和南北投资多元化方向发展。发达国家和发展中国家对外直接投资在投资规模和投资结构方面存在明显的区别。

一、投资规模比较分析

（一）发达国家与发展中国家投资额比较

长期以来，国际对外直接投资一直是以发达国家为中心而展开的，发达国家对外直接投资规模已经将发展中国家远远的甩在身后，但是发展中国家对外直接投资规模正在逐步扩大，其在国际直接投资领域的地位正在稳步提升（见表2-2）。

表2-2　发达国家与发展中国家对外直接投资流量比较

（单位：亿美元）

年度	流量			存量		
	世界	发达国家	发展中国家	世界	发达国家	发展中国家
1970	142	141	1	—	—	—
1975	286	280	6	—	—	—
1980	538	507	31	5993	5269	725
1985	626	587	39	7780	6943	857
1990	2409	2296	113	20879	19468	1411
2000	12412	10907	1506	80084	71001	9083

续表

年度	流量			存量		
	世界	发达国家	发展中国家	世界	发达国家	发展中国家
2010	14676	9888	4788	212886	173998	38888
2011	17117	121570	4960	219128	175211	43916
2012	13468	8527	4940	239163	188588	50575
2013	14107	8575	5533	263126	207645	55481
2014	12620	7317	4580	251286	195359	52104
2015	16219	11836	4062	255143	195302	56443
2016	14732	10415	4067	268256	203022	61308
2017	14300	10092	3808	308379	234980	68983

资料来源：根据 UNCTD 国际投资数据库数据整理所得。

（单位：亿美元）

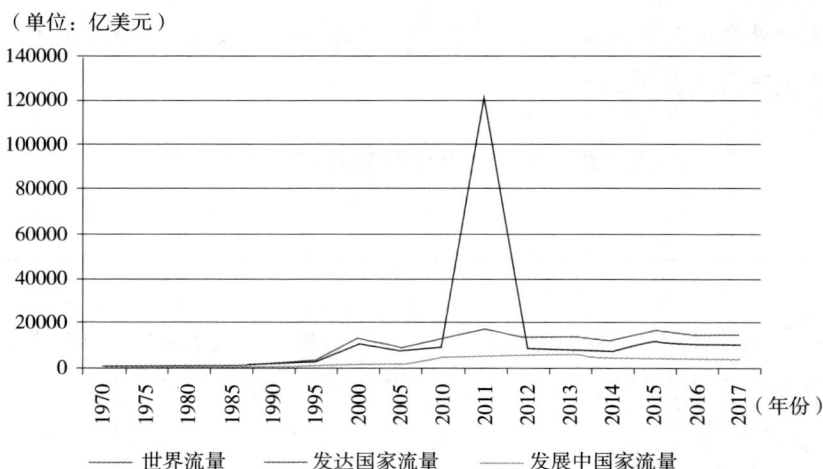

图 2-2 1970—2017 年发达国家与发展中国家对外直接投资流量规模情况

具体而言，从投资流量来看（见表 2-2 和图 2-2），国际直接投资流量规模从 1970 年的 142 亿美元增加到 2017 年的 14300 亿美元，年均增长率在 10% 以上。其中发达国家对外直接投资流量规模从 141 亿美元上升至 10092 亿美元，发展中国家由 1 亿美元增加到 3808 亿美元，年均增长率高达 22.19%。

从存量角度看（见图 2-3），国际直接投资存量从 1980 年的 5993 亿美元增加到 2017 年的 308379 亿美元，年均增长率达到了 12.14%。其中发达国家对外直接投资流量规模从 5269 亿美元上升至 207645 亿美元，年均增长率为 11.78%，发展中国家由 725 亿美元增加到 55481 亿美元，年均增长率达到了 14.05%。

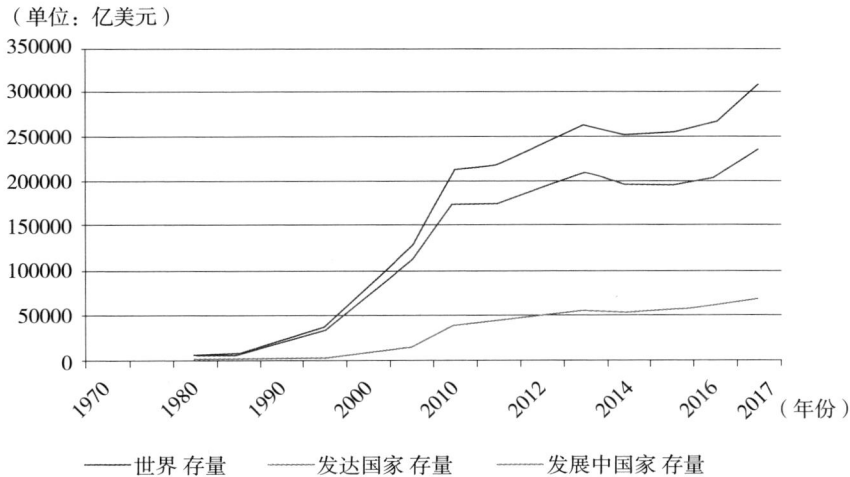

图 2-3　1970—2017 年发达国家与发展中国家对外直接投资存量规模情况

上图显示，不论是发达国家，还是发展中国家，它们的对外直接投资规模都有较大的增长，但是目前国家直接投资规模是不平衡的，发达国家对外直接投资规模占据较大的比重，而发展中国家对外直接投资规模总体上占比较小，其占世界国际直接投资的比重仍远远落后于发达国家。

（二）发达国家与发展中国家投资所占比重比较

从对外直接投资流量来看：1970 年发达国家对外直接投资流量规模占世界国际直接投资的比重高达 99.64%，而发展中国家仅为 0.36%，几乎可以忽略不计。此后，发展中国家国内经济得到发展，越来越多的发展中国家加入国际对外直接投资的行列。1995 年发展中国家对外直接投资流量规模占世界的比重上升至 15.50%，进入 21 世纪后，发展中国家对外直接投资有了显著的增长，2010 年、2011 年、2012 年、2013 年度其占世界的比重分别达到 32.62%、28.98%、36.68% 和 39.22%。

从对外直接投资存量来看：1970 年，发达国家占据世界国际直接投资存量的 87.91%，而发展中国家占比为 12.09%，2000 年发达国家占据世界国际直接投资存量比例为 88.66%，发展中国家比例为 11.34%。截至 2017 年，发达国家对外直接投资存量占世界国际直接投资的比例高达 76.20%，而发展中国家逐渐增长至 23.80%。这些数据反映出发达国家始终是国际直接投资的主导者，其对外直接投资流量和存量两方面都占据世界国际直接投资相当大的比重，发展中国家正以较快的速度扩大其占世界国际直接投资的比重。

表 2–3　1970—2017 年发达国家与发展中国家对外直接投资流量和存量规模占世界比重

（单位：%）

年度	流量占比		存量占比	
	发达国家	发展中国家	发达国家	发展中国家
1970	99.64	0.36	—	—
1975	98.12	1.88	—	—
1980	94.14	5.86	87.91	12.09
1985	93.75	6.25	89.01	10.99

年度	流量占比		存量占比	
	发达国家	发展中国家	发达国家	发展中国家
1995	84.5	15.5	91.32	8.68
2000	87.87	12.13	88.66	11.34
2005	82.23	17.77	87.60	12.40
2010	67.38	32.62	81.73	18.27
2011	71.02	28.98	79.96	20.04
2012	63.32	36.68	78.85	21.15
2013	60.78	39.22	78.91	21.09
2014	57.98	42.02	77.74	22.26
2015	72.98	27.02	76.55	23.45
2016	70.70	29.30	75.68	24.32
2017	70.57	29.43	76.20	23.80

资料来源：根据 UNCTD 国际投资数据库数据整理所得。

从绝对规模和相对比重比较发达国家与发展中国家对外直接投资情况，我们清楚地知道发展中国家无论是绝对规模还是相对比重都与发达国家有较大的差距。但是，近几十年以来，特别是 20 世纪 90 年代后，发展中国家正加快对外投资的步伐，发展中国家对外直接投资增长率高于发达国家。

具体而言，对发达国家与发展中国家对外直接投资的年均增长率加以比较，从表 2-4 和图 2-4 及图 2-5 来看，国际对外直接投资的年均增长率波动较大，发达国家与世界年均增长保持相对一致的变化趋势，即发达国家主导世界对外直接投资。从流量年均增长率角度来看，1985—1990 年世界国际直接投资流量增长率达到最高值 30.93%，其中发达国家为 30%，发展中国家为 25%。发达国家对外直接投资流量年均增长率最高的时期为 1985—1990 年，年均增长率为 30%，发展中国家对外直接投资流量年均增长率在 1970—1975 年期间达到最高，年均增长率为 60.1%。

表 2-4　发达国家与发展中国家对外直接投资流量和存量年均增长率

（单位：%）

年份	流量年均增长率			存量年均增长率		
	世界	发达国家	发展中国家	世界	发达国家	发展中国家
1970—1975	15.1	14.8	60.1	—	—	—
1975—1980	13.5	12.6	42.5	—	—	—
1980—1985	3.07	3	4.4	5.41	5.7	3.4
1985—1990	30.93	30	25	21.77	19	11
1990—1995	8.56	5.98	37.88	12.64	12.17	18.42
1995—2000	27.86	28.87	21.75	16.16	15.48	22.55
2000—2005	−6.14	−7.38	1.29	9.42	9.16	11.4
2005—2010	10.17	5.89	24.42	11.12	9.59	20.07
2010—2013	−0.79	−2.81	2.93	4.33	3.6	3.37
2014—2017	3.33	9.48	4.21	5.68	5.07	8.10

资料来源：根据 UNCTD 国际投资数据库数据整理所得。

从存量年均增长率来看，国际直接投资存量年均增长率呈波动下降趋势，世界国际直接投资存量年均增长率在 1985—1990 年达到最高值 21.77%，发达国家为 19%。发展中国家对外直接投资存量年均增长率在 1995—2000 年达到 22.55% 的最高值。21 世纪以来，世界对外直接投资增长率明显下降，发达国家与发展中国家对外直接投资增速减慢，一些国家出现负增长，造成这种局面的原因之一是经济危机影响下，发达国家国内经济疲软，对外投资不活跃，发展中国家国内经济虽增长较快，一度对外投资迅速增长，但受经济危机影响也出现了阶段性下降的情况。

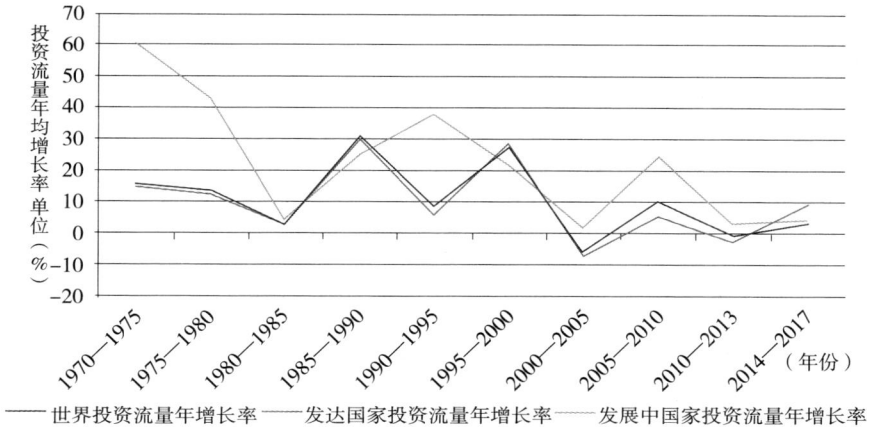

图2-4　发达国家与发展中国家对外直接投资流量年均增长率

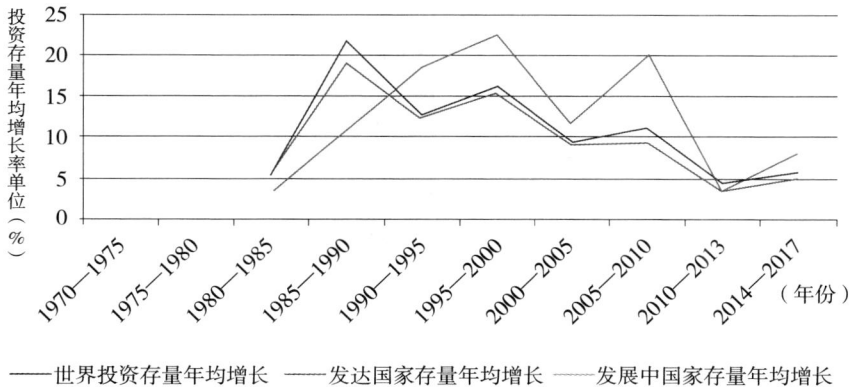

图2-5　发达国家与发展中国家对外直接投资存量年均增长率

　　总体来说，世界国家直接投资规模日益增大，发达国家对外直接投资规模仍占据绝对的领先地位，发展中国家对外直接投资规模呈快速增长之势，其对外直接投资规模仍与发达国家有较大的差距，但是这种差距在不断缩小，发展中国家对外直接投资规模还有很大的上升空间。

二、投资结构比较分析

（一）区域结构比较分析

从发达国家对外直接投资流出国家和地区结构来看，尽管发达国家作为整体在全球直接投资中居主导地位，但其内部发展并不平衡，其中美国、欧盟和日本仍是发达国家对外直接投资的"三极"。"三极"中又以美国为主导，欧盟次之，而日本地位较低。如图 2-6 所示，截至 2013 年年底，美国、欧盟和日本分别占 2013 年发达国家对外直接投资流量的 39.45%、29.2% 和 15.83%，欧盟内部又以英国、德国和法国为主导。

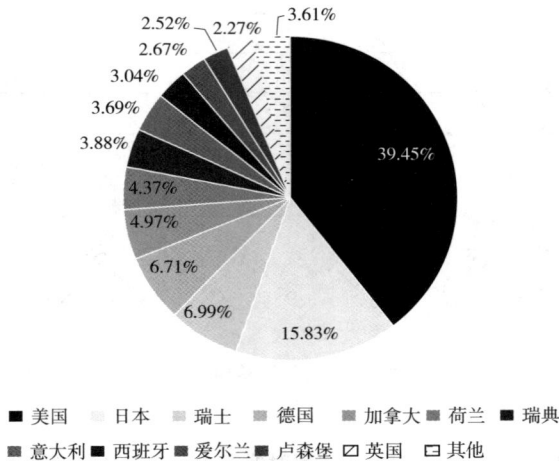

图 2-6　2013 年发达国家对外直接投资流量国家分布结构

接下来我们再看看发展中国家对外直接投资的洲际分布结构。如表 2-5 和表 2-6 所示，亚洲是发展中国家对外直接投资的主力，拉美及加勒比海地区仅次于亚洲，非洲和大洋洲所占比重相当小。20 世纪 80 年代初，亚洲占全部发展中国家对外直接投资的比重与拉美及加勒比海地区相差不大，但从 90 年代开始，亚洲所占比重稳步上升，1990 年亚洲占发展中国家对外直接投资流量的 97.41%，此后一直保持在 60%—75% 之间。1990 年亚洲占发展中国家对外直接投资存量的 47.50%，而拉美及加勒比海地区所占比重为 38.11%。进入 21 世纪后，亚洲占发展中国家对外直接投资存量比重一直在 70% 左右，而拉美及加勒比海地区所占比重一直在 25% 左右。这些数据都反映出亚洲和拉美及加勒比海地区占据全部发展中国家对外直接投资的绝大多数，两者合计达到 95% 以上，这两个洲涌现出一批对外直接投资大国，如亚洲的中国内地和香港地区、台湾地区，以及韩国、新加坡、印度等国家，拉丁美洲的巴西、阿根廷、墨西哥、委内瑞拉、智利等国家。非洲和大洋洲由于国家数量少且大多数经济落后，对外直接投资活动不活跃，其占发展中国家对外直接投资比重非常有限。

表 2-5　各大洲发展中国家对外直接投资流量及比重

（单位：亿美元；　%）

年份	绝对额（亿美元）				比重（%）			
	亚洲	非洲	拉美及加勒比海	大洋洲	亚洲	非洲	拉美及加勒比海	大洋洲
1990	110	7	-4	0.14	97.41	5.82	-3.36	0.12
1995	455	30	72	-0.17	81.84	5.35	12.85	-0.03
2000	949	15	5	0.09	64.41	1.04	34.54	0.01
2001	588	-26	4	0.11	64.03	-2.88	38.84	0.01
2002	343	2	101	0.19	76.75	0.51	22.69	0.04

续表

年份	绝对额（亿美元）				比重（%）			
	亚洲	非洲	拉美及加勒比海	大洋洲	亚洲	非洲	拉美及加勒比海	大洋洲
2005	957	19	430	4	67.85	1.37	30.49	0.30
2006	1566	79	779	2	64.55	3.26	32.12	0.07
2009	2153	63	550	0.66	77.82	2.27	19.89	0.02
2010	2962	67	1174	7	70.37	1.58	27.90	0.16
2011	3043	68	1106	9	72.01	1.60	26.17	0.22
2012	3021	120	1244	17	68.64	2.73	28.26	0.38
2013	3260	124	1146	10	71.80	2.73	25.24	0.23
2014	4599	525	1613	23	36.44	4.16	12.78	0.18
2015	5165	566	1604	18	31.85	3.49	9.89	0.11
2016	4753	532	1311	19	32.26	3.61	8.90	0.13
2017	4758	418	1406	17	33.27	2.92	9.83	0.12

资料来源：根据 UNCTD 国际投资数据库数据整理所得。

表2-6　各大洲发展中国家对外直接投资存量及比重

（单位：百万美元；%）

年份	绝对额（百万美元）				比重（%）			
	亚洲	非洲	拉美及加勒比海	大洋洲	亚洲	非洲	拉美及加勒比海	大洋洲
1990	670	202	538	0.68	47.50	14.34	38.11	0.05
1995	2102	316	830	2.71	64.66	9.71	25.54	0.08

续表

年份	绝对额（亿美元）				比重（%）			
	亚洲	非洲	拉美及加勒比海	大洋洲	亚洲	非洲	拉美及加勒比海	大洋洲
2003	7284	377	2792	3.32	69.66	3.61	26.70	0.03
2004	8456	493	3179	3.70	69.70	4.07	26.21	0.03
2006	1350	541	4642	8.78	72.23	2.89	24.83	0.05
2007	19502	761	5766	10.51	74.89	2.92	22.14	0.04
2008	18480	838	6452	20.73	71.65	3.25	25.02	0.08
2009	21092	1102	7368	20.82	71.30	3.72	24.91	0.07
2010	24764	1321	8744	26.65	71.05	3.79	25.09	0.08
2011	28473	1526	9799	35.43	71.48	3.83	24.60	0.09
2012	32419	1746	11794	50.21	70.46	3.79	25.63	0.11
2013	35127	1624	13123	59.65	70.35	3.25	26.28	0.12
2014	57061	7142	31000	241	22.71	2.84	12.34	0.14
2015	60207	7479	32169	243	23.60	2.93	12.61	0.13
2016	63692	8075	32273	255	23.74	3.01	12.03	0.17
2017	72629	8668	33990	293	23.55	2.81	11.02	0.11

资料来源：根据 UNCTD 国际投资数据库数据整理所得。

（二）产业结构比较分析

从对外直接投资产业结构来看，自 20 世纪 90 年代以来，服务业逐步占据发达国家和发展中国家对外直接投资的主导地位，制造业由此前的主导地位向支配地位转变，初级产业比重偏小且变化不大。

表 2-7　1990 年和 2012 年发达国家与发展中国家对外直接投资存量产业分配

（单位：亿美元；　%）

年份	发达国家 FDI 存量				发展中国家 FDI 存量			
	初级产业	制造业	服务业	其他	初级产业	制造业	服务业	其他
1990	1812	9013	9801	51	15	79	108	0
比例(%)	8.76	43.59	47.40	0.25	7.43	39.11	53.47	0.00
2012	17310	40798	137965	8130	2926	3991	26532	1020
比例(%)	8.48	19.98	67.56	3.98	8.49	11.58	76.97	2.96

资料来源：根据 UNCTD 国际投资数据库数据整理所得。

　　具体来看，如表 2-7 和图 2-7、图 2-8 所示，1990 年发达国家对外直接投资存量比重中，制造业和服务业所占比重分别为 43.59%、47.40%，两者比重相差不大，服务业稍多一点，而 2012 年，服务业占发达国家对外直接投资存量比重上升至 67.56%，而制造业下降为 19.98%，服务业占据主导地位。再看看发展中国家，它们的变化趋势与发达国家一致，1990 年发展中国家对外直接投资存量中制造业和服务业分别占据 39.11% 和 53.47%，2012 年该比例为 11.58% 和 76.97%。发展中国家对外直接投资于服务业比重要高于发达国家，且发展中国家对直接投资流向服务业的比例增长速度却要大于发达国家，这是由于发展中国家中的新兴国家迅速崛起，其制造业水平相对较低，服务业发展水平比较高，相比于制造业大多数属于资本密集型、技术密集型、资源密集型的特点，服务业对外直接投资所需条件不高，发展中国家投资于服务业具有比较优势。但是不能忽略的一点是发展中国家服务业发展规模和水平落后于发达国家，发展中国家对外投资于服务业规模远远落后于发达国家。

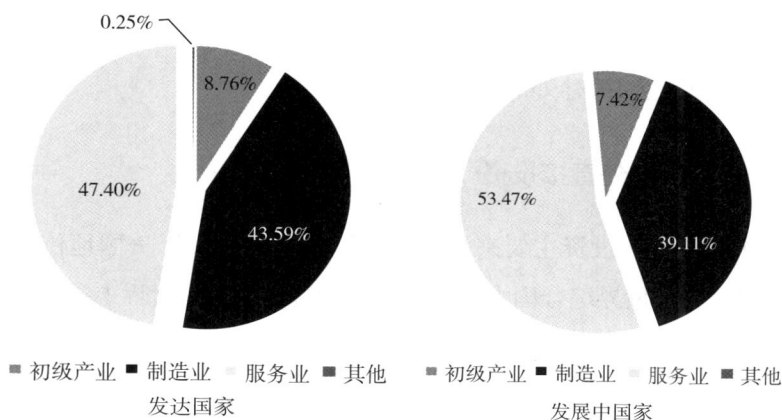

图 2-7 1990 年发达国家与发展中国家对外直接投资产业分布图

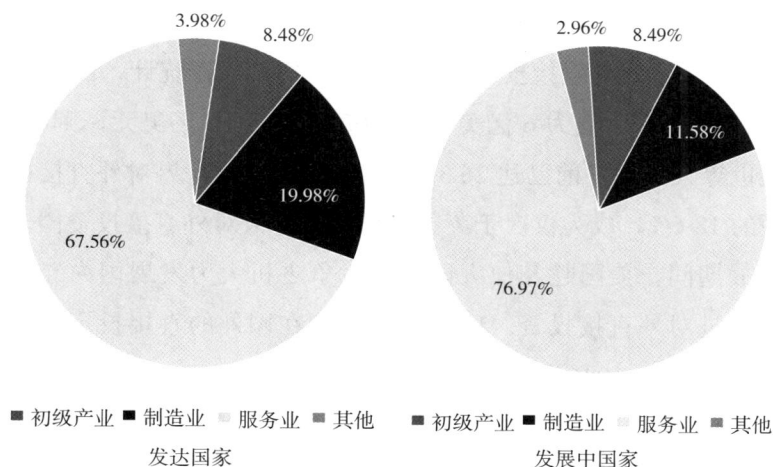

图 2-8 2012 年发达国家与发展中国家对外直接投资产业分布

第三节 全球对外直接投资的发展趋势

长期以来，发达国家在对外直接投资中，逐步形成了美国、欧盟和日本三足鼎立或三位一体的国际直接投资的格局。

一、传统大国对外直接投资趋势

（一）美国对外直接投资

全球对外直接投资主要来源于发达国家，其中又以美国地位最为重要，美国是当今世界综合国力最强的经济发达国家，是世界上最大的对外直接投资国，也是对外直接投资历史比较长的国家。从某种程度上说，美国对外直接投资的状况是对全球对外直接投资面貌的展示。

美国的对外直接投资可以追溯到独立战争后，而正式开始对外直接投资始于南北战争后，以 1867 年美国胜家公司在苏格兰开办制造厂为标志。迄今为止，美国对外直接投资已经历了 140 多年的历史。南北战争结束后，美国对外直接投资进入迅猛发展时期，据统计，1879 年美国对外直接投资累计额为 6 亿美元，1908 年增至 16 亿美元，到 1914 年第一次世界大战爆发前已达 26.32 亿美元，占同期世界对外直接投资累计总额的 18.6%，成为仅次于英国的世界第二大对外直接投资国。两次世界大战期间，美国趁其他大国忙于战争之机大力发展国内经济，同时加紧推进对外直接投资。1919 年，美国在国外的直接投资累计总额已达 39 亿美元，1945 年为 84 亿美元，1945 年比 1914 年增长 3.23 倍，1914—1945 年间，美国对外直接投资累计额年均增长率为 3.7%。

二战结束后，美国对外直接投资进一步发展，美国对外直接投资额累计在 1949 年突破 100 亿美元，1956 年突破 200 亿美元，1980 年突破 2000 亿美元，达到 2154 亿美元，1989 年 3734.36 亿美元，1989 年比 1945 年增长 43.5 倍。1945—1989 年间，美国对外直接投资流量年均增加 83 亿美元，对外直接投资累计总额年均增长速度达到 9.0%，是战前的 1.43 倍。[①]20 世纪 90 年代后，伴随经济全球化的迅猛发展，美国对外直接投资又迎来了一个新的发展高潮，从对外直接投资流量来看，1990 年美国对外直接投资流量达到 310 亿美元，占同期世界对外直接投资流量的 12.87%，2004 年占到同期世界对外直接投资流量比重高达 32.06%，2005 年美国对外直接投资流量突降至 154 亿美元，此后至 2006 年又迅速回升，随后保持稳定增长，到 2017 年美国对外直接投资流量为 4506 亿美元，占当期世界对外直接投资流量比重 31.51%。

1990—2017 年，美国对外直接投资流量年均增长率 10.95%。从对外直接投资存量来看，1990 年美国对外直接投资存量为 7318 亿美元，同期世界对外直接投资存量的 35.05%，到 2017 年年底，美国对外直接投资存量高达 110881 亿美元，占同期世界对外直接投资存量的 35.96%，美国对外直接投资存量占世界的比重保持稳定。1990—2017 年，美国对外直接投资存量年均增长率为 9.85%。20 世纪 70 年代以来，美国几乎一直是世界第一大对外直接投资来源国（1982 年为日本），70 年代美国对外直接投资占世界比重最高时达到 50% 以上，80 年代随着西欧和日本的崛起，以及 90 年代新兴国家崛起，使得该比例出现下滑，但一直保持了世界第一大对外直接投资来源国的地位。[②]

美国对外直接投资规模日益壮大，其对外直接投资结构也不断优化。

---

① 尹德先、杨志波：《加快中国企业对外直接投资的战略研究》，《高业研制》2013 年第 1 期。

② 丁振辉、翟立强：《美国对外直接投资与贸易选择》，《国际贸易问题》2013 年第 8 期。

从投资区域结构来看，美国对外直接投资区域由以发展中国家为主向以发达国家为主转变，由以美洲为主向以欧洲为主转变。美国对外直接投资的初期，美国更倾向于对邻近的美洲国家进行投资，一方面是由于当时美国对外直接投资水平较低，另一方面是美洲国家地理位置近，且大部分美洲国家经济发展落后、自然资源相对丰富，能够为美国经济发展提供廉价的原材料和广阔的市场。

表2-8　1970—2017年美国对外直接投资情况表

（单位：亿美元）

年份	对外直接投资流量			对外直接投资存量		
	世界	美国	占世界比重（%）	世界	美国	占世界比重（%）
1970	141	75	53.19	—	—	—
1975	286	142	49.65	—	—	—
1980	538	192	35.69	5993	2154	35.94
1985	626	134	21.41	7800	2384	30.56
1990	2409	310	12.87	20879	7318	35.05
1995	3632	921	25.36	37860	13638	36.02
2000	12412	1426	11.49	80084	26940	33.64
2001	7588	1248	16.45	77745	23149	29.78
2002	5281	1349	25.54	78598	20226	25.73
2003	5807	1293	22.27	100339	27291	27.20
2004	9198	2949	32.06	118380	33628	28.41
2005	9043	154	1.70	125638	36380	28.96
2006	14253	2242	15.73	157457	44703	28.39
2007	22674	3935	17.35	193434	52750	27.27
2008	19993	3083	15.42	165185	31024	18.78
2010	14676	2778	18.93	212886	48096	22.59

续表

年份	对外直接投资流量			对外直接投资存量		
	世界	美国	占世界比重（%）	世界	美国	占世界比重（%）
2012	13467	3669	27.24	239163	52495	21.95
2014	12620	4312	34.17	251286	84623	33.68
2015	16219	6804	41.95	255143	83937	32.90
2016	14732	6340	43.04	268256	95641	35.65
2017	14300	4506	31.51	308379	110881	35.96

资料来源：根据 UNCTAD 国际直接投资数据库整理所得。

（单位：%）

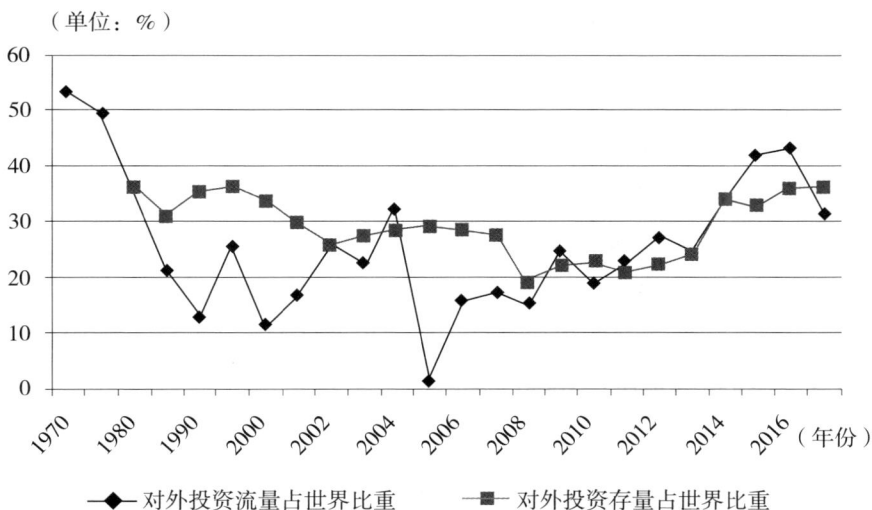

图 2-9　1970—2016 年美国对外直接投资流量和存量占世界比重趋势

1914 年，美国对外直接投资额的 72.2% 流向了毗邻的加拿大和拉美地区，21.8% 的部分流向了欧洲地区，只有 5.7% 的部分流向了亚洲、大洋洲和非洲。可见，20 世纪初美国的对外投资以美洲为主要投资地。一战后，随着美国对外直接投资的发展，美国加紧扩张其对外直接投资区域，增加对欧洲发达国家对外投资额。1929 年，美国对加拿大和欧洲对外直接投资额分别上升至 21.10 亿美元和 13.53 亿美元，对经济发达国家直接投资额达对外总投资额的 45.98%；1940 年美国对经济发达国家的直接投资达对外总投资额的 50.03%，这表明美国对外直接投资区域由发展中国家转向发达国家和地区。

二战结束时，美国对外直接投资在发达国家与在发展中国家所占比重大致相当。但此后，美国对发达国家的直接投资累计额比重逐年上升，即从 1955 年的 55.1% 上升至 1965 年的 65.3%、1975 年的 73.1%、1985 年的 74.3% 和 1989 年的 74.8%。20 世纪 90 年代后，美国对外直接投资区域一直以发达国家为主，流向发达国家的比重基本都在 75% 以上。例如，2010 年美国对外直接投资流向发达国家的比重为 83%。而发达国家中又以瑞士、荷兰、德国和英国等欧盟国家为主，2013 年美国对外投资主要目的地按金额排序前十中包括了荷兰、英国、卢森堡和爱尔兰等国家。①

从行业结构来看，美国对外直接投资行业结构总是呈现出高级化的态势，从最初的以初级产业为主，再到制造业，最后发展为以服务业为主。美国对外直接投资初期主要是通过贸易代理机构在东道国投资农业种植、矿产开采、铁路建设等领域。第一次世界大战前夕，美国对矿业、石油这类原材料能源的直接投资达 10.63 亿美元，占美国对外直接投资总额的 40%，其中矿业占美国对外直接投资总额的 27.36%，在单项行业中居首位；对制造业的直接投资占 18.2%；对公共基础设施的直接投资占 14.7%；对农业的直接投资占 13.5%；对商业的直接投资占 6.5%。一战后，美国对外直接投资的主要领域仍是初级产业部门和基础设施部门，但是制造业、通信业的投资速度增加，而对采矿业的投资增长放缓，制造业在美国对外直接投资中的比例由 1929 年的 24.08% 上升至 1940 年的 27.5%。

---

① 陈继勇:《美国对外直接投资研究》，武汉大学出版社 1993 年版，第 2 页。

二战结束后，美国对外直接投资的迅速发展，对外直接投资产业结构进一步调整，由农矿初级产品为主转向以制造业和服务业为主，石油和采矿业直接投资增速放缓，在直接投资所占的比重自 1970 年后不断下降，由 1958 年的 32.5% 急剧下降至 1989 年的 15.5%，相反，制造业和服务业占比稳步上升，制造业占比从 1950 年的 32.5% 上升至 1970 的 41.3%，服务业在对外直接投资中增速最快，其投资累计额从 1950 年的 22 亿美元猛增到 1989 年的 1434 亿美元，增长了 64.2 倍。在 20 世纪 80 年代末，美国服务业在整个对外直接投资累计额的比重近 2/5，与制造业大致相当。20 世纪 90 年代，美国服务业得到迅猛发展，对外直接投资产业结构也由以制造业和服务业并重为主转向以服务业为主，制造业投资占比原来稳定在 40% 左右，2010 年下降到 15%，相反，服务业则由 1990 年的 44% 上升到 2010 年的 74%，并在总投资中稳占首要地位，其中金融业在 2004 年以后超过了制造业一举成为美国对外直接投资的第一大产业。

此外，美国对外直接投资最基本的方式包括跨国并购和绿地投资两种，并且逐步以跨国并购为主。美国企业通常根据不同类型的国家采取不同的进入模式，对于发达国家主要采用跨国并购，而发展中国家则采用绿地投资为主。美国拥有世界上最多、最强的大型跨国公司，这些大型跨国公司是美国对外直接投资的主要推动力量，是美国对外直接投资的主体。

纵观美国对外直接投资历程，美国对外直接投资与其经济的发展是紧密联系的，也体现了世界政治和经济格局的变动趋势，美国对外直接投资与世界对外直接投资的趋势大致相同。美国代表着世界对外直接投资的最高水平，其对外直接投资的规模、结构和方式成为影响世界经济的重要力量。

（二）欧盟对外直接投资

欧盟全称为欧洲联盟（European Union，EU），正式成立于 1993 年，至今已经成立了 21 年。经过不断的发展和扩张，欧盟由最初的 6 个成员国发展成为拥有 28 个成员国的国家联合体。2017 年英国脱欧后，欧盟保留了 27 个成员国。欧盟作为一个整体，不仅是全球经济总量最大的经济体，而且是全球对外直接投资规模最大的经济体。

欧盟成员国中拥有英国、法国、德国、意大利、西班牙、荷兰等老牌资本主义国家，这些老牌资本主义国家曾经都是世界经济中心，它们也是全球最早进行对外直接投资活动的国家。20 世纪 70 年代以前，英国是世界第一大对外直接投资国，此后才被美国赶超。根据《2014 年世界投资报告》数据显示，2013 年世界对外直接投资流出量前 20 位母国（经济体）中，来自欧盟的国家有德国、荷兰、瑞典、意大利、西班牙、爱尔兰、卢森堡、英国、奥地利等九个国家，2013 年世界对外直接投资流出存量排名前 20 位的欧盟成员国有英国、德国、法国、荷兰、比利时、西班牙、意大利、爱尔兰、瑞典等九个国家，其中英国、德国和法国分别排第二、第三和第四位。欧盟成员国在世界对外直接投资中占据重要的地位。

一直以来，欧盟对外直接投资存量都超过美国和日本而雄居世界首位，而对外直接投资流量也位居世界前列，如表 2-9 和图 2-10 所示，欧盟对外直接投资流量和存量占世界比重相当大，1970 年和 1975 年欧盟对外直接投资流量占世界比重分别为 36.17% 和 36.36%。此后，1980 年至 2018 年，该比重一直都在 40% 以上，部分年份超过 60%，2005 年高达 66.74%，2008 年以后受世界金融危机和欧债危机影响，对外直接投资流量占比持续下降，到 2013 年占世界比重只有 17.75%，1970—2013 年，欧盟对外直接投资流量年均增长率达 9.48%。从对外直接投资存量占世界比重来看，1980—2013 年期间，欧盟对外直接投资存量占世界比重都在 35% 以上，1995 年以后基本都稳定 40% 左右，2008 年欧盟占世界对外直接投资存量的近一半，截至 2013 年年底，欧盟对外直接投资存量为 106168 亿美元，占世界对外直接投资存量的比重为 40.35%。1980—2013 年，欧盟对外直接投资存量年均增长率达 12.58%。总体来说，欧盟对外直接投资流量占世界比重波动较大，对外直接投资存量占世界比重比较稳定，但是由于受 2008 年世界金融危机和欧债危机的影响，欧盟成员国经济持续低迷，加之新兴国家对外直接投资的崛起，欧盟对外直接投资流量和存量占世界的比重呈下降趋势，然而欧盟依然是全球对外直接投资的重要来源地，比重份额依然很大。

表 2-9　欧盟对外直接投资情况表

（单位：亿美元）

年份	对外直接投资流量			对外直接投资存量		
	世界	欧盟	占世界比重（%）	世界	欧盟	占世界比重（%）
1970	141	51	36.17	—	—	—
1975	286	104	36.36	—	—	—
1980	538	239	44.42	5993	2126	35.47
1985	626	264	42.17	7800	3050	39.10
1990	2409	1306	54.21	20879	8087	38.73
1995	3632	1592	43.83	37860	15003	39.63
2000	12412	8092	65.19	80084	35095	43.82
2001	7588	4328	57.04	77745	34959	44.97
2002	5281	2626	49.73	78598	37586	47.82
2003	5807	2946	50.73	100339	48888	48.72
2004	9198	3748	40.75	118380	56373	47.62
2005	9043	6035	66.74	125638	57865	46.06
2006	14253	6882	48.28	157457	72255	45.89
2008	19993	9836	49.20	165185	81882	49.57
2009	11712	3836	32.75	195891	91182	46.55
2010	14676	4830	32.91	212886	93151	43.76
2012	13467	2379	17.67	239163	98304	41.10
2013	14107	2504	17.75	263126	106168	40.35

年份	对外直接投资流量			对外直接投资存量		
	世界	欧盟	占世界比重（%）	世界	欧盟	占世界比重（%）
2016	14732	5240	35.57	268256	80281	29.93
2017	14300	3035	21.22	308379	91239	29.59

资料来源：根据 UNCTAD 国际直接投资数据库整理所得。

（单位：%）

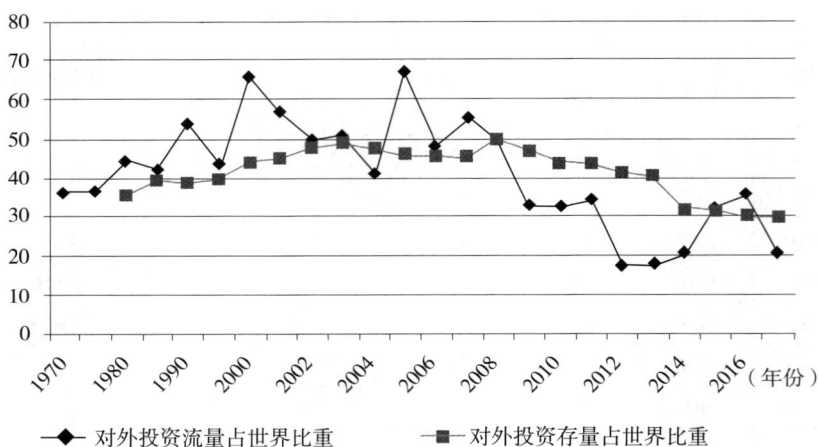

图 2-10 欧盟对外直接投资流量和存量占世界比重趋势

欧盟对外直接投资规模庞大，且其对外直接投资集中于英国、德国和法国三个国家，这三个国家是欧盟成员国经济最为发达的国家，也是欧盟三个最大的对外直接投资国。如表 2-10 和图 2-11 所示，英国、德国、法国对外直接投资存量占据了欧盟的半壁江山，三国对外直接投资存量合计占欧盟比重基本都在 50% 以上，1980 年占比高达 69.33%，此后受国内经济低迷影响，该比重呈缓慢下降趋势，2008 年后一直稳定在 50% 左右，在 1980—2017 年期间，英国、德国、法国对外直接投资存量年平均增速达 11.42%。2017 年，三国合计投资总量为 33697 亿美元，占欧盟总投资量 91239 亿美元的 36.93%。从这些数据来看，英国、德国和法国对外投资规模大、增速快，它们在欧盟对外直接投资中占据举足轻重的作用。

表 2-10　英国、德国、法国对外直接投资存量情况

（单位：亿美元）

年份	欧盟合计	英国	德国	法国	三国合计	三国占欧盟比重（%）
1980	2126	804	431	239	1474	69.33
1985	3050	1003	599	378	1980	64.92
1990	8087	2293	1516	1124	4933	61.00
1995	15003	3049	2684	3800	9533	63.54
2000	35095	9234	5419	9259	23912	68.14
2005	57865	12155	9275	12322	33752	58.33
2006	72255	14391	10813	16098	41302	57.16
2007	87423	18026	13318	17948	49292	56.38
2008	81882	15580	13270	12678	41528	50.72
2009	91182	15795	14124	15834	45753	50.18
2010	93151	16355	14631	15161	46147	49.54
2011	95175	16963	14942	15031	46936	49.32
2012	98304	17381	15791	15688	48860	49.70
2013	106168	18848	17103	16371	52322	49.28
2014	79365	15815	8596	7000	31411	39.58
2015	79330	14080	7757	6874	28711	36.19
2016	80281	14756	7861	7049	29666	36.95
2017	91239	15639	9313	8745	33697	36.93

资料来源：根据 UNCTAD 国际直接投资数据库整理所得。

（单位：%）

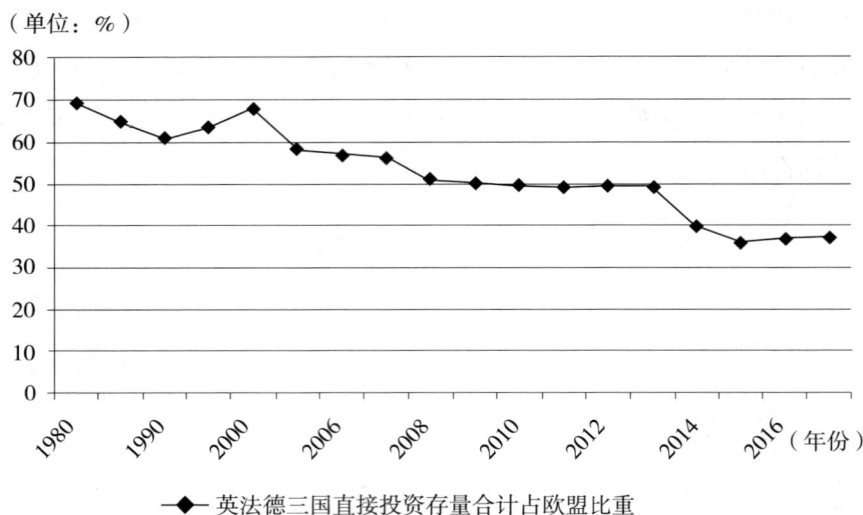

图 2-11 英国、德国、法国对外直接投资存量合计占欧盟比重

　　长久以来，受地理位置和投资环境因素影响，欧盟成员国倾向于在成员国内部进行投资，欧盟成员国之间的相互投资越来越多。1960—1996年，仅欧洲国家间的相互直接投资累计额就从 20 亿美元上升到 2324 亿美元，占欧洲国家对外直接投资总额的 31%。特别是 1999 年欧元启动后，欧盟成员国内部直接投资再度增长，截至 2002 年，欧洲国家相互直接投资累计额已达到 27636 亿美元。2009 年，欧盟 27 国相互直接投资累计额达到 1873.5 亿欧元。在非欧盟成员国中，美国一直是欧盟对外直接投资最重要的目的国，日本、加拿大等发达国家也是欧盟主要的对外投资目的国，发展中国家在欧盟对外直接投资中长期受到忽视。进入 21 世纪后，欧盟开始重视对发展中国家直接投资，中国、巴西、印度等发展中国家成为欧盟的投资目的国。据欧盟统计局发布的数据显示，2013 年欧盟对外直接投资 3410 亿欧元，欧元区对外直接投资 3240 亿欧元，欧盟主要投资目的国为美国（1590 亿欧元）、离岸金融中心（400 亿欧元）、巴西（360

亿欧元）、瑞士（240 亿欧元）、中国香港（100 亿欧元）和中国大陆（80
亿欧元）。美国仍是欧盟第一大对外直接投资目的国，但是，巴西、中国
等发展中国家在欧盟对外直接投资中的地位迅速上升，欧盟对外直接投资
区域分布更加广泛，且逐渐结构逐渐合理化。

　　与美国类似，欧盟对外直接投资的产业结构逐渐高级化，第三产业占
据首要地位，部门结构也逐渐高级化，服务业逐渐占据主导地位，制造业
向高端制造业发展。跨国并购也是欧盟对外直接投资的主要方式之一，跨
国公司是其对外直接投资的最重要的力量。

　　总之，作为一个由 27 个发达经济体组成的、迄今为止世界上最为成
功的区域经济一体化组织，欧盟对外直接投资的发展极大地影响着全球对
外直接投资的发展，其是全球对外直接投资不可或缺的重要组成部分。

　　（三）日本对外直接投资

　　从历史上看，日本的对外直接投资可以说由来已久。早在 19 世纪末
20 世纪初，日本就在朝鲜、我国的台湾地区和东北地区进行了直接投资。
但是，日本对外直接投资的起步时间还是比欧美国家滞后了半个世纪，而
且由于第二次世界大战的惨败，导致其海外投资全部损失，国内经济发展
倒退，不及战前的水平。

　　二战结束后，日本政府修订了《外汇管制法》，规定从 1951 年起，允
许日本公司到海外进行直接投资，日本对外直接投资开始恢复。但是，
20 世纪 70 年代以前，日本对外直接投资发展比较缓慢，对外直接投资
规模一直都很小，1951—1962 年间，各年度的投资额都不足 1 亿美元，
1963—1969 年，各年度的投资额也只有 1 亿—5 亿美元，直到 1970 年才
达到 9.04 亿美元。造成这种现象的原因主要是当时日本处于战后经济恢
复初期，国际收支出现巨额赤字、外汇严重不足，日本政府采取了严格的
外汇管理措施，限制对外直接投资发展。

从 1965 年以后，由于日本国际收支余额增加，日本政府逐渐放松对企业对外直接投资的约束。直到 20 世纪 70 年代，日本的对外投资获得了实质性增长。20 世纪 70 年代后，日本面临产能过剩和资本过剩，日本政府于 1972 年发表了《20 世纪 70 年代对外经济政策纲要》，首次明确宣布要支持日本企业实施国际化战略。为此，日本开始实施一系列政策，例如海外投资亏损准备金制度。1972 年，日本跨国公司的对外直接投资开始真正起飞，这一年也被称为"投资海外第一年"。1972 年和 1973 年，日本对外直接投资的数额超过了前 20 年的总和，这成为日本对外直接投资的一个转折点。1973 年日本对外直接投资累计额（存量）突破 100 亿美元，1972—1980 年日本对外直接投资累计额高达 320 亿美元，是前 20 年总和的 7.3 倍。20 世纪 80 年代，由于贸易摩擦和日元升值，日本政府加快对外直接投资步伐，日本企业大举展开对外投资，这是日本对外投资规模扩张最快的时期。如表 2-11 和图 2-12 所示，1980 年日本对外直接投资流量为 23 亿美元，占同期世界对外直接投资流量的 4.28%，1989 年和 1990 年日本对外直接投资流量分别为 675 亿、505 亿美元，连续两年超越美国居世界首位。

表 2-11 日本对外直接投资情况表

（单位：亿美元）

年份	对外直接投资流量			对外直接投资存量		
	世界	日本	占世界比重（%）	世界	日本	占世界比重（%）
1970	141	3	2.13	—	—	—
1975	286	4	1.40	—	—	—
1980	538	23	4.28	5993	196	3.27
1985	626	65	10.38	7800	440	5.64
1990	2409	505	20.96	20879	2014	9.65

年份	对外直接投资流量			对外直接投资存量		
	世界	日本	占世界比重（%）	世界	日本	占世界比重（%）
2000	12412	316	2.55	80084	2784	3.48
2001	7588	383	5.05	77745	3001	3.86
2002	5281	323	6.12	78598	3042	3.87
2003	5807	288	4.96	100339	3355	3.34
2004	9198	310	3.37	118380	3705	3.13
2005	9043	458	5.06	125638	3866	3.08
2006	14253	503	3.53	157457	4496	2.86
2007	22674	736	3.25	193434	5426	2.81
2008	19993	1280	6.40	165185	6803	4.12
2009	11712	747	6.38	195891	7409	3.78
2010	14676	562	3.83	212886	8311	3.90
2011	17116	1076	6.29	219128	9628	4.39
2012	13467	1225	9.10	239163	10549	4.41
2013	14107	1357	9.62	263126	9929	3.77
2014	12620	120	0.95	251286	1717	0.68
2015	16219	33	0.20	255143	1741	0.68
2016	14732	114	0.77	268256	1905	0.71
2017	14300	104	0.73	308379	2075	0.67

资料来源：根据 UNCTAD 国际直接投资数据库整理所得。

　　1980 年日本对外直接投资存量为 196 亿美元，占世界对外直接投资存量比重达 9.65%，1990 年对外直接投资存量猛升至 2014 亿美元，占世界比重为 9.65%。20 世纪 90 年代，日本泡沫经济的破灭，日本经济进入新一轮衰退，对外直接投资持续下降，遭遇战后日本对外直接投资的最大困难期，日本对外直接存量占世界的比重由 1990 年的 9.65% 下降至 2000

年的 3.48%。进入 21 世纪以来，日本对外直接投资呈现上升态势，2005
年以后对外直接投资流量都在 400 亿美元以上，特别是 2011 年、2012 年、
2013 年，这三年对外直接投资流量分别为 1076 亿、1225 亿和 1357 亿美
元，占同期世界对外直接投资流量的比重分别为 6.29%、9.10% 和 9.12%。
经过战后短短几十年的恢复发展，日本对外直接投资规模迅速扩大，对外
直接投资取得了巨大的进步。

（单位：%）

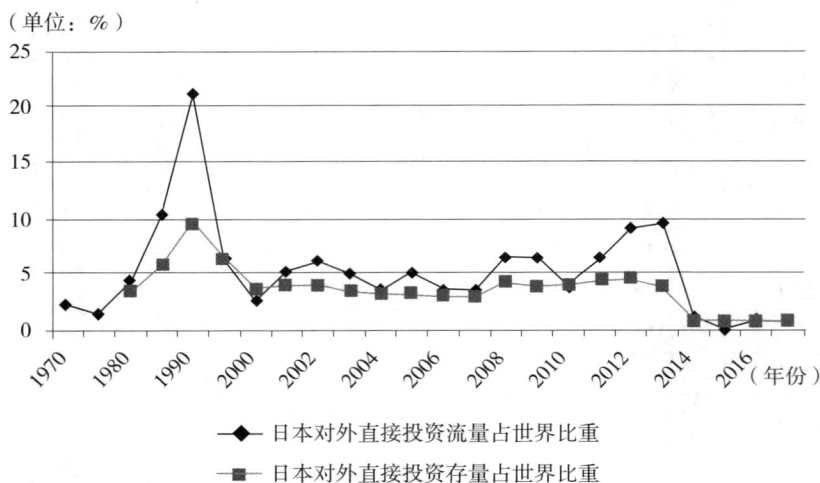

图 2-12　日本对外直接投资流量和存量占世界比重趋势

　　日本对外直接投资的发展很大程度上是由于国内资源匮乏，国内市场
相对狭小，为了满足其经济发展所需的资源和市场，日本采用对外直接投
资的方式在世界范围内寻求资源，扩张市场。

　　根据不同时期的战略布局，日本对外直接投资的地域结构和产业布局
不断变化。20 世纪 70 年代前，日本对外直接投资处于初级阶段，日本对
外直接投资的区域主要分布在亚洲和北美地区，布局在这些地区资源丰
富的发展中国家，其投资的行业主要是以资源开发为主，形成了由铁矿
石、原煤、有色金属矿以及石油勘探和天然气开发等初级部门为主的行业

结构。20 世纪七八十年代，日本对外直接投资仍以劳动力和资源丰富的发展中国家为主，但是，对发达国家的直接投资比重日益上升，尤其对欧洲和北美的投资比重越来越大，对亚洲投资的增长速度逐渐放慢，北美成为日本对外直接投资第一大区域，亚洲降至第二位。20 世纪 90 年代，日本加速扩大对欧美等国的大规模投资，对发达国家直接投资已经超过发展中国家并逐步形成以金融、保险和不动产的投资占主要比重的直接投资格局。进入 21 世纪以来，日本对欧美等发达国家的直接投资额有所下降，对亚洲、中南美等发展中国家直接投资额有所上升，但是日本对发达国家的投资仍占较大比重，北美、欧洲和亚洲三大地区成为日本对外直接投资的主要目的地。与美国和欧盟不一样的是，日本对外直接投资产业结构中非制造业在对外直接投资中所占的份额平均超过制造业，金融保险业、商业、服务业和房地产业已成为日本对外直接投资的四大领域。日本根据不同国家或地区布局不同的行业，日本对欧美等发达国家主要布局非制造业，尤其是金融保险业，制造业主要是向资本和技术密集的产业投资。对东盟等劳动力价格低廉的国家或地区，主要向其劳动密集型产业投资。对西亚、中东、非洲和拉美等自然资源丰富的国家或地区，主要向其能源、资源开发类产业投资。

表 2-12 日本对外直接投资的地区比重（1965—2011 年）

（单位：%）

投资地区	1965—1985	1986—1990	1991—2007	2008—2011
美国	30	46	31	21
亚洲	23	12	21	28
中南美洲	19	11	12	12
欧洲	13	21	29	25

资料来源：黄伟：《日本对外直接投资的发展历程及启示》，《中国物价》2013 年第 5 期。

表 2–13　日本对外直接投资的产业比重（1971—2011 年）

（单位：%）

投资产业	1971—1985	1986—1990	1991—2007	2008—2011
制造业	29	25	43	41
金属	6	2	3	4
电器设备	5	7	11	4
运输设备	4	3	9	3
非制造业	71	75	57	59
商业	15	8	9	10
采矿业	14	2	3	11
金融保险	13	24	21	26
房地产	3	19	7	1

资料来源：黄伟：《日本对外直接投资的发展历程及启示》，《中国物价》2013 年第 5 期。

　　总体来说，日本作为发达国家对外直接投资的三极之一，其对外投资规模大，增速快，但是其对外直接投资规模与美国和欧盟存在较大的差距，不过我们不能因此而否定日本在世界对外投资中的地位，日本是世界对外投资中最重要的组成部分之一。

二、新兴大国对外直接投资趋势

　　尽管一直以来发达国家的跨国公司仍是全球对外直接投资最主要的来源，但是，近年来投资主体开始呈现多元化趋势，发展中及转型国家和地区的跨国企业正在迅速崛起，新兴市场国家作为对外投资来源地的地位正在提高，其私有企业和国有企业成为国际舞台上越来越重要的角色，在全球投资浪潮中向西方发起了挑战。巴西、俄罗斯、印度和中国作为主要的新兴市场国家，其对外直接投资流也经历了高速的增长。

（一）俄罗斯对外直接投资

早在苏联时期，俄罗斯就进行了对外直接投资，但是对外直接投资是在苏联解体、俄罗斯独立后才得以较快发展的，尤其是20世纪90年代后期。[①]

1991年苏联解体后，俄罗斯走上了资本主义道路，原有的计划经济体制被摒弃，开始转向市场经济，俄罗斯进入了经济体制的转轨时期，这一时期俄罗斯经济持续低迷，对外直接投资规模也较小。自2000年开始，俄罗斯的经济开始逐渐恢复，经济的发展为对外直接投资奠定了基础，加之国际市场有利的能源价格，于是俄罗斯对外直接投资开始逐渐加速。在转型经济体中，俄罗斯对外直接投资规模已经遥遥领先，其对外直接投资增长速度较快。到了2006年，俄罗斯对外直接投资流量跃居世界第15位。由于2008年全球金融危机爆发，以及之后的欧债危机，全球经济持续低迷，对外直接投资较少，但是俄罗斯对外直接投资流量仍然上升至世界第13位，2009年攀升至世界第7位。到2013年，俄罗斯对外直接投资流量高达949亿美元，位居世界第4位。

表 2-14　1992—2017 年俄罗斯对外直接投资情况表

（单位：亿美元）

年份	对外直接投资流量			对外直接投资存量		
	世界	俄罗斯	占世界比重 (%)	世界	俄罗斯	占世界比重 (%)
1992	1922	16	0.83	23099	23	0.10
1995	3632	6	0.17	37860	33	0.09
2000	12412	32	0.26	80084	201	0.25

---

① 张宝艳：《俄罗斯对外直接投资：理论、现状与影响》，《俄罗斯中亚东欧研究》2009 年第 5 期。

年份	对外直接投资流量			对外直接投资存量		
	世界	俄罗斯	占世界比重 (%)	世界	俄罗斯	占世界比重 (%)
2002	5281	35	0.66	78598	624	0.79
2003	5807	97	1.67	100339	909	0.91
2004	9198	1378	14.98	118380	1073	0.91
2005	9043	179	1.98	125638	1467	1.17
2006	14253	300	2.10	157457	2165	1.37
2007	22674	448	1.98	193434	3701	1.91
2008	19993	557	2.79	165185	2055	1.24
2009	11712	433	3.70	195891	3025	1.54
2010	14676	526	3.58	212886	3663	1.72
2011	17116	669	3.91	219128	3618	1.65
2012	13467	488	3.62	239163	4063	1.70
2013	14107	949	6.73	263126	5012	1.90
2014	12620	292	2.31	251286	2900	1.15
2015	16219	119	0.73	255143	2627	1.03
2016	14732	372	2.53	268256	3939	1.47
2017	14300	253	1.77	308379	4465	1.45

资料来源：根据 UNCTAD 国际直接投资数据库整理所得。

从具体数据来看（如表 2-14），1992—2017 年，俄罗斯对外直接流量和存量稳步增长，占世界比重也呈上升趋势。从流量来看，俄罗斯对外直接投资流量由 1992 年的 16 亿美元，到 2005 年的 179 亿美元，再到 2013 年的 949 亿美元，2014 年则高达 1378 亿美元。2014 年后俄罗斯对外直接投资开始回落。1992—2013 年，俄罗斯对外直接投资流量年均增长率高达 21.46%，而同期世界对外直接投资流量年均增长率仅为 9.56%。俄罗斯对外直接投资流量占世界的比重也不断上升，由 1992 年的 0.83% 上升至 2003 年的 3.58%。从存量来看，俄罗斯对外直接投资存量几乎一年上一个台阶，1992 年对外直接投资存量仅为 23 亿美元，到 2000 年突破 200亿美元，2001 年突破 400 亿美元，2002 年突破 600 亿美元，2004 年突破1000 亿美元，2006 年突破 2000 亿美元，2012 年突破 4000 亿美元。截至2013 年，对外直接投资存量达到 5012 亿美元。1992—2013 年，俄罗斯对外直接投资流量年均增长率高达 29.23%，远高于同期世界的 12.28%。2014—2015 年，俄罗斯投资存量虽然大幅回落，但在 2016—2017 年又显著增加。俄罗斯 1992 年对外投资存量占世界比重为 0.1%，几乎可以忽略，到 2013 年对外投资存量占世界比重上升至 1.90%，占世界比重也很低。总体来看，俄罗斯对外直接投资规模持续增长，但是相比于欧美等发达国家而言，其占对外直接投资规模还是偏小，占世界比重较小。

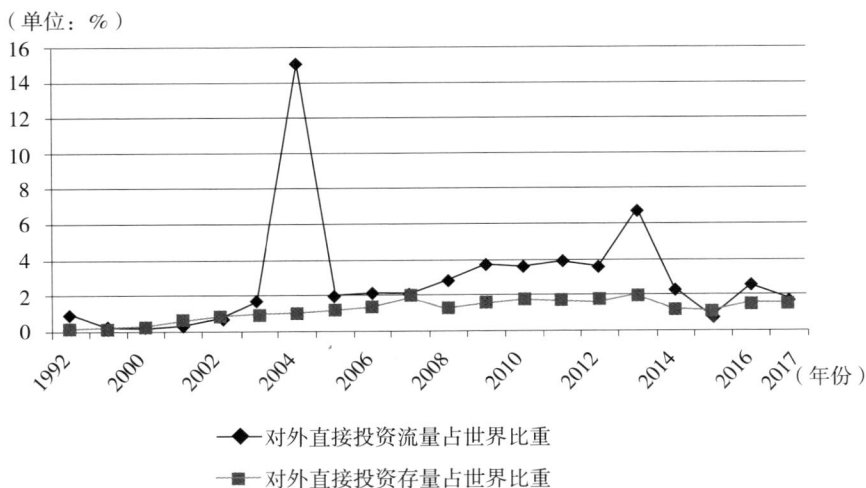

图 2-13　1992—2017 年俄罗斯对外直接投资流量和存量占世界比重趋势

俄罗斯对外直接投资的扩张从独联体成员国开始，目前的投资区域主要分布在欧盟地区和独联体国家，其中大部分投资于欧盟地区。20 世纪

90 年代，俄罗斯对独联体的对外直接投资逐年增长，但规模不大。进入 21 世纪后，俄罗斯对独联体对外直接投资的比例呈下降趋势，如 1997—1999 年俄罗斯对独联体的对外直接投资占俄罗斯总对外直接投资的 59%，而 2004—2006 年，这一比例下降到约 12%。并且，俄罗斯对独联体各个国家的投资比例波动较大，如 2004 年，乌兹别克斯坦占了俄罗斯对独联体对外直接投资的 85%，2005 年亚美尼亚占了绝大部分份额，约占 78%。

2006 年，俄罗斯投资流向塔吉克斯坦的量最大，占 39%，但 2008 年后，白俄罗斯成为俄罗斯对外投资最多的国家。在欧盟国家中，塞浦路斯、荷兰、英国、德国和卢森堡等国家是俄罗斯主要的对外直接投资国，例如在 2008 年俄罗斯对外直接投资中，塞浦路斯和荷兰所占的份额最大，分别为 29% 和 21%，两者之和也达到了俄罗斯对外直接投资总量的 50%。此外，俄罗斯也开始对非洲、亚洲和美洲等国家和地区进行对外直接投资。从俄罗斯对外直接投资产业和部门来看，俄罗斯对外直接投资集中于第一产业，第三产业的比重最低，以天然气、石油、矿产业以及冶金业为主。此外，运输业、电信业和零售业也占一定比例，这是由俄罗斯矿产资源丰富的自然禀赋决定的，其大型跨国公司卢克石油公司、俄罗斯天然气工业股份公司、北方钢铁集团、俄罗斯铝业集团等都是石油、天然气、冶金和采矿行业。跨国并购是俄罗斯对外直接投资主体以私营企业为主，国有企业占比相对较小，如俄罗斯大型跨国公司卢克公司和诺里尔斯克镍业公司都属于私营企业，2006 年俄罗斯对外直接投资最多的 25 家企业中，只有 3 个是国有企业（俄罗斯天然气工业集团、统一电力系统股份公司、萨赫金刚石股份公司），其他都是私营企业。

苏联解体后，俄罗斯走上经济转型之路，随着经济的恢复和发展，俄罗斯对外直接投资呈现快速增长之势。俄罗斯已经成为世界重要的对外直接投资国，也是新兴国家中最重要的对外直接投资国之一，但是与欧盟等发达国家相比，俄罗斯对外直接投资规模占世界比重仍然很小，还有很大的上升空间。

（二）印度对外直接投资

印度对外直接投资早在 20 世纪 60 年代就已经起步，但由于印度国内政治、经济因素的制约，早期的发展极为缓慢，规模也很有限。20 世纪 90 年代，印度进行了经济改革，实行了相对宽松的对外投资政策，印度的对外直接投资有了进一步的发展，直到 21 世纪，印度的对外投资才驶入快车道。[①]

印度的对外直接投资在 20 世纪 90 年代尚不引人关注，经过近二十几年的加速发展，如今印度已经成为世界最关注的对外直接投资国之一。据统计，印度对外直接投资流量由 1980 年的 0.04 亿美元年增长至 2017 年的 399 亿美元，2017 年流量较 1980 年增加了 9975 倍，远远高于世界平均增速。从存量来看，印度对外直接投资流量由 1980 年的 0.78 亿美元猛增至 2017 年的 3777 亿美元，2017 年存量较 1980 年增加了 4842 倍，高于世界平均增速。从这些数据可以看出，印度对外直接投资高速发展，投资规模迅速增长，但是其投资规模仍较小，与发达国家以及中国、俄罗斯等发展中国家仍有较大的差距。例如，2008 年印度对外直接投资流量为 211 亿美元，而同期的美国则达到 3083 亿美元，日本为 1280 亿美元，俄罗斯为 557 亿美元，中国为 559 亿美元，这足以看出印度与其他投资大国的差距。受 2008 年全球金融危机影响，全球对外直接投资发展遇到较大的困难，印度对外直接投资也受此影响而发展受阻，2008 年以后印度对外直接投资流量持续下降，由 2008 年峰值的 211 亿美元下降至 2012 年的 85 亿美元，2013 年情况又有所好转，上升至 167 亿美元。2014—2017 年，印度直接投资高速增长。从目前情况看，印度对外直接投资的一大特点就是规模小、增速快。

---

① 高巍：《印度对外投资的经验及启示》，《国际经济合作》2006 年第 12 期。

表 2-15　1980—2017 年印度对外直接投资情况

（单位：亿美元）

年份	对外直接投资流量			对外直接投资存量		
	世界	印度	占世界比重 (%)	世界	印度	占世界比重 (%)
1980	538	0.04	0.01	5993	0.78	0.01
1985	626	0.03	0.005	7800	0.93	0.01
1990	2409	0.06	0.002	20879	1	0.005
1995	3632	1	0.03	37860	5	0.01
2000	12412	5	0.04	80084	17	0.02
2001	7588	14	0.18	77745	25	0.03
2002	5281	17	0.32	78598	41	0.05
2003	5807	19	0.33	100339	61	0.06
2004	9198	22	0.24	118380	77	0.07
2005	9043	30	0.33	125638	97	0.08
2006	14253	143	1.00	157457	270	0.17
2007	22674	172	0.76	193434	441	0.23
2008	19993	211	1.06	165185	633	0.38
2009	11712	160	1.37	195891	808	0.41
2010	14676	159	1.08	212886	969	0.46
2011	17116	125	0.73	219128	1095	0.50
2012	13467	85	0.63	239163	1181	0.49
2013	14107	167	1.18	263126	1198	0.46
2014	12620	346	2.74	251286	2531	1.01
2015	16219	441	2.72	255143	2826	1.11
2016	14732	445	3.02	268256	3185	1.19
2017	14300	399	2.79	308379	3777	1.22

资料来源：根据 UNCTAD 国际直接投资数据库整理所得。

（单位：%）

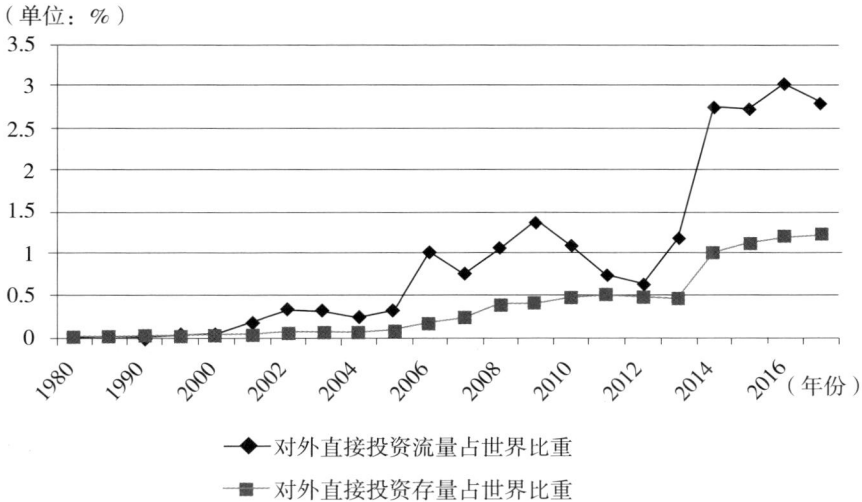

图 2-14 1980—2016 年印度对外直接投资流量和存量占世界比重趋势

英国经济学家坎特威尔和托兰惕诺（1990）提出发展中国家对外直接投资的地理分布是随着时间的推移而逐渐变化的，一般遵循以下发展顺序："周边国家—其他发展中国家—发达国家。"印度对外直接投资区位选择遵循了这一理论。20世纪90年代前，发展中国家是印度对外直接投资主要区域，约86%的印度对外直接投资流向发展中国家。尽管在20世纪90年代，有将近60%的对外直接投资是流向了发达国家，但目前印度的对外直接投资仍然主要集中在周边国家如越南、泰国、马来西亚等发展中国家和地区。凭借高新技术产业发展所积累的技术知识优势及其独特的英语语言优势，印度近年来对欧美等发达国家的直接投资也日益活跃。根据印度财政部的数据，印度1996—2006年间在发达国家的投资占投资总额的30%左右，对外投资的最大目的国是美国，占总额的18.8%。根据印度著名评级机构 CareRatings 发布报告显示，印度2013—2014年对外投资前四大目的地为荷兰、新加坡、英属维尔京群岛和毛里求斯，分别占对外总投资的 28.85%、15.2%、10.3% 和 7%。

20 世纪 90 年代以前，印度对外直接投资主要以制造业为主，而在 90 年代后，印度对外直接投资行业分布重点集中于高科技行业和服务业，特别是信息技术产业。制造业地位有所下降，但仍是印度最重要的投资领域。印度对外直接投资主体以私营企业为主，中小型跨国公司的表现最为活跃，印度一些世界知名的跨国公司都是私营企业，如塔塔（TaTas）、比拉（Birs）、信实（Reliance Group），以及信息系统技术公司（Infosys）、珀拉瑞斯软件公司 (Polaris)、维普罗技术公司（Wipro）等知名软件企业。印度的跨国并购也是相当活跃，其对外直接投资方式以跨国并购为主。其经典的跨国并购案例有：2006 年印度钢铁业龙头老大塔塔集团通过收购欧洲第二大钢铁公司康力斯（Corus）集团，一举成为全球第六大钢铁生产企业；2007 年铝业巨头欣达尔科以 60 亿美元整体收购美国一家公司；信实集团 (Reliance Group) 斥资 50 亿美元收购通用电气旗下的塑料生产业务；等等。

经过 90 年代的经济改革，印度已经发展成为一个工业基础雄厚的新兴大国，其对外直接投资也迎来了快速发展时期，但是其对外直接投资规模占世界比重小，与发达国家有较大的差距，印度对外直接投资规模还需要加速扩张。

（三）巴西对外直接投资

21 世纪初期，巴西对外直接投资存量是金砖国家中最大的，但是巴西近十来年对外直接投资增速较慢，对外直接投资存量已经被俄罗斯和中国分别于 2002 年、2008 年超过。如表 2-16 和图 2-16 所示，巴西对外直接投资流量和存量较小，流量波动非常大，易受国内外经济环境变化的影响。据资料显示，1970 年巴西对外直投资流量为 0.14 亿美元，1980 年为 3 亿美元，1990 年为 6 亿美元，到 2000 年达到 23 亿美元，1970—

2000 年期间，巴西对外直接投资稳步上升，年平均增长率为 18.54%，增速高于同期世界水平，也高于同期其他金砖国家水平。但是，自 2000 年以后，由于巴西政治、经济不稳定，巴西对外直接投资增速明显放缓，流量波动非常大，几乎没有一个完整的上升期，一直呈现折线的状态。2001年、2009 年、2011 年、2012 年、2013 年五个年度对外直接投资流量为负值，表明巴西对外直接投资面临严峻的形势，部分巴西企业从海外撤资。而对外直接投资流量最高的年份 2006 年，达到 282 亿美元，2008 年也比较高，达到 205 亿美元，其他年度则较低。可以说，最近十来年是巴西对外直接投资发展的低潮期、动荡期。由于对外直接投资流量的波动，巴西对外直接投资存量增速也较慢，1980—2000 年，巴西对外直接存量由385 亿美元增长至 519 亿美元，年均增速达 15.04%，增速较快。2000—2013 年，巴西对外直接存量由 519 亿美元增长至 2709 亿美元，年均增速达 13.55%，增速较之前有所减慢。巴西对外直接投资规模占世界比重很少，对外直接投资流量占世界比重，基本都在 1% 以下，2006 年占比最高，为 1.98%。对外直接投资存量占世界比重呈下降趋势，由 1980 年的 6.42%下降至 2013 年的 1.11%，该比重在大部分年份都低于 1%。2014 年之后，巴西迎来对外直接投资的高速增长期，2017 年投资存量达 7783 亿美元。总之，巴西作为一个新兴国家，其对外直接投资规模相当有限，在世界对外直接投资中影响力不足。

表 2-16　1980—2017 年巴西对外直接投资情况

（单位：亿美元）

年份	对外直接投资流量			对外直接投资存量		
	世界	巴西	占世界比重	世界	巴西	占世界比重
1980	538	3	0.56	5993	385	6.42

续表

年份	对外直接投资流量			对外直接投资存量		
	世界	巴西	占世界比重	世界	巴西	占世界比重
1990	2409	6	0.25	20879	410	1.96
1995	3632	11	0.30	37860	445	1.18
2000	12412	23	0.19	80084	519	0.65
2001	7588	−23	——	77745	497	0.64
2002	5281	25	0.47	78598	544	0.69
2003	5807	2	0.03	100339	549	0.55
2004	9198	98	1.07	118380	692	0.58
2005	9043	25	0.28	125638	793	0.63
2006	14253	282	1.98	157457	1139	0.72
2007	22674	71	0.31	193434	1419	0.73
2008	19993	205	1.03	165185	1578	0.96
2009	11712	−101	——	195891	1671	0.85
2010	14676	116	0.79	212886	1913	0.90
2011	17116	−10	——	219128	2062	0.94
2012	13467	−28	——	239163	2709	1.13
2013	14107	−35	——	263126	2933	1.11
2014	12620	734	5.82	251286	7258	2.96
2015	16219	643	3.96	255143	5682	2.23
2016	14732	580	3.94	268256	7033	2.62
2017	14300	627	4.38	308379	7783	2.52

资料来源：根据 UNCTAD 国际直接投资数据库整理所得。

（单位：%）

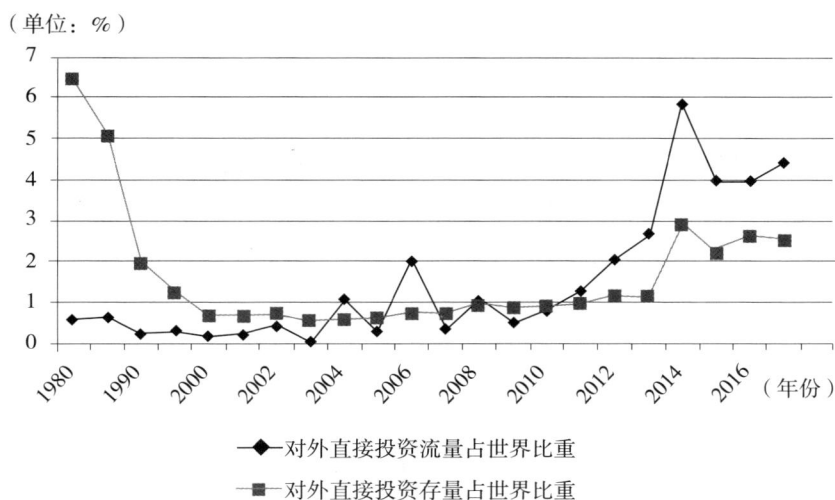

图 2-15　1980—2016 年巴西对外直接投资流量和存量占世界比重趋势

　　巴西是拉美地区经济最发达的发展中国家，其经济发展速度较快。基于地理位置和文化等方面因素，巴西对外直接投资地区主要是拉美国家，阿根廷、委内瑞拉、智利等国家吸收了其投资的绝大部分。其他拉美国家和美国是巴西对外直接投资的主要东道国，其中美国和阿根廷是其最主要的两个对外直接投资东道国，另外，出于避税和转移资本等目的，巴西企业投资于离岸中心的比例也很高。巴西自然资源丰富，是世界重要的能源供应国，其对外直接投资的产业和部门布局与其资源有很大关系，例如巴西大型跨国公司淡水河谷（Vale）、巴西石油公司（Petrobras）和盖尔道集团公司等都是能源类公司。巴西的对外直接投资中，主要投资方向为第一产业，第三产业比重比高较高，但服务业投资比例稳步上升。2011 年巴西的对外直接投资中，第一产业中的有色金属所占的比例为 27%，机械制造业所占的比例为 20%，石油、天然气所占的比例为 17%，三者所占的比例之和高达 64%，巴西在 2011 年的服务业对外投资所占的比重达到 13%，相对于 2007 年的 7.9% 有很大的提高。巴西的金融行业的投资比例一直很低，金融业对外直接投资只占到了所有对外直接投资的5%。巴西对外直接投资的产业结构和部门机构还是处于低级化状态。对外直接投资主体主要是大型国有企业，如巴西石油公司，私营企业对外直接投资业比较活跃，如淡水河谷公司、盖尔道集团等都是私营企业。

目前，巴西对外直接投资发展不稳定，遇到一些困难，但是巴西作为一个新兴国家，其发展潜力巨大，仍将是新兴国家甚至是世界不容忽视的重要对外投资大国。

（四）南非对外直接投资

由于政治和种族原因，非洲对外直接投资起步较晚，规模较小，发展速度慢。如表2-17和图2-16所示，南非对外直接投资规模小，且对外直接投资流量波动性非常大。南非2006年对外投资流量最高，但仅仅为60亿美元，大部分年份在1亿—30亿美元之间，少数年份出现负值。而对外直接投资规模由1990年的150亿美元上升至2013年的958亿美元，年均增长率为8.3%，增速低于世界同期的11.65%。2017年，南非对外直接投资存量终于达到1500亿美元。总体来说，南非对外直接投资规模小，增速慢。

表2-17　1990—2017年南非对外直接投资情况

（单位：亿美元）

年份	对外直接投资流量			对外直接投资存量		
	世界	南非	占世界比重	世界	南非	占世界比重
1990	2409	0.27	0.01	20879	150	0.72
1995	3632	25	0.69	37860	233	0.62
2000	12412	3	0.02	80084	273	0.34
2001	7588	−32	−0.42	77745	145	0.19
2002	5281	−4	−0.08	78598	197	0.25
2003	5807	6	0.10	100339	244	0.24

续表

年份	对外直接投资流量			对外直接投资存量		
	世界	南非	占世界比重	世界	南非	占世界比重
2005	9043	9	0.10	125638	310	0.25
2006	14253	60	0.42	157457	411	0.26
2007	22674	30	0.13	193434	552	0.29
2008	19993	−31	−0.16	165185	494	0.30
2009	11712	12	0.10	195891	703	0.36
2010	14676	−0.75	−0.01	212886	832	0.39
2011	17116	−3	−0.02	219128	971	0.44
2012	13467	30	0.22	239163	1118	0.47
2013	14107	56	0.40	263126	958	0.36
2014	12620	58	0.46	251286	1389	0.55
2015	16219	17	0.10	255143	1268	0.50
2016	14732	22	0.15	268256	1355	0.51
2017	14300	13	0.09	308379	1500	0.49

资料来源：根据联合国贸发会议国际直接投资数据库整理所得。

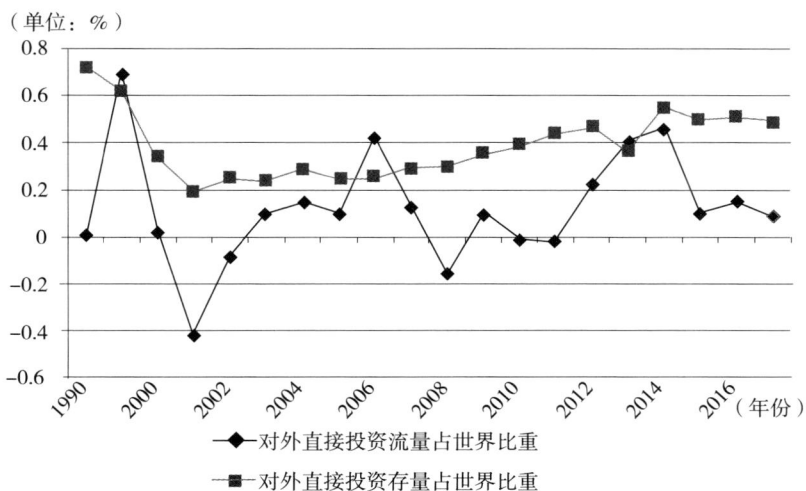

图2-16　1990—2016年南非对外直接投资流量和存量占世界比重趋势

南非的对外直接投资以欧洲为主，欧洲占到了南非对外直接投资总额的48%。其中，英国是南非最主要的对外直接投资国，有38%的南非对外直接投资流向英国。南非虽然是非洲国家，但是在非洲的对外直接投资只占南非对外直接投资总额的8%，所占的比例非常小，这主要是考虑到非洲的投资环境和企业的发展等诸多问题。南非向亚洲等国的对外直接投资也逐渐增多，中国是南非重要的对外直接投资国。

南非自然资源丰富，是世界五大矿产国之一，矿业、制造业和农业是其经济三大支柱。南非的对外直接投资主要是放在第一和第三产业，南非的对外直接投资中，矿业占了16%，非耐用消费品占了19%，服务业占了17%，信息媒体占了11%，这四个行业占了南非对外直接投资总额的63%。南非的对外直接投资中，机械和原材料的投资占的比重比较小，机械和原材料的投资所占的比例均为6%。这表明，南非的国内加工型企业仍然是以非耐用消费品的加工业为主，而重工业和其他类型的加工业发展相对落后。

总体来看，南非对外直接投资规模是金砖国家中最小的国家，其发展速度远远落后于其他四个金砖国家，在世界对外投资中所占比重几乎可以忽略不计。

第三章　全球投资治理规则体系及其评价

　　全球投资治理是以规则为基础的治理，故研究全球投资治理的规则体系具有必要性。然而，与全球贸易治理和金融治理所不同的是，全球投资治理的多边规则罕见，以双边和区域规则为主。20 世纪 50 年代以来，多边投资规则谈判屡屡失利，因此资本输出国家主要通过双边投资协定谈判建构全球投资治理的规则体系。2010 年之后，全球投资规则进入调整期，美欧等发达国家和地区在区域贸易协定的投资章节中重塑投资规则。本章将逐一梳理全球投资治理的双边、区域及多边规则体系，探讨全球投资治理规则体系的特征和不足，以便对第四章全球投资治理规则的微观分析提供宏观指导。

第一节　双边投资协定

一、双边投资协定的概念

（一）双边投资协定的概念

　　双边投资协定（Bilateral Investment Treaties，以下简称 BITs）是两国在互惠的基础上签订的旨在鼓励、促进和保护签约国之间投资活动专门性投资条约。双边投资协定 (BITs) 含义有狭义和广义之分。狭义的双边投资协定仅指促进和保护投资的双边协定（BITs）；广义的通常还包括友好通商航海条（Friendship，Commerce and Navigation Treaties，FCN 条约）和双边投资保证协定（Investment Guarantee Agreement，IGA 条约）。目前人们所提到的 BITs 如果不加以特别解释的话，一般指的都是双边投资保护协定。由于当前综合性全球多边投资协定缺位，双边投资协定构成全球投资治理体系的主体部分。

　　发达国家的双边投资协定主要分为欧式 BITs 和美式 BITs 两种模式。在外资准入、外资待遇、征收及其补偿、争端解决等方面，欧式 BITs 与美式 BITs 有一定的差异。在 20 世纪 80 年代以前，双边投资协定以欧式 BITs 为主流模式，为德国、英国、法国等西欧国家所采纳，它突出强调投资保护，并不追求投资的自由化，对外资管辖权的限制也相对较少，对外资实行的是准入后国民待遇。20 世纪八九十年代以后，投资自由化成为国际投资立法的新目标，其主流模式为美式 BITs，第一个美式 BITs 是美国与巴拿马于 1981 年签署的。与欧式 BITs 相比，美式 BITs 不但强调高水平的投资保护，更强调投资的自由化，对外资实行准入前国内待遇，强调高水平的投资保护，限制或者禁止征收外资，并且建立"充分、及时、有效"的征收补偿标准，引入投资者与国家的争端解决机制。总体来看，欧式 BITs 条约简约、投资准入要求较低，美式 BITs 门槛更高，提倡投资准入自由化，对外资的保护要求更高。美式 BITs，尤其是美国 2012 年 BIT 范本，迎合了投资自由化的需求，代表着未来 BITs 的发展方向。①

　　（二）双边投资协定的演进

　　双边投资协定是伴随着国际投资的发展而发展，它一直是国际投资领域的一项重要的管理机制。由于国际投资规模、方式和格局的变化，以及

---

　　①　聂平香：《国际投资规则的演变及趋势》，《国际经济合作》2014 年第 7 期。

受国际投资环境、法规和体制的制约，双边投资协定的内容和形式不断调整和完善。BITs 的前身是友好通商航海条约 (FCN 条约)。然后，美国于 20 世纪 40 年代末首创的投资保证协定（IGA 条约）。世界上首个现代意义的 BITs 是由联邦德国于 1959 年签署的投资促进和保护协定。

1. 友好通商航海条约

友好通商航海条约（FCN 条约）产生于 18 世纪中期，是东道国给予他国国民前来本国从事商业活动权利和航海运输保障的一种条约。根据条约内容的差异，友好通商航海条约可以分为第二次世界大战前和第二次世界大战后两个阶段。第二次世界大战前，国际经济活动以国家贸易为主，国际投资活动不占主要地位，FCN 条约主要内容是缔约双方的贸易和航运事宜，而涉及对投资给予保护的条款很少。早期的《友好通商航海条约》内容宽泛，涉及人权、贸易、知识产权、投资保护、移民、海运、税收、继承、雇佣工资等内容。其中涉及贸易和投资的内容主要包括四方面。第一，保证缔约方国民的航海贸易自由，如进出缔约方港口从事商品贸易的自由。[①] 第二，这个时期的条约形成了最早的非歧视贸易待遇原则——最惠国待遇条款，但一般只针对缔约国征收的进出口税费，尚不及国内产品因流转和消费被征收的税费，也不涉及国内法规和其他影响进出口待遇的措施。例如 1860 年《英法商业条约》中，最惠国待遇条款与"约束关税"条款一道适用，使英法在其他贸易条约中达成的更优惠关税均可适用于美国。这个时期国民待遇条款也在部分条约中出现，但国民待遇适用的范围狭窄，如在美国与阿根廷《友好通商航海条约》中，仅针对港口停泊费、

---

① 例如美国与阿根廷《友好通商航海条约》第 1 条规定：两国市民应自由并安全的与其船只和货物到达缔约方领域开放给其他任一国家市民及船只和货物的任何地域，港口、河流，并允许在前述地方停留、居住；为居住或商业的目的租赁或占有房屋或货仓，从事各类合法商业产品、工业制成品、商品的交易；在遵守两国各自法律和惯例的前提下一般享有对其所有营业最完全的保护和安全……

导航费、救助费等费用，规定这些费用的征收不得超过同一港口对国内船只征收的税费。在美国与比利时的条约中，国民待遇条款扩展到航标费、清仓费、货代费等。第三，《友好通商航海条约》对缔约国限制产品进出口的措施进行了约束，如英法《商业条约》规定不得对煤炭实施出口限制。第四，针对航海贸易的其他事项，条约多规定商人可按其意愿自由聘请代理商、经纪商、翻译等，不受缔约方国内法规的特殊限制。

第二次世界大战后，随着国际投资的迅速发展，为适应海外投资保护的需要，友好通商航海条约在整个内容和结构上发生了较大变化，保护国际投资的内容更为具体化、明确化。友好通商航海条约覆盖的事务非常广泛且规定十分具体，主要条款有：外国人的入境权、利用当地法院的权利、仲裁裁决的执行、雇佣技术专家的权利、有关土地租赁、税收、商人的关税待遇、产品待遇以及有关限制性商业实践的协商问题等。友好通商航海条约是双边投资协定的前身，此种类型的条约是二战前及结束初期各国保护其海外投资的主要法律工具，但是该类型条约涉及范围广、内容多，关于投资保护的规定太少且太简略，远远不能满足保护海外投资的需要。因此，美国等国家在 1960 年后就基本不再推行这种双边条约模式了，转而寻求其他缔约形式，以求更有利地保护国际投资。

2. 投资保护协定

投资保护协定（IGA）是美国于 20 世纪 40 年代末首创的，后被其他资本输出国相继仿效。投资保护协定核心在于缔约国双方承诺保护对方在本国投资的安全，并承诺承保机构在政治风险事故发生并依约向投保的海外投资者理赔之后，享有海外投资者向东道国政府索赔的代位求偿权和其他相关权利及地位。

美国在第二次世界大战后针对当时的国际形势，创造性地建立海外投资保险制度，如果受保人在投资东道国因政治风险而遭受损失，经营海外投资保险业务的保险机构依据保险合同补偿其损失，并且自动取得对东道国的代位求偿权。然而，海外投资保险制度实施过程中遇到一个棘手的问题，就是如何使其他国家接受并同意海外投资保险制度，为了解决这一难题，美国除了与其他国家签订友好通商航海条约外，又与有关国家签订专门的投资保证协定，此后其他国家也纷纷效仿美国签订投资保证协定。

3. 双边投资促进与保护协定

投资促进和保护协定由联邦德国于 1959 年首创，1959 年联邦德国与巴基斯坦签订了世界上第一份投资促进和保护协定。

第二次世界大战后，联邦德国经济迅速恢复，产生大量"过剩"资本，联邦德国企业纷纷对外投资。但是，依靠友好通商航海条约保护已很难满足日益增长的对外投资的要求。于是，从 20 世纪 50 年代末开始，联邦德国及其他一些欧洲国家将传统的"友好通商航条约"中有关保护外国投资的内容提取出业加以具体化，并融合以上述美国式"投资保证协定"中有关投资保险、代位赔偿及争端解决的规定，与相关的国家签订了"促进与保护投资"的专门性双边协定。此类协定内容具体详尽，既有保护相互投资也有采取措施促进相互投资的内容，实体性规定和程序性规定并举，兼具"友好通商航海条约"与"投资保证协定"之长，能够为资本输出国的海外投资提供切实有效的保护，因而一问世便得到各发达国家的竞相效仿和大力推行，而且得到了发展中国家的广泛接受。

进入 21 世纪后，国际投资进一步发展，发展中国家逐渐成为主要的资本输入国和重要的资本输出国，世界各国对于投资自由化、便利化的要求越来越强烈，各国普遍要求将促进投资自由化的目标落实到 BITs 的规则中，这样 BITs 的内容更加丰富和全面，既包括了促进和保护投资的条款，又加入投资自由化的条款。近年来，美国与其他国家签订的 BITs 中都强调投资自由化，美国《2012 双边投资协定范本》中也体现了投资自由化的要求。日本也利用双边投资协定促进投资自由化方面步伐很大，例如 2002 年日本与韩国签订的《韩日投资自由化、促进和保护协定》，突出强调了投资自由化的要求。

二、双边投资协定的演进和发展

根据联合国贸易与发展会议 UNCTAD《世界投资报告》的统计，截至 2017 年年底，世界各国已经签订了 2946 项双边投资协定（BITs）。[①]

狭义双边投资协定的发展经历了四个阶段。第一个阶段为 1945 年至 1967 年。这个时期双边投资协定数量稀少、增长缓慢，大多数是西欧国家与非洲国家签订的。例如，20 世纪 60 年代签订双边投资协定的国家中有 26 个非洲国家，10 个亚洲国家，而拉美国家由于受到卡尔沃主义（Calvo Doctrine）的影响，签订 BITs 的国家仅有两个，大多国家都是持观望的态度。这个时期双边投资协定在内容上接近于战前的友好通商航海条约，条款简单。

第二个阶段从 1967 年至 20 世纪 80 年代，这个时期对外直接投资进一步发展，日本、英国、奥地利以及以色列等发达国家纷纷签订了 BITs，与此同时，新加坡、海地、约旦等发展中国家也开始签订 BITs。尤其是在 20 世纪 80 年代，经济全球化的浪潮席卷全球，国际对外投资迅速发展，发展中国家为吸引外资也开始大量签署双边投资协定，拉美国家也开始改变态度，纷纷签订 BITs。截至 1989 年，各国签订的 BITs 总数已经从 1979 年的 167 个增加到了 386 个。

20 世纪 90 年代后，双边投资协定的发展进入第三个阶段——高速增长阶段。这个时期国际投资快速增长，各国就投资进行的缔约活动非常活跃，发展中国家与发达国家，以及发展中国家之间或转型经济体之间也大

---

① UNCTAD. *World Investment Report 2018: Investment and New Industrial Policies,* New York and Geneva, 2018, p.88.

量签订 BITs，BITs 开始以前所未有的速度增长，数量继续急剧上升，截至 1999 年年底，各国签订的 BITs 总数已达到 1857 项。进入 21 世纪后，双边投资协定增长的速度稍有放缓，但是总量还是不断上升。

2010 年之后，双边投资协定的发展进入第四个阶段——规则重塑期。本世纪由于国际投资争端数量激增，投资者质疑的对象不再是传统的财产征收事项，而是发达国家所制定的公共健康、环境保护等措施。传统的国际投资协定条款简单，仲裁庭在裁决时扩大解释条约条款，挑战国家的公益管制权。因此，美欧等发达国家纷纷对投资协定进行调整，制定更为详尽、具体的投资协定，对投资者的权利进行限制，强调东道国公益管制措施并不构成间接征收，亦不违反公平公正待遇条款。修改后的双边投资协定以 TPP、CETA、USMCA 等协定为典范。

当前，世界上几乎所有国家和经济体都签订了一项或多项双边投资协定（BITs），德国、荷兰、中国、英国、法国等国家均是双边投资协定签订数量较多的国家，美国签署的双边投资协定则在规则重塑方面起到了导向的作用。

三、双边投资协定对全球投资治理的作用

双边投资协定针对国际投资领域的问题而签订，满足了促进和保护国际投资的时代要求。由于国际投资的迅速发展，以及双边投资协定简单、实用且针对性强，双边投资无论是在条约数量、签订国家方面均不断增加，条约内容亦更加全面、丰富。20 世纪 90 年代以来，双边投资协定已构成了现行国际投资法律框架的主要支柱，[①] 在保护投资、促进投资、维

---

① 韩亮：《20 世纪 90 年代双边投资保护协定的发展及评价》，《法学评论》2001 年第 2 期。

护国际投资秩序过程中发挥了不可替代的作用，是传统全球投资治理体系中最重要的制度安排。

（一）双边投资协定保护投资的作用

双边投资协定以法律的形式保护外资和外国投资者的安全，既包括关于缔约方权利和义务的实体性规定，又有关于代位权、解决投资争议的程序性规定，为缔约国双方的海外投资和海外投资者设定了遵循的法律规范结构和框架，可以避免或减少法律障碍。双边投资协定通过创设有关国际投资的法律制度来保护外资和外国投资者，主要体现在以下几个方面。第一，双边投资协定中一般都会明确"投资"和"投资者"的定义，并且明确投资涵盖的范围，这样就明确了受保护的外资和外国投资者范围以及程度。第二，双边投资协定中规定缔约国之间提供投资便利化的要求，明确外资准入条件，提高了外资准入的透明度和深度。第三，投资者母国一般会要求东道国向投资者授予最惠国待遇、公平公正待遇、国民待遇以及最低标准待遇，提高了投资者在东道国的受保护水平。第四，双边投资协定多限定征收和国有化的条件及其补偿标准。美式协定更是规定，除非基于公共利益，一般限制或禁止征收和国有化，征收时需采纳"充分、及时、有效"的补偿原则，征收程序符合正当程序的要求。第五，双边投资协定一般会规定投资者与东道国发生争端时的争端解决机制，包括谈判、协商、调解和国际投资仲裁，有利于投资争端的及时、妥善解决。第六，双边投资协定还会限定东道国采取进口替代、出口表现、当地雇佣等要求，在投资者转移投资资产和利润时要求东道国不得施加不合理的限制，保障了外国投资者合法权益。

（二）双边投资协定促进投资的作用

促进海外投资可视为发达国家与发展中国家利益的结合点和共同目

标，投资促进和投资保护存在紧密的联系。首先，双边投资协定为海外投资提供了保护，营造了一个安全的投资环境，从而促进了海外投资。投资母国及投资者关心的首要问题是海外投资的安全性。双边投资协定大幅降低了对外投资的政治风险，避免投资资产为东道国所征收，或受东道国政策改变的影响，从而增强了投资者投资信息。其次，双边投资协定通过投资准入条款、投资待遇和投资履行条款，降低了投资者海外投资的障碍，便利了资本在全球的流动，促进了投资者的投资积极性。最后，双边投资协定的签署通常释放了两国政治经济关系良好的信号，为双边经贸合作的开展提供了政治保障。

从双边投资协定的数量增长与国际直接投资增长的关系来看，两者呈正相关关系。国际资本高速流动、跨国直接投资最为活跃的 20 世纪 90 年代至 21 世纪初，正是双边投资协定增长最为迅速的时期。

四、双边投资治理协定的局限性

随着国际投资的迅速发展，各国之间海外投资活动相当活跃，各国越来越依赖于双边投资保护协定来保护海外投资，调整资本输出国与输入国间的关系。双边投资协定对于保护投资和促进投资具有不可替代的作用，但是，双边投资保护协定仍有很大的局限性，无法满足全球投资治理的高要求，其局限性主要体现在以下几方面。

第一，双边投资协定的法律效力在不同国家是不同的。双边投资协定在国内法下的地位和效力取决于签约国宪法和相关法律的规定。然而，很多国家宪法或其他法律并没有对双边投资协定在本国法下的地位和效力进行明确规定。当双边投资协定与国内法发生冲突时，究竟是双边协定优先还是国内法优先便会存在争议。另外，双边投资协定往往包含条约退出条款，对缔约国缺乏绝对的约束力。缔约国可单方面解除双边投资协定。

2015 年印度便一度宣告单方面终止本国所签署的所有双边投资协定。尽管在国际法层面，学者主张条约信守原则，国家应信守其在双边投资协定下的义务，并对条约违反行为承担国家责任。一些学者甚至认为，双边投资协定中的很多条款，如非歧视条款、最低标准待遇等反映了习惯国际法的规则。但更多学者主张双边投资协定仅仅是缔约双方之间的特别法，并不具备习惯国际法的效力。尽管各国多有签署双边投资协定的实践，协定的结构也相似，但其细节是如此不同，故国际社会还未就双边投资协定的内容行程法律确信（opinio juris），因此尚难主张双边投资协定已就国际投资法规则产生习惯国际法。[①]

第二，双边投资协定数量繁多，内容重叠甚至相互冲突，错综复杂，导致国际投资规则混乱无序。20 世纪 80 年代，尤其是 90 年代后，双边投资协定的数量迅速增加，双边投资协定的内容也更加丰富和全面，但是协定内容还是存在许多争议。基于双边投资协定是两个国家之间协商签订的条约，各协定内容也取决双方协商的结果，存在较大的差异。例如，关于"投资"和"投资者"的定义，有以资产为基础的投资定义、以企业为基础的投资定义和以交易为基础的投资定义等三种主要定义。企业投资者，究竟应适用准据法主义还是适用实际控制标准，亦存在不同的观点。此外，不同国家主导的协定在投资资产的范围、汇兑、征收和国有化、投资争端解决等方面也存在差异化的条款。无论是东道国还是投资者均难准确无误地理解条约中的具体规定。条款的具体含义往往取决于国际投资仲裁在个案中的裁决。然而，国际投资仲裁一裁终局，欠缺上诉机制和审查机制的约束，在个案的条约解释中并不一致，亦使双边投资协定愈加复杂。

---

① 曾华群：《论双边投资条约实践的"失衡"与革新》，《江西社会科学》2010年第 6 期。

第三，构建全面的双边投资协定治理体系，需要大量的双边投资协定，耗费大量的签署成本和实施成本，势必加重各国管理双边投资协定的负担，推高协定的执行成本。截至 2017 年年底，世界各国已经签订了 2956 项双边投资协定，双边投资协定的数量已经相当多了，但是要在全球近 200 个国家或地区之间健全双边投资协定的网络，目前的双边投资协定的数量还远远不够。根据联合国贸易与发展会议的计算，如果要通过双边投资协定来涵盖世界上所有的投资关系，则需要再缔结 14100 项双边投资协定，这无疑要求各国继续投入大量的时间和资源。即使建立了覆盖全球的双边投资协定网络，如何运行这个庞大的网络体系也是一个非常困难的事，各国无心也无力花费大量的时间和资源去维持双边投资协定网络。

第四，由于历史和现实的原因，双边投资协定在谈判实践中，存在发达国家与发展中国家谈判地位与能力、谈判目标与效果、权力与利益不平等或不平衡的现象。近年来，此种不平等或不平衡现象呈现强化和扩张之势。双边投资协定是由发达的资本输出国创造并服务于其对外经济政策的，其具有先天的资本输出国烙印。目前世界上大部分双边投资协定范本是由发达国家提供的。发达国家在双边投资协定谈判中，凭借经济实力和谈判人才等方面的明显优势，以本国制定的双边投资协定范本为谈判文本，而发展中国家只能选择接受或不接受，不能与之展开有效的谈判。[①]在实体规则和程序规则方面，双边投资协定体现为发达国家国内法的输出。发展中国家希望通过双边投资协定谈判获得资本和技术，促进当地劳动就业的利益往往得不到切实保障，从而削弱了双边投资协定的治理效率和效果。

---

① 曾华群：《论双边投资条约实践的"失衡"与革新》，《江西社会科学》2010 年第 6 期。

总而言之，双边投资协定促进了外国直接投资的发展，为投资者投资资产安全性、待遇等提供了保障。但以双边投资协定为主体的国际投资治理的规则体系也存在着国内法下效力不同、协定彼此差异较大、谈判力量失衡、治理效率欠佳等不足。

第二节　自由贸易协定下的投资章节

进入 21 世纪，国际投资仲裁争端频出，美欧等发达国家亦不免成为投资者质疑的对象，投资保护与投资管制的矛盾日益突出。2010 年之后，发达国家纷纷调整了本国对外投资政策，借助于自由贸易协定的谈判，推动投资规则的改革和重塑。2016 年 TPP 协定的达成与 2017 年欧加 CETA 的达成更是标志着国际投资法制发展的一个新阶段。本小节以 TPP、CETA、JEEPA、《中澳自由贸易协定》等为例，说明自由贸易协定下投资规则的发展。

一、自由贸易协定投资章节的签署现状

1994 年《北美自由贸易协定》的签署标志着全球投资区域法制进入现代化阶段。截至 2010 年之前，投资活跃地区最具影响力的自由贸易协定投资章节包括 NAFTA 协定、《欧洲能源宪章》（ECT）、《东盟投资框架协议》等。这三项协定分别涉及全球投资最为活跃的北美、欧洲和东南亚地区，成为影响力最为广泛的国际投资协定。2010 年之后，欧美对自由贸易协定下的投资章节进行了重新修订，2016 年 TPP 协定和 CETA 的相继达成，2017 年 JEEPA 框架协议形成，2018 年在 NAFTA 协定基础上修订稿的《美国—加拿大—墨西哥三方协定》（USMCA）最终达成，美欧

自由贸易协定投资章节的改革方案昭然若揭。

2005 年自中国与智利签署自由贸易协定以来，中国已签署了 15 项自由贸易协定，但含有投资章节或单设投资协议的贸易协定仅有《中国与澳大利亚自由贸易协定》《中韩自由贸易协定》，以及《中国与东盟投资框架协议》。其中，《中国与澳大利亚自由贸易协定》投资规则的开放程度最高，该协定首次采用混合式开放，澳大利亚对中国执行准入前国民待遇和负面清单开放，中国则先以正面清单模式开放，但承诺在协定生效后尽快就投资负面清单与澳大利亚展开谈判。

二、自由贸易协定对双边投资协定的补充作用

当前，发达国家借助自由贸易协定谈判实现投资规则的重塑，这主要源于自由贸易协定相对于双边投资协定具有两方面的优势。首先，自由贸易协定涵盖议题和范围广阔，发达国家在主导自由贸易协定谈判时可以获得贸易产品的低关税或零关税作为进攻型领域，诱导发展中国家开放投资市场，推动投资规则的现代化。以美式协定为例，美国便屡屡在自由贸易协定中借助本国的农产品和制造业市场的消费能力，通过向盟友授予初级产品及制造业产品零关税优惠的方式，诱使缔约方接受其在投资领域的要价，拓展了准入前最惠国待遇、负面清单等条款。

其次，在自由贸易协定下谈判投资章节，谈判主导国可将投资规则和货物贸易、服务贸易、知识产权、国企、竞争、政府采购、环境和劳工等规则共同谈判，提高投资规则的有效性和可执行性。例如国企问题在传统双边投资协定下甚少涉及，但在美国、欧盟和澳大利亚主导的自由贸易协定中已逐步形成体系性规则。当前，新兴经济体的国企成为国际对外直接投资的主体，美欧所主导的自由贸易协定借助投资规则和国企竞争中立规则的联动，可针对新兴经济体国企制定特殊的投资规则，从投资准入、待

遇、商业行为、非商业援助、技术获取和转让、国际投资仲裁资格多个方面制定符合本国利益的规则。《美国与新加坡自由贸易协定》便要求新加坡确保本国政府企业不与竞争者签订限制价格、产量及分配消费者的限制竞争协议，不从事实质性损害消费者的限制竞争行为，政府不得采取干预或试图影响政府企业决策的行为，① 并在电信服务章节，要求新加坡避免主要电信供应商从事反竞争行为，设立非由政府控股或影响的独立监管者。政府如对公共电信服务供应商控股，应通知缔约方，并尽快进行私有化。② 这些规则对国有企业为主体的投资者施加了特殊的义务，丰富了投资规则的内容。

三、自由贸易协定下投资规则的最新发展

自由贸易协定下投资规则的最新发展呈现出两方面的发展趋势。第一，美欧主导的自由贸易协定相对于既往双边投资协定增进了投资开放程度，降低了阻碍投资准入的各类隐形壁垒。第二，各自由贸易协定针对当前全球投资治理中投资者过度保护问题进行了法制再平衡。

从投资开放来看，首先，TPP 协定继美国在 NAFTA 中首次采纳投资准入的"准入前国民待遇"和"负面清单"后，进一步将该条款拓展至亚洲发展中国家缔约方，并影响了中国对该条款的态度。例如，美式投资及服务贸易开放标准通过北美自由贸易协定同化加拿大、墨西哥法律后，影响了澳大利亚、韩国、日本等发达国家及中美洲和南美洲若干发展中国家。欧盟在《里斯本协定》达成后代表成员国统一对外签署投资协定，也逐步放弃"荷式黄金保护标准"，向美式投资保护标准靠拢。TPP 协定则

---

①　US-Singapore FTA, Article 12.3.2.

②　US-Singapore FTA, Article 9.6.3.

一度将美式规则扩张至亚洲的发展中国家。① 从高标准投资及服务贸易开放规则来看，主要发达国家及中美洲、南美洲和亚洲若干发展中国家已可接受美式规则，而远远超出《服务贸易总协定》（GATS）及《与贸易有关的投资措施协议》（TRIMs）下的开放要求。

其次，在负面清单之外，"锁定"和"棘轮"机制的运用更是推动了美式协定谈判方式的革新。"锁定"机制要求谈判方在提交投资及服务贸易准入承诺时锁定在 WTO 涵盖协定或其他自由型贸易协定中的既有不符措施，不再新增不符措施，避免市场准入标准的倒退。② 当协定允许双方保留一些不符国民待遇原则和最惠国待遇原则的措施时，根据"棘轮"机制的要求，这些措施不仅不能被进一步加以限制，而且一旦缔约方放松了某一项措施，使之更加符合国民待遇或最惠国待遇的义务，那么原限制性措施就不能再被适用。易言之，"棘轮"在"锁定"的基础上增加了新开放承诺不得倒退的要求，又或者将缔约方在其他协定下作出的更开放承诺引入本协定中。

再次，TPP 协定对金融、电信及各专业服务领域的投资开放，亦明显超越既往投资协定的内容。TPP 协定下，各服务贸易部门模式三开放程度大幅提升。电子商务及跨境数据流通、不强制源代码公开及转让、准入前国民待遇、③ 竞争中立规则、不设投资资产上限、禁止经济表现和技术当地化要求④ 大幅提高了服务行业的开放程度。此外，为进一步去除投资准入中的各类隐形壁垒，TPP 协定制定服务贸易行政管制规则，如要求缔约

---

① 《跨太平洋伙伴关系协定》即便不生效，也不排除美国未来可与亚洲缔约方另外达成国内政治分歧较低的双边协定。

② 例如 USMCA 第 15.7 条规定，缔约方服务贸易章节所列不符措施在修订时不得降低其与协定的相符程度。

③ Trans-Pacific Partnership Agreement, Article 9.4.

④ Trans-Pacific Partnership Agreement, Article 9.10.

国保证地方政府的措施同样适用国民待遇条款，① 对服务业的国内管制措施需符合"合理、客观及无偏私"要求，并引入《技术贸易壁垒协定》(TBT)第2.2条相关内容，规定成员方制定的服务资质要求和程序、技术标准及授权许可要求不构成对国际贸易的不必要障碍。②

最后，在《美国与中美洲五国和多米尼加的自由贸易协定》(US-CRAFT-DR)中，美国所输出的有关政府征收、反倾销、国民待遇、投资保护及争端解决机制方面的法律，以服务于美国在中美洲的投资扩张及知识产权垄断。例如，该协定致力于将"公平公正待遇"原则以及正当程序原则对缔约方输出，以便与美国的法制实践保持一致。协定第10.7条规定财产仅在为"公共目的"并在非歧视的情形下方可被征收。一旦征收发生，政府需支付原财产所有人充分、及时、有效的赔偿。③ 这些法律输出降低了美国投资者的投资风险，使其得以享受比中美洲国家内资企业更高的保护和待遇。

从投资再平衡角度来看，欧式自由贸易协定，如 CETA、JEEPA 等，为实现投资保护与投资管制的再平衡，对间接征收、公平公正待遇、最惠国待遇、国际投资仲裁等既往争议较大的条款进行了改革。

首先，基于国际投资仲裁的既往实践，仲裁庭在裁决"间接征收"时多适用"效果原则"，罔顾东道国公益管制措施向市民提供安全、健康的公共服务目的；即便仲裁庭适用了"目的—效果"原则，在平衡东道国公益管制目的和私人投资者财产损失之间的"相称性"或"比例性"时也采用了较欧洲人权法院"政策空间"更为严格的标准。这导致欧盟成员国政府基于"政策空间"考量制定的投资管制措施很可能会违反投资协定下的

---

① Trans-Pacific Partnership Agreement, Article 10.3.

② Trans-Pacific Partnership Agreement, Article 10.9.

③ See CRAFTA, Art. art. 10.7(l)(a)-(b).

"间接征收"条款。对此，欧盟在自由贸易协定投资章节中，对征收做详细的解释，并以负面清单的方式指出，东道国政府实施的旨在保护公共利益的非歧视性措施一般情形下不构成征收，不予赔偿，并强调东道国政府对投资具有投资管制权。

具体而言，CETA 承认东道国政府对自然资源行使主权并进行管制的权力，并对间接征收例外条款规定如下：除非在极少数情形下，一项或一系列措施的影响极为严重，依其目标是明显过度的，欧盟成员国制定并执行用于保护合法公共福利目标，如健康、安全或环境的非歧视性措施不构成间接征收。[①] 可见，欧盟新版自由贸易协定不仅严格限定间接征收的条件，还向东道国提供了对其有利的法律推定，只要是基于公益目的的非歧视管制措施，一般不构成间接征收，除非投资者得以举证该管制措施恰属自由贸易协定所述的"极少数情形"。[②]

其次，20 世纪以来，投资者屡屡借助投资协定下的最惠国待遇条款，挑选东道国所签署其他贸易和投资协定下的更优惠程序或实体待遇，引发了帕拉马诉保加利亚案、西门子公司诉阿根廷等颇具争议的投资争端。欧盟在 CETA 和 JEEPA 中对投资章节下的最惠国待遇条款进行大幅改革，设置了"反条约挑选"机制，[③] 排除该条款对国际投资仲裁机制以及其他协定下实体条款的运用，从而降低投资者恶意条约挑选的几率。这项改革与欧盟投资法庭制度的创新一道平衡了国际投资争端解决机制下的投资者保护与东道国政府管制权限，使欧盟各成员国同意保留投资者对东道国发

[①]　CETA, Investment Chapter.

[②]　Filippo Fontanelli and Giuseppe Bianco, The Inevitable Convergence of the US and the EU on the Protection of Foreign Investments – BITs, PTAs, and Incomplete Contracts. http://papers.ssrn.com/sol3/papers.cfm?abstract_id=2364074. 2013, p.8.

[③]　王燕：《欧盟新一代投资协定"反条约挑选"机制的改革——以 CETA 和 JEEPA 为分析对象》，《现代法学》2018 年第 4 期。

起投资争议的争端解决机制。

总体而言，自由贸易协定虽然相对于双边投资协定数量较少，但其影响力不容小觑。2015 年以来美欧所签署的自由贸易协定，如 TPP、CETA、JEEPA、USMCA 等更是成为投资规则更新和重塑的载体。一方面，这些自由贸易协定的投资章节投资准入和开放程度更高，在促进资本流动方面具有更佳优势；另一方面，这些协定的投资章节注重于投资保护与投资管制的再平衡，维护了东道国基于合法原因对投资进行管制的权利。

第三节　多边投资谈判

当前全球经济陷入"逆全球化"困境，美国新总统特朗普就职后正式退出 TPP 协定，并一度宣称将退出世界贸易组织，终止美国《工作外包法》，对美国境外生产企业销售回美国的产品征收高达 35% 的过境税。发达国家为保护本国产业所采取的贸易及投资壁垒迭起，全球经济合作共治的前景暗淡。与此相反的是，在 2017 年 1 月举行的达沃斯论坛上，中国国家主席习近平提出中国将坚定维护全球化，积极寻求和推动包容、开放、创新的经济合作模式。由此，抵制逆全球化，寻找适当的合作议题以重振各国对全球化的信心便成为全球经济治理的当务之急，亦是中国理性选择话语内容和场合以提升全球经济治理制度性话语权的契机所在。[①]

国际投资已成为全球经济增长的引擎，但国际投资协定却始终处于高度碎片化状态。截至 2015 年年底，以双边投资协定和区域贸易协定为主

---

① 参见陈伟光、王燕：《全球经济治理制度性话语权：一个基本的理论分析框架》，《社会科学》2016 年第 10 期，第 24 页。

的国际投资协定达到 3304 个。① 这种高度分散、相互缠绕的国际投资协定尽管在一些学者看来，仍然维持了良好的国际投资制度环境，② 但以双边关系为基础的国际投资关系，谈判成本高昂、条约协调性差、为投资者"挑选条约"提供了便利。无论从投资环境的优化、还是提振全球化信心抑或提升制度的有效性和合法性，建立多边国际投资协定无疑是改革和完善全球投资治理的理性选择。

自 20 世纪末多边投资协定（MAI）谈判破裂后，国际社会就多边投资协定谈判的努力从未终止。2012 年，美国、欧盟及澳大利亚等发达国家在 WTO 提出"国际投资框架协议（IFA）"的谈判。该谈判搁置两年后于 2015 年内罗毕部长级会议重启，但主要发展中国家均未获邀参与。对此，中国政府在 2016 年杭州的 G20 峰会上，倡导并达成了首个推动全球合作的《全球投资指导原则》。《全球投资指导原则》作为发展中大国所提议的一个软法文件，尽管与具有约束力的多边投资协定尚有较大距离，但为全球多边投资协定的谈判和形成奠定了坚实的基础。中国需进一步推动多边投资协定谈判，促进《国际投资指导原则》向正式协定转化，以提升中国的软实力及制度性话语权。

一、全球投资治理多边谈判的驱动力

国际投资协定由 17 世纪《友好通商及航海条约》演变而来，一直在资本输出国的主导下沿双边路径推进，而为资本输入国所被动地接受。21

---

①　UNCTAD, *World Investment Report 2016*, http://unctad.org/en/PublicationsLibrary/wir2016_en.pdf, p.101.

②　Thomas Schultz and Cédric Dupont, *"Investment Arbitration: Promoting the Rule of Law or Over-Empowering Investors? A Quantitative Empirical Study"*, European Journal of International Law, Vol.25, No.4, 2014, p.1149.

世纪，国际投资流向发生改变，使国际投资协定多边化的南北分歧有所减轻，美欧发达国家对国际投资制度的持续影响也为多边谈判提供了一定的制度基础。但发达国家及发展中国家投资保护理念的差异及逆全球化思潮兴起，亦为国际投资协定的多边谈判施加了障碍。

（一）国际投资结构改变缓解了国际投资制度的内部矛盾

20 世纪，国际社会曾发起过多次国际投资协定的多边谈判，但投资制度未能像贸易制度一样形成多边规则，而不得不沿碎片化路径推进，其主要原因在于国际投资制度内在的资本输出国海外投资利益保护与资本输入国管制权让渡之间的矛盾。20 世纪 90 年代之前，国际直接投资基本为发达国家向发展中国家的单向流动，资本输出国在国际投资协定中单方面保护本国海外投资利益，使国际投资制度过度向投资者倾斜，而难以在多边谈判中获得资本输入国的普遍接受。

21 世纪新兴经济体崛起，国际投资环境改变，使国际投资流向和结构亦发生了较大的变化。如图 1 所示，发展中国家，尤其是新兴经济体进入资本输出国的行列，对外直接投资从 2000 年不足全球的 10% 增长至 2014 年的 35%。发达国家在全球产业链中由低端制造业向高端制造业及服务业转型，使其不仅是传统上的资本输出国，也成为资本输入国。由 2013 年及 2014 年的投资数据显示，美国、英国、加拿大、澳大利亚为外资引入最多的发达国家，分别引入 3230 亿美元、1200 亿美元、1250 亿美元、1060 亿美元，同期引入外资最多的发展中国家中国、中国香港、新加坡、巴西分别为 2530 亿、1770 亿、1330 亿、1260 亿美元。[①]

---

① 　UNCTAD, *World Investment Report 2015: Reforming International Investment Governance*, United Nation，UNCTAD/WIR/2015, 2015，p.110，http://unctad.org/en/pages/PublicationWebflyer.aspx?publicationid=1245，p.6.

价值
份额

■ 发展中国家
—●— 全球对外投资的份额

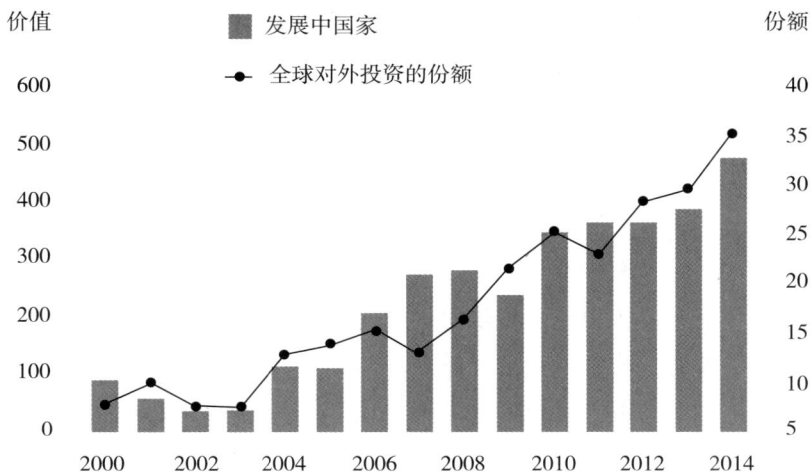

资料来源: 贸发会议，对外投资/外资企业数据库。
说明: 不包括加勒比离岸金融中心。

图 3-1　2000—2014 年发展中国家对外直接投资的比例①

国际投资流向和结构的变化，改变了新兴经济体及发达国家的投资身份，亦使投资制度更为复杂，身兼资本输出国与资本输入国双重身份的发达国家不能对国际投资协定做一味的单向投资利益保护的规定，需要在东道国利益保护与海外投资保护之间取得平衡，进而引发国际投资保护理念及功能的变化。投资协定文本不仅需要具备本国利益域外保护的"攻击性"功能，也需具备防范境外投资者滥诉，制约本国政府管制权的"防御性"功能，② 避免对本国境外投资者有利的模糊条款将本国政府置于无法

---

① UNCTAD, *World Investment Report 2015: Reforming International Investment Governance*, United Nation，UNCTAD/WIR/2015, 2015，p.110，http://unctad.org/en/pages/PublicationWebflyer.aspx?publicationid=1245，p.5.

② 王燕:《区域法治规则治理与政策治理模式的探析》,《法商研究》2016 年第2 期，第 162 页。

预料的处境中。①21 世纪初墨西哥、美国先后在 Metalclad v Mexico 案② 及
Methanex Corp v United States 案③ 中因政府执行环保等公共政策被投资者
巨额索偿，更使同样可能作为资本输入国的发达国家反思过于宽松的投资
保护条款及国际投资仲裁机制是否为错误的制度设计。

因此发达国家纷纷放弃 20 世纪 60 年代形成的 OECD 建议规则及荷式
"黄金保护标准"，向有限及理性的投资保护理念转变，避免投资协定过度
的投资保护为海外本国投资者提供保护的同时，亦为外国投资者所用，成
为攻击本国合法管制权限的利器，此类投资者与东道国政府关系调整的协
定以美国主导的 NAFTA 为范例，随后在美国《2004 年双边投资协定范本》
及《2012 年双边投资协定范本》中两度微调，增进了政府的管制权限，紧
缩投资、投资者、公平公正待遇、最惠国待遇、间接征收等条款的解释，
在双边投资协定及自由贸易协定投资章节中扩充保证政府管制权限的一般
例外条款及安全例外条款，并改良国际投资仲裁机制的透明度及问责性。

欧盟借助 2009 年《里斯本协定》收回成员国投资协定谈判权，亦对

---

① Filippo Fontanelli and Giuseppe Bianco, "The Inevitable Convergence of the US and the EU on the Protection of Foreign Investments – BITs, PTAs, and Incomplete Contracts", http://papers.ssrn.com/sol3/papers.cfm?abstract_id=2364074. p.15.

② Metalclad v Mexico, Award, ICSID Case No ARB(AF)/97/1, 2000, para.107. 该案美国 Metalclad 公司收购墨西哥 COTENIN 公司建造有毒物质垃圾掩埋场的合同，但当地居民、非政府组织等均反对建设垃圾场，当地市议会拒绝了 Metalclad 公司的建设许可申请，并在 1997 年 9 月 Santa Luis 州州长签发了一份禁止在垃圾掩埋区域内建立生态保护区的法令，Metalclad 公司以东道国违反 NAFTA"公平、公正待遇"条款及"征收"条款提起仲裁，仲裁员最终做了有利于投资者的解释，受学界诟病。

③ Methanexcorp v United States, Award, 2005, Part IV, Chapter D, 该案中，加州政府发布禁止使用甲醇制剂的法令，Methanex 公司认为该法令保护了当地生产乙烷制剂的生产商，故提起仲裁。仲裁庭认为乙醇与甲醇非同类产品，针对甲醇的法令不存在歧视，因此未违反 NAFTA 国民待遇条款。

国际投资保护理念重新定义。并且，欧盟层面的比例代表原则授予环境、人权等非政府组织较强的话语权，使环境、劳工、可持续发展等理念对国际投资协定的影响更为明显，不再一味让渡于投资保护。这促使其在新达成的自由贸易协定投资章节中亦放弃荷式黄金保护标准，向更为理性的有限投资保护理念靠拢。

总体而言，本世纪美欧各自主导的国际投资协定均强化了投资条款的"防御性"功能，避免投资协定成为投资者攻击政府合法管制权限的武器。在减少投资者利益保护与东道国政府管制权限冲突的同时，也减少了投资协定的多边化的内部摩擦和阻力。

（二）美欧对国际投资制度的持续的影响促进了投资协定文本上的趋同

国际投资制度内部矛盾有所缓和的同时，国际投资协定基于美欧的制度影响及制度同化所产生的规则同化趋势为国际投资协定的多边谈判提供了外部条件。

20 世纪 60—90 年代，欧共体为国际投资规则的制度供应国，这源于荷兰对外签署的双边投资协定以其广泛的投资保护而闻名，被称为荷式黄金保护标准，为 20 世纪资本输出国所广泛采纳。但 90 年代投资流向转变，荷式投资协定条款"攻击性"效应的不可预见性越来越强，美国在 NAFTA 协定谈判中逐渐形成投资保护与投资规制相对平衡的新模式。

1998 年 OECD 领导下的 MAI 谈判失败后，美国将投资合作的重点转向双边及区域舞台。美国借助资本输出国的优势，在与缔约伙伴进行国际投资协定谈判时，以市场进攻型领域的开放引诱缔约国对谈判文本的接受，使其主导的国际投资协定均保证了本国投资协定范本的适用，并藉由其缔约伙伴对美式规则的进一步推广，实现了国际投资协定文本的控制。如表 3-1 所示，基于美国、加拿大、新加坡及澳大利亚以及南美各国对 NAFTA 模式的推广，直接推动了欧盟国际投资制度的改革。

自欧盟 2006 年制定"全球欧洲"战略以来，亟须在选定的经贸领域增强其多边制度供应能力。2009 年《里斯本协定》的达成使欧盟得以作为一个整体对外签订投资协定，增强话语联盟效应，以提升对国际投资制度的影响力。欧盟层面上国际投资协定的统一制定整合了德式、英式及荷式不同版本的双边投资协定文本，缔结完全契约，由"放松管制"转向"收紧管制"的有限保护，以便在投资保护与公益管制之间追求理性平衡，呈现出向 NAFTA 模式靠拢的倾向。[①] 这为中和美欧之间的投资制度之争，推动多边投资协定谈判亦提供了动力。

在具体条款方面，如后文所述，基于美式与欧式投资规则的融合以及对新兴发展中国家的制度影响，本世纪主要资本输出国家和资本输入国家所采纳的投资文本差异逐步缩小，在投资及投资者定义、投资待遇、征收与补偿、投资争端解决方面的条款均发生了一定程度的同化。

总体而言，美国 1994 年借助 NAFTA 协定对投资规则率先改革，此后又在自由贸易协定及双边投资协定中对"NAFTA 模式"的投资条款进行一致性输出，使之同化了缔约方的投资条款，并藉由缔约方进一步的对外谈判，逐步同化欧盟、中国等资本输出大国的投资规则。当前主要资本输出国家和输入国家所采纳的投资准入、投资待遇、征收补偿等条款虽保留了若干差异，但基于美式 NAFTA 文本的话语同化，以及美式规则在形式和实质方面的合理性，美欧主要资本输出大国以及新兴发展中国家投资规则的趋同性日渐明显。

因此如表 3-1 所示，美国与欧盟在各自主导的投资协定持续对本国所倡导的投资制度加以输出，并影响了经贸往来频密的发达国家和发展中国家，为国际投资协定的多边谈判提供了制度基础。

---

① 王燕：《欧盟投资保护理念的"西学东渐"及其启示》，《国际商务研究》2015 年第 5 期，第 78—81 页。

表 3-1 美国与欧盟国际投资协定演进及制度影响力

	美国			欧盟及成员国	
代表协定	NAFTA	DRAFTA-DR-US，美国与新加坡FTA等	美韩FTA、TPP等	20世纪60年代以来欧盟成员国对外签订的BIT	21世纪所形成的国际投资协定，尤以CETA为代表
规则原型	1994年范本（对1981年范本作大幅度修改）	美国2004年BIT范本	美国2012年BIT范本	荷式黄金保护标准、OECD建议规则	对NAFTA文本的进一步改进
受影响国家	加拿大、墨西哥、中美洲各国、新西兰、新加坡、韩国、日本、TPP各成员国			美国NAFTA之前的国际投资协定，中国第二代国际投资协定（2007年后与发达国家达成的）	ACP国家、加拿大、越南等
主要特征	投资开放体现出高度自由化特征，出现负面清单条款；对OECD建议规则宽泛的投资保护条款进行缩减	进一步推行投资开放与自由化，国际投资仲裁透明度、参与性改善，建议设立上诉机制	细化了投资、间接征收、投资待遇、例外条款等，增强条约的精确性，强化市场准入、竞争中立等原则，禁止履行要求，国际投资仲裁进一步改革，建议设置上诉机制	条约文本模糊，以便仲裁员在国际投资仲裁中扩张解释条约，实行宽泛的投资保护	条约文本精确，在投资开放、投资保护制度方面与美式协定越来越接近，但在国际投资仲裁领域与美式制度存在较大差异，设立常设仲裁庭

资料来源：根据 NAFTA、DRAFTA、美韩 FTA、CETA、中国签订国际投资协定等整理。

二、全球投资治理多边谈判的障碍

尽管 21 世纪国际投资协定因投资流向发生变化，以及主导国对协定文本的持续影响，使投资协定文本在南北国家产生一定的趋同性，但国际投资协定多边谈判的前景也因南北国家投资协定差异、逆全球化等原因而存在不确定性。

一方面，国际投资协定尽管在美欧等发达国家的制度控制下产生了制度同化的趋同力，但南北国家因政治经济制度及发展阶段不同，各自所采纳的协定文本仍保留了一些显著的差异。21 世纪，国际投资协定谈判重点由投资保护向投资开放转移，"投资者"保护机制也改弦更张为"投资环境"保护机制。投资协定谈判不再以征收及征收补偿、公平公正待遇等为重心，而以促进投资开放的准入前国民待遇及负面清单条款，以及投资准入后的市场竞争环境谈判为主。为避免传统的一味保护投资者保护条款误伤东道国政府的公共产品供应权利，投资协定非以海外投资或投资者利益最大化为追求目标，而以肃清海外投资市场的竞争障碍为宗旨。频繁出现在《美韩自由贸易协定》、TPP、《欧韩自由贸易协定》中的国有企业竞争中立、技术中立等条款，以及配合美国《海外反腐败法》实施的要求东道国打击腐败的规定，将 20 世纪国际投资协定的资本输出国与资本输入国之争巧妙地转化为南北国家不同政治经济结构及社会制度之争。这类条款因涉及东道国国内政治体制改革，并未被发展中国家一味接受。

并且，发达国家国际投资协定为顺应市民社会发展的需求，增加了市民社会参与的内容。国际投资协定中支持私人诉权的国际投资仲裁机制、信息透明度及正当程序、企业社会责任、环境及劳工保护条款及管制合作章节中的政策咨询机制等，均反映了信息社会下全球投资治理微观层面非政府组织及市民参与的诉求，此类条款在美欧主导的协定中尤为明显。这种文本结构变化产生了双刃剑的效果，一方面它缓解了国际投资协定资本利益与社会公共利益的矛盾，有利于其多边化；但另一方面也增加了南北分歧。市民社会并不发达的南方国家担忧这些条款将授予发达国家的跨国企业对抗本国政府的能力，故在协定中多予以限制及回避。

另一方面，2008 年金融危机以来，全球经济复苏乏力，欧美国内民族主义及民粹主义力量崛起，掀起了逆全球化的浪潮，这为未来投资领域的制度合作也增加了不确定性。美国特朗普政府上台后，试图通过降低国内税收，增加边境关税等方式人为干预制造业境外投资，使其向本国回流。这会促使其贸易代表在未来新国际投资协定谈判或既有协定修订中，增加限制境外投资的保护性规定，如在自由贸易协定中对原产地规则制定更高的当地成分要求，促使美国与轴承国双边协定中的投资和加工回流至轴心国。此外，削弱新兴发展中国家优势企业的国有企业竞争中立条款，以及针对新兴发展中国家制造业升级的禁止技术当地化条款等也将在美式投资协定中更为普遍。这类规定在南北国家之间分歧巨大，必然会阻碍多边合作的形成。

三、世界银行下的多边投资治理框架

从 20 世纪 50 年代开始至今，投资协定的历次多边谈判并不顺利，仅就若干投资相关议题达成了若干零散的公约，包括世界银行框架下达成了《解决国家与他国国民投资争议的华盛顿公约》（《华盛顿公约》）和《多边投资担保公约》。

（一）解决投资争端国际中心（ICSID）

1.ICSID 机制产生及发展概况

解决投资争端国际中心（International Centre for Settlement of Investment Disputes，简称 ICSID）成立于 1966 年，它是根据 1965 年《解决国

家与他国国民投资争议公约》设立的。ICSID 设有行政理事会和秘书处两个机构，可受理的争端限于一缔约国政府（东道国）与另一缔约国（投资者）之间因直接投资而引起的法律争端，并提供了两种相对独立的争端解决程序——调解与仲裁。

ICSID 机制的产生，是南北国家在国际投资领域矛盾冲突而又相互妥协的产物。二战结束后，很多亚非拉美的弱小国家相继摆脱殖民统治枷锁，成为独立的发展中国家，这些国家迫切希望实现本国经济独立自主发展。因此，它们加强对境内外资的管理和限制，并于 20 世纪 50 至 70 年代掀起了对外资的大规模征收和国有化运动。这就触动了外国投资者和西方原殖民国家即发达国家的既得利益，各种纷争随之而起。为妥善解决投资争端，1962 年，在世界银行的主持下，发达国家起草了《解决国家与他国国民之间投资争端的公约（草案）》，经过各国尤其是南北国家三年的艰苦谈判和反复修改，终于在 1965 年正式达成了《解决国家与他国国民投资争议公约》，并于次年成立了 ICSID 中心。[①] 截至 2005 年年底，公约的签字国达到 155 个，其中缔约国 142 个，主要资本输出国家和输入国家均成为 ICSID 的签约国，中国则于 1993 年正式加入和批准 ICSID 公约。

2.ICSID 机制的主要内容

（1）ICSID 管辖权的规定

根据《华盛顿公约》第二章规定，ICSID 具有对东道国政府与外国投资者关于投资争端的仲裁案件的管辖权。《华盛顿公约》第二十五条第一款列明：ICSID 的管辖适用缔约国（或缔约国指派到 ICSID 的该国任何组成部分或机构）和另一缔约国国民之间因直接投资而产生的任何法律争端，而该项争端经双方书面同意提交给 ICSID。当双方表示同意后，任何

---

① 龚宇：《从 ICSID 到 WTO——多边投资争端解决机制之演进与比较》，《商业经济与管理》2003 年第 3 期。

一方不得单方面撤销其同意。从上述规定可以看出，ICSID 享有管辖权必须同时符合如下三个条件：

其一，仲裁主体必须是满足 ICSID 的仲裁资格，即 ICSID 仲裁主体必须一方是《华盛顿公约》缔约国（或其指派到 ICSID 的该国任何组成部分或机构），另一方是《华盛顿公约》的其他缔约国国民。

其二，提交 ICSID 管辖的争端必须是因直接投资引起的法律争端。根据《华盛顿公约》的规定，"法律争端"指的是因法律上的权利发生冲突与对抗，或争端方违反法律上的义务而使另一方受损时，ICSID 对此专门管辖的全部事项范围（法律之外的纯经济利益不在此范围之列）。至于"投资"的定义，各国由于意见分歧，理解不同，《华盛顿公约》并没有作出明确的定义。在此后的 Salini 案件中，仲裁庭针对第 25 条投资作出了解释，符合 ICSID 管辖权的投资事项需具备四个要件。第一，需体现为资本、人员及其他资产的投入；第二，需具有一定的持续性；第三，承担一定的风险；第四，具有利润获取的预期。这四项标准被称为 Salini 标准，在后续的投资仲裁中为仲裁庭反复适用。

其三，争端双方必须以书面方式同意将争端提交至 ICSID 管辖。ICSID 受理争端案件的前提是争端双方以书面形式同意将争端提交 ICSID 调解或仲裁，ICSID 不能强制要求缔约国将相互间产生的具有可裁判性且属于 ICSID 管辖范围的投资争端提交至 ICSID。另外，争端双方一旦同意将争端提交至 ICSID，任何一方不得单方面撤回。并且，ICSID 的管辖具有排他效力，即如果争端双方已经将争端交付给了 ICSID 仲裁，那么投资者母国一般不得行使外交保护或提出国际索赔，东道国国内司法管辖权亦被排除。①

---

① 辛宪章：《国际投资争端解决机制研究》，东北财经大学博士学位论文，2013年 6 月。

（2）仲裁法律适用规定

ICSID 体制本身并不包含任何实体规则，对于 ICSID 仲裁的法律适用，《华盛顿公约》第四十二条规定：仲裁庭应依据双方协议的法律规范处理争端；如无此种协议，仲裁庭应适用作为争端当事国的缔约国（东道国）的法律以及可适用的国际法规范；在双方同意时，仲裁庭可依公平和善意原则对争端作出决定。[1] 该条款为仲裁法律适用确定了基本原则，即 ICSID 仲裁法律适用应当遵守当事人意思自治原则、当事双方未选择法律时的补救规则、禁止拒绝裁决原则、公平和善意原则。

（3）运作程序与裁决的执行规定

ICSID 拥有两种相对独立的争端解决方法：一是调解，二是仲裁。争端双方可以自由选择争端解决方法，其中调解达成的协议对争端双方无约束力。ICSID 中心设有调解委员会和仲裁庭，调解委员会和仲裁庭的组成人员由当事双方协商产生。在调解程序中，调解委员会应该尽可能听取争端双方的意见，努力推动争端双方达成一个双方都认可的解决方案，若调解失败，则应结束调解程序并作出有关报告。在仲裁程序中，仲裁庭必须按争端双方协商选定的法律规范作出仲裁裁决，最终仲裁裁决的作出必须以仲裁庭全体仲裁员多数赞成票通过，并由投赞成票的仲裁员签字，以书面方式制作，裁决对争端各方均具有约束力，不得进行任何上诉或采取公约规定以外的任何其他补救办法。此外，在特定情况下，争端双方有权申请撤销裁决，ICSID 将成立专门的裁决撤销机构——专门委员会处理撤销裁决相关事务。

3.ICSID 在全球投资治理的作用

ICSID 机制目前是世界上适用广泛且适用效果较佳的多边国际投资争

---

① 龚宇：《从 ICSID 到 WTO——多边投资争端解决机制之演进与比较》，《商业经济与管理》2003 年第 3 期。

端解决机制。在国际投资活动中，ICSID 机制为在妥善解决投资争端、改善国际投资环境以及促进国际经济合作方面发挥了积极的作用。

第一，ICSID 机制为解决国家与他国国民间的投资争端提供了非政治化的争端解决机制。ICSID 中心设立的宗旨就是专为外国投资者与东道国政府之间的投资争端提供非政治化的国际解决途径。对于外国投资者与东道国政府的争端，无论是依据国家主权中的属地管辖权原则，还是依据经济主权原则——"各国对其境内外国投资及跨国公司的活动享有管理监督权"，以及"各国对境内的外国资产有权收归国有或征用"的规定，东道国法院对此类投资争端都享有专属管辖权。然而，外国投资者质疑东道国的法律及其司法机关的公正性，往往要求得到"国际标准"的保护。这种超越东道国法律和国民待遇的要求无疑难为东道国所接受。而且，资本输出国也往往以行使外交保护权为由，或对东道国进行外交干预，提出国际请求，或对东道国实行单方面经济制裁，动辄使得投资争端政治化。ICSID 的成立恰好适当地平衡了东道国与私人投资者之间的利益，对投资争端去政治化，把东道国对此类争端的管辖权有条件地让渡给了国际组织，有助于相对公平地解决此类投资争端。[①] 总体而言，ICSID 中心是解决外国投资者与东道国政府之间的投资争端的重要平台。ICSID 公约考虑了发展中国家与发达国家、投资者与东道国之间的利益，ICSID 仲裁程序具有独立性，处在相对中立的地位，任何国家或个人都不能干预仲裁程序，这保证了仲裁结果的非政治性。

第二，ICSID 机制有助于通过非政治方式解决东道国政府和外国投资者间的投资争端。外国投资者与东道国政府的争端虽然不是国家与国家之间的争端，但是其处理不当很可能上升到国与国之间的政治分歧或者政治

---

① 辛宪章：《国际投资争端解决机制研究》，东北财经大学博士学位论文，2013 年。

冲突，甚至可能演变成军事冲突。《华盛顿公约》基于此方面的考量，将其宗旨之一确定为避免投资者本国过于介入投资争端，确保投资争端解决的非政治化。例如，《华盛顿公约》第二十七条规定："对于已经书面同意提交中心仲裁的争端，投资者母国不得另外主张给予外交保护或提出国际索赔要求，除非东道国不遵守和不履行对此争端所作出的裁决。"

由此可见，ICSID 中心通过调解或仲裁两种方式亲自参与解决外国投资者与东道国政府的争端，能有效降低投资者本国和东道国间发生冲突的可能性，排除了投资者本国政府以保护投资者权益之名而采用外交途径、干涉东道国内政的做法，最终避免了投资争端的政治化、复杂化。

4.ICSID 在全球投资治理的局限性

ICSID 中心作为目前世界范围内唯一的专门解决外国投资者与东道国政府间投资争端的国际性仲裁机构，通过非政治方式公平、有效地解决外国投资者与东道国政府间投资争端。但是，随着世界经济全球化、一体化、生产国际化趋势日益加剧，国际投资争端日益增加，且越来越复杂，ICSID 存在许多缺点和不足，不能满足全球化背景下的解决国际投资争端的要求。

（1）ICSID 提供的仲裁机制并非司法性投资争议解决程序

《华盛顿公约》仅仅规定了投资争端解决的调解程序和仲裁程序。这两种程序都并非司法性投资争端解决程序。与司法性程序相比，仲裁和调解程序在调解员、仲裁员选择，程序的上诉和审查机制方面都比司法程序要简单和随意。司法程序的程序性要求更强，其完备的程序规定和程序正义往往是结果实质公正的保障。可见，《华盛顿公约》在投资争端解决程序种类的规定上是有欠缺的。①

---

① 辛宪章:《国际投资争端解决机制研究》，东北财经大学博士学位论文，2013 年。

（2）ICSID 仲裁机制本身存在严重的制度缺陷

经过四十几年的发展，ICSID 已经形成了一套独特的仲裁制度，但是 ICSID 仲裁的制度仍存在许多严重的缺陷。例如，ICSID 仲裁把管辖权争议限定在与投资有关的法律争议范围内，导致管辖范围比较狭窄，一些国际争端不受 ICSID 的管辖；ICSID 下的国际投资仲裁总体遵循了商事仲裁的秘密性原则，致使裁决透明度缺失，这点在 ICSID 后续的透明度改革中有所改进；ICSID 仲裁程序本身不设有上诉机制，欠缺稳定的裁决审查机制。在 ICSID 仲裁机制中，对于仲裁裁决的审查和监督机制主要依赖裁决撤销程序，但这些程序的启动严格，并不能起到仲裁裁决审查的作用。

（3）部分 ICSID 仲裁裁决显失公平

ICSID 是发展中国家与发达国家相互妥协的产物，主要是为了保护资本输出国的利益，而发达国家是主要资本输出国，ICSID 更多的是维护发达国家的利益。在实践中，ICSID 仲裁被诉方往往是发展中国家政府，经过中心仲裁庭审理裁决后，往往是东道国政府（即发展中国家政府）败诉。截至 2012 年，投资者对东道国提起的投资争端案件达 514 件，其中 244 件已经得到解决，大约 42% 倾向于东道国，31% 倾向于投资者，余下 27% 没有倾向性。从具体的投资者和东道国构成来看，ICSID 总体上倾向于保护来自发达国家的外国私人投资者的利益。在资本利益和公共利益发生冲突时，ICSID 容易忽略发展利益和公共利益。基于国际投资仲裁裁决在一些争端中挑战了东道国的民族、人权或环境政策，许多发展中国家已逐渐不信任 ICSID，一些发达国家亦对 ICSID 的裁决提出了质疑，2009 年厄瓜多尔宣布退出 ICSID，2012 年委内瑞拉正式退出 ICSID，拉美国家一度掀起了 ICSID 的退出潮。

总之，ICSID 作为解决国家与他国国民间关于直接投资引发投资争端的国际中心，其为解决外国投资者与东道国之间国际直接投资争端提供了一个独立、有效的国际平台，通过非政治方式解决外国投资者与东道国政府间投资争端，促进国际直接投资健康、有序发展。但是，随着世界经济全球化，国际投资发展迅速，国际投资争端日益增多，并呈现多样化、复杂化的特点，加之，ICSID 自身存在多种缺陷，ICSID 解决国际争端的有效性受到削弱、合法性受到挑战。

（二）多边投资担保机构（MIGA）

1. 多边投资担保机构（MIGA）的概况

多边投资担保机构（Multilateral Investment Guarantee Agency，简称MIGA）是 1988 年基于《多边投资担保机构公约》（《汉城公约》）成立的，具有完全法人资格的政府间国际组织。多边投资担保机构是世界银行集团的第 5 个新增成员，其目标是鼓励成员国之间，尤其是发达国家向发展中国家进行生产性投资，以补充国际复兴开发银行、国际金融公司和其他国际开发金融机构的不足。为了达到这个目标，MIGA 主要为外国投资者的非商业性风险（战争险、外汇险、征用险、违约险等）提供担保。此外，MIGA 还提供咨询和振兴服务，为其客户提供争端调解的服务。MIGA 有权签订合同、取得并处理不动产和动产、进行法律诉讼。

在政治风险保险机构中，MIGA 已经成为全球最大的多边投资保险组织，它填补了现行国内保险机构和私营保险机构在承保能力和担保范围上的空白。

2. 多边投资担保机构（MIGA）的主要业务

（1）投资担保业务

MIGA 的最主要业务是对非商业性风险进行担保。《汉城公约》第二条规定该机构的主要业务是为一成员国从其他成员国获得的投资进行非商业性风险的承保，包括再保和分保。MIGA 对其投资担保的业务规定了严格的条件和范围，包括承保范围、适格投资、适格投资者、适格东道国、担保条件等。具体而言，MIGA 承保范围是非商业性风险，包括货币兑换险、征收或类似措施、违约险、战争与内乱险、其他非商业性风险等。根据《汉城公约》规定，MIGA 通常只承保股权投资和其他形式的直接投资，经 MIGA 董事会特别多数票通过，符合担保条件的投资也可以扩展到包括其他形式的中长期投资，投资项目应该满足经济上的合理性、投资的可发展性、投资的合法性、投资的政策方向性、投资的时间性等方面的要求。投保人必须是东道国以外的具备成员国国籍的自然人；或在东道国以外成员国通过法定注册并设有营业点的法人；或者其多数资本为东道国以外一个或几个成员国所有或其国民所有的法人。此外，如果经东道国同意且资本来源于东道国境外，依据东道国和投资者的联合申请，且由 MIGA 董事会特别多数票通过，亦可向东道国以内的自然人或者在东道国境内合法注册的法人，或其多数资本为东道国国民所有的法人进行。凭借着雄厚的经济实力和相对完善的担保制度，MIGA 投资担保业务规模不断扩大，MIGA 已成为世界上最大的国际投资保险机构。

（2）投资促进与咨询服务

MIGA 的主要业务是投资担保，除此之外，MIGA 还提供投资促进与咨询服务。根据《汉城公约》第二十三条规定："机构应为促进投资流动进行研究和开展活动，并传播有关发展中国家成员国投资机会信息，以改善投资环境，促进外资流向这些发展中国家。机构应成员国请求可提供技术咨询和援助以改善该成员国领土内的投资条件。机构在发挥其促进投资的作用时，应特别注意发展中国家成员国之间增加投资融通的重要性。"MIGA 研究东道国与投资环境有关的因素，对东道国投资环境相关资料进行汇总与分析，支持政府磋商和建议业务的研究。MIGA 还设立"外国投资咨询中心"，专门负责向成员国及其投资者提供投资咨询服务，向各成员国提供有关外国直接投资法律、政策、计划等建议，为海外投资企业的对外投资项目提供专业的技术咨询和技术援助。MIGA 还扮演传播者的角色，它向成员国或成员国投资者提供其研究资料或成果，大力宣传会员国尤其是发展中国家的投资机会。MIGA 在提供投资促进与咨询服务方面相对于其他国际组织具有显著优势。这是基于 MIGA 与同属于世界银行集团的国际复兴开发银行 (IBRD)、国际开发协会 (IDF)、国际金融公司 (IFC) 等机构联系密切，并且与部分国际组织和机构建立长期合作关系，能更全面地收集各国政治、经济、文化等多方面的信息，能随时了解投资的最新动向，为投资者的投资提供信息和技术支持。MIGA 的投资促进与咨询服务呈现多样化，而且各个投资促进业务之间紧密联系，构成了一个协调高效的投资促进与咨询业务服务体系。

（3）为投资争端解决提供间接服务

国际投资争端是影响国际投资的重要因素，良好的国际投资争端解决机制是国际投资良性发展的重要保证。MIGA 通过承保政治风险，为国际投资争端的解决提供了间接的服务。MIGA 投资争端解决机制有别于 ICSID 和 WTO 投资争端解决机制。一旦 MIGA 承保的政治风险出现，MIGA 便会向投资者赔偿，并取得代位求偿权，进而向东道国求偿。从一定意义上来说，MIGA 对投资争端解决机制的介入是一种间接介入。MIGA 将涉及政治风险的投资争端划分为两个独立的解决程序：一方面 MIGA 与投资者签订投资担保合同，一旦发生承包风险，投资者有权依据担保合同向 MIGA 求偿，避免了与东道国争端升级；另一方面，MIGA 对投资者按担保合同进行赔偿后，即可依据担保合同取得代位权，依规向产生投资争端的东道国索赔。机构将违约险作为一个独立的险别来加以承保，这在国际上是一个创新。MIGA 在争端解决方式上也进行创新，针对不同的情形为四种类型的争议分别设立了解决程序。MIGA 投资争端解决机制为解决国际投资争端提供了一个合理的、有效的方式，有助于解决国际投资争端，创造良好的国际投资环境。

MIGA 的主要业务是国际投资担保，并提供投资促进和咨询服务、争端解决服务。MIGA 具有从事这些业务的强大实力，它属于世界银行集团，拥有雄厚的资金实力，获取和分析信息的能力较强，并且具有很强的风险评估能力。在国际投资领域，MIGA 已经发挥了重要的作用，促进了国际投资的健康、有序发展。

3. 多边投资担保机构对全球投资治理的作用和不足

MIGA 作为一个独立自主的国际性担保组织，其主要目的是为外国投资者提供政治风险担保，以帮助消除阻止资金流向发展中国家的障碍。经过二十几年的发展，MIGA 已经建立了相对完善的经营管理制度，其在国际投资中发挥越来越重要的作用。

第一，MIGA 降低了国际投资风险，稳定投资环境。MIGA 的宗旨之一就是对投资的非商业性风险予以担保，降低国际投资的非商业性风险。相对于国内投资风险而言，国际投资风险呈现多样化、复杂化、损失大等特点，MIGA 专门针对国际投资的非商业性风险进行担保，力图协调各国间的投资保护，尽可能地降低风险发生的概率，若风险发生则尽量减少风险损失。发达国家作为主要的资本输出国，其希望借助 MIGA 保护其在发展中国家投资的安全，而发展中国家作为主要的资本输入国需要利用 MIGA 消除发达国家的投资顾虑、吸引外资。MIGA 担保的项目几乎涉及所有行业，包括旅游业、电信业、银行业、制造业等。MIGA 的业务降低这些行业的政治风险，从而促进了这些行业的跨境投资。此外，MIGA 特别重视对发展中国家的援助，为投资者在发展中国家尤其是特别落后国家或地区的国家投资铺平道路，例如 2004 年，MIGA 为促进外国直接投资流入阿富汗，MIGA 专门设立了担保基金。此前，MIGA 在波斯尼亚和黑塞哥维那以及约旦河西岸和加沙地带也曾设立过类似基金。MIGA 通过法律的方式消除外国投资者对于政治风险的担心，是东道国稳定和改善自身投资环境、吸引外国投资的必要手段。

第二，MIGA 有助于促进国际投资发展，提供良好的投资服务。

MIGA 的业务除了投资担保外，它也向成员国提供投资促进与咨询服务、争端解决服务，实际上，MIGA 也是一个促进跨国投资流动的国际经济组织。作为世界银行的组成部分，MIGA 具有较高的国际地位，得到大部分国家和地区的广泛认可和支持，MIGA 与其他国际组织和机构保持紧密的联系，获取国际投资的能力较强，并且将其获取的资料提供给成员国使用，通过设立"外国投资咨询中心"为成员国提供投资咨询服务，投资促进和投资服务极大地促进了国际投资发展。MIGA 尤其强调对发展中国家的投资促进，它向发展中国家提供投资信息，为发展中国家制定投资方针、政策等提供建议，体现了它的发展性，有利于发展中国家利用外资和发展国际投资。另外，MIGA 作为公正的中间人提供投资争端解决服务，遏制可能中断投资的政府行为，为投资者提供保护伞，有效地解决了投资者与东道国之间的投资争端，缓和了投资者与东道国的矛盾，为国际投资营造了一个友好的氛围。

当前，MIGA 作为世界上最大的政治风险保险人之一，其在投资担保方面居于独一无二的重要地位。但是，MIGA 作为发展中国家和发达国家之间经济上互相依存、冲突、妥协和合作的产物，其也存在着各方面的缺陷和不足。例如，由于 MIGA 的发展性宗旨，发达国家认为 MIGA 会倾向于维护发展中国家的利益；投保人的投保信息或商业秘密可能会被 MIGA 职员甚至董事会泄露；MIGA 承保险别过于宽泛，对东道国管制外资的政府行为造成了极大的约束；MIGA 的"代位求偿机制"可能会给投资东道国带来过重的赔偿责任；MIGA 的表决制度使投资东道国的利益难以得到真正的维护；MIGA 的服务效率还有待进一步提高，产品的设计应更加灵活。这些缺陷和不足是 MIGA 未来改进的方向。

总体而言，MIGA 是国际投资活动发展到一定阶段的产物，是顺应国际经济发展的新形势、新要求而产生的。MIGA 的成立，在很大程度上缓和了东道国和外国投资者之间的紧张关系，为促进国际投资、国际经济合作起到了积极的推动作用。

四、联合国《跨国公司行动守则（草案）》

鉴于跨国公司是国际投资活动的主要参加者，国际组织亦尝试对跨国公司制定外国投资活动的准则，并规定其应享有的待遇。联合国制定的《跨国公司行动守则（草案）》便是规范跨国公司国际投资活动的规则。

20 世纪 60、70 年代，拉丁美洲、亚洲及非洲等第三世界发展中国家认为跨国公司在东道国的政治介入和经营行为方面损害了国家主权，成为资本输出国"新殖民垄断"的工具，号召对其跨境活动建立行动守则，以建立国际经济新秩序。在这样的背景下，联合国经社理事会专门成立了跨国公司委员会，帮助各国处理跨国公司问题，并协助理事会拟定跨国公司行动守则谈判的基础文件。1976 年，跨国公司委员会成立一个行动守则工作小组，负责行动守则的拟定工作。

工作小组于 1982 年向委员会提交了《跨国公司行动守则（草案）》。该守则共分 6 章，分别为序言和目标；定义和适用范围；跨国公司的活动；跨国公司业务所在地政府应给予跨国公司的待遇及国有化、国有化赔偿和管辖权；各国政府为实施守则必须进行的国际合作；以及守则的实施。《跨国公司行动守则（草案）》（以下简称《守则（草案）》）具有综合性特点，涵盖一般政策、信息公布、劳资关系、环境、打击行贿、消费者利益、科学技术、竞争、税收等方面。《守则（草案）》在形成后，提交给各国谈判，但至今未获得各国的通过。

《守则（草案）》旨在"最大化跨国公司在经济发展和增长方面的贡献，并最小化跨国公司活动的负面影响"。《守则（草案）》第 7 条要求跨国公司尊重东道国国家主权以及东道国对本国自然资源的永久主权；第 12 条对跨国公司施加了一项合同变更的义务，要求跨国公司在情势显著变化、与东道国合同失衡时和东道国重新谈判合约；第 16 条则对跨国公司施加了不允许干涉东道国内政的义务；第 21 条禁止跨国公司在东道国实施腐败性行为，例如向东道国政府官员进行非法支付。《守则（草案）》还涉及技术转让、消费者保护、环境保护和信息披露方面的规定。例如，《守则（草案）》要求跨国公司在东道国投资时应促进技术向发展中国家转移。

《跨国公司行动守则（草案）》的制定可视为发展中国家建立国际经济新秩序的努力。但显而易见的是，南北国家就跨国公司在国际直接投资之前的权利和义务并未达成一致。南方国家认为跨国公司借助技术垄断优势在发展中国家投资时实施大量限制性竞争行为，要求采取限制跨国公司技术垄断的措施，而发达国家跨国公司认为发展中国家在引进投资时变相实施强制技术转让，损害契约自由原则。《跨国公司行动守则（草案）》做了有利于发展中国家的单方面规定，故难以被发达国家所接受。因此《守则（草案）》在形成后相当长时间内，均未获得发达国家的普遍接受。

五、OECD 多边投资协定谈判

20 世纪 90 年代，随着冷战的结束及苏联的解体，东欧国家信奉新自由主义，国际投资环境向好。1995 年 1 月 1 日，世界贸易组织的建立再度为世界经济发展和全球化打上一剂强心针，在美欧等发达国家主导下，OECD 开展了"多边投资协定"（MAI）的谈判，旨在达成一个"广泛适用于全球的，具有高标准投资自由化及投资保护标准，以及有效投资争端解决机制内容的多边投资框架"。

MAI 的谈判最初以秘密的方式进行，这种不透明的谈判方式很快引发了环境、人权等非政府组织的质疑。大量非政府组织集结，对发达国家内部进行施压，要求公开 MAI 的谈判文本，并要求多边投资协定谈判必须订入环境保护条款和劳工标准，对跨国公司的商事经营行为进行严格的规范和限制。

1997年3月，MAI谈判内容外泄，高度引发了非政府组织的强烈抗议。MAI的主要谈判内容与1994年NAFTA协定第11章节高度相似。MAI的谈判核心是投资准入权，协定规定了准入前的国民待遇，并对缔约方提出的不符措施清单实施锁定机制，即缔约方可列明不予国民待遇和最惠国待遇的部门和措施，但这些措施必须在一定的时间内取消。

MAI禁止实施任何类型的履行要求，如出口表现、国内成分、国内购买、将进口数量和价值与出口数量和价值绑定、技术转让、出口地区的排他性安排、在东道国设置研发中心的强制性规定、合营准入和当地雇佣等要求。MAI的争端解决机制较NAFTA协定的争端解决机制更进一步。MAI不仅延续了NAFTA协定下投资者对东道国提起国际投资仲裁的争端解决机制，还设置了投资者母国与东道国的投资仲裁机制。

MAI草案信息披露后，法国率先退出了MAI谈判。英国工党政府上台后，也对MAI不包含环境保护条款提出了质疑。加拿大和法国一样均对MAI投资开放和保护条款对文化产业的冲击表示了担忧。此外，从NAFTA协定生效后的执行状况可见，投资者对东道国提起的国际投资仲裁即便是对发达国家，也提出了极大的主权挑战。

MAI的谈判主要在工业发达国家以及其选定的发展中国家之间进行，并且以秘密的方式进行，因此其谈判破裂并不直接反映为投资保护的南北矛盾。总结MAI谈判失败的原因，非政府组织的强烈反对显然是导致MAI胎死腹中的一个重要导火索，也由此反映了在发达国家内部，投资自由化和环境、人权等社会利益存在显著分歧。MAI一味保护投资利益，而忽略环境、人权等社会利益，使其为非政府组织所诟病。此外，投资自由化所导致的当地失业率升高也是发达国家内部担忧的一个问题。

六、世界贸易组织多边投资谈判和治理框架

WTO 作为全球贸易治理的多边组织，在其乌拉圭回合以及多哈回合均试图对国际投资作出多边约束的框架。乌拉圭回合达成的《与贸易有关的投资措施协定》(TRIMs)、GATS 和 TRIPS，均对国际投资做了若干规定。在多哈回合谈判中，WTO 亦试图将投资纳入多边谈判，达成一个真正意义上的多边投资协议，但由于 WTO 成员方数目过多，其协商一致的谈判原则导致多边投资协议的谈判并不可行。

（一）TRIMs 协议

1.TRIMs 协议的产生

TRIMs 协议是 GATT 在乌拉圭回合谈判所达成的与贸易相关的投资措施的多边投资协议，是迄今为止国际社会在国际投资领域所达成的唯一一个全球性、实体性的多边协定。TRIMs 协议的宗旨是减少直接干预货物贸易的投资措施、促进投资自由化，促进世界贸易的扩大和逐步自由化，以便在确保自由竞争的同时，提高所有贸易伙伴，尤其是发展中国家成员的经济增长水平，其核心规则是禁止成员方采用违反国民待遇业务和违反普遍取消数量限制义务的投资措施。TRIMs 协议的产生经历了艰难的谈判过程，是南北方国家相互竞争和妥协的产物，TRIMs 协议由于受到发展中国家反对并没有将所有的投资履行措施纳入其调节范畴，发达国家要求废止的多种履行要求只得到部分满足，它的内容是不全面的，但是它对应便利国际投资，促进世界贸易扩大和自由化产生积极作用。

2.TRIMs 协议的主要内容

TRIMs 协议限制的是与贸易有关的投资措施，即东道国政府通过政策法令直接或间接实施的与货物（商品）贸易有关的对贸易产生限制和扭

曲作用的投资措施。①TRIMs 协议是经过各国激烈谈判的结果，其内容相对较少，包括序言、正文（9 个条款）和附录（1 个）三个部分。序言是协定的总纲，正文和附件都是对序言作了进一步具体规定的。以下列举出 TRIMs 协议的主要内容。

（1）适用范围

TRIMs 协议的序言中提到"认识到某些投资措施会引起贸易限制和扭曲作用"，另外协议第 1 条规定："本协定仅适用于与货物贸易有关的投资措施"，从这两点内容可以看出：其一，TRIMs 协议仅适用于对货物贸易有关的投资措施，而不适用于服务贸易和技术贸易有关的投资措施；其二，货物贸易有关的投资措施也仅仅是指对货物贸易有限制和扭曲作用的投资措施。虽然 TRIMs 协议规定其适用于对货物贸易有限制和扭曲作用的投资措施，但是协议中却没有定义"与贸易有关的投资措施"，实际操作中适用范围认定存在分歧和困难。

（2）国民待遇和数量限制

TRIMs 协议第 2 条是该协议的核心原则，其第 1 款对该协议所规范的与贸易有关的投资措施作了概括性的规定：在不损害 GATT1994 项下的其他权利与义务的前提下，任何一成员方不得实施与 GATT1994 第 3 条（国民待遇）或第 11 条（取消数量限制）规定不相符的任何与贸易有关的投资措施。该条第 2 款则与附录相呼应，进一步说明第 1 款所指的与贸易有关的投资措施列于附录解释清单内。1994 年 GATT 通过时，所指投资措施对于发展中国家来说非常宽泛。② 在后续区域贸易协定下，所限制和

---

① 卢进勇：《从〈与贸易有关的投资措施协议〉到〈多边投资协议〉》，《世界经济》1997 年第 10 期。

② 余劲松主编：《中国涉外经济法律问题研究》，武汉大学出版社 1999 年版第 182 页。

禁止的投资履行措施又进一步发生了扩充。

（3）例外与发展中国家规定

TRIMs 协议第 3 条为"例外条款"，该条款规定：GATT1994 项下的所有例外均应酌情适用于本协定的规定。接着，TRIMs 协议第 4 条规定，发展中成员方有权暂时背离上述关于投资措施方面的国民待遇和一般禁止数量限制的义务。该条款考虑了发展中国家在贸易和投资方面的实际情况和特殊要求，但此种背离只是暂时性的。

（4）通知与过渡性安排

根据 TRIMs 协议的第 5 条，缔约各方应取消其正在实施的与协议不一致的所有 TRIMs 通知货物贸易理事会，并且规定了取消这些投资措施的期限（即过渡期）为协议生效后的 90 天内。发达国家需在 2 年之内，发展中国家应在 5 年之内，最不发达国家则应在 7 年之内取消这些不符的投资措施。货物贸易理事会应发展中国家（包括最不发达国家）要求可以延长过渡期，但要求方必须提供其在实施过渡期规定方面存在特殊困难的证明。TRIMs 协议第 5 条还规定过渡期取消条件、过渡期内对一项新投资实施相同的投资措施的条件。

（5）透明度要求

TRIMs 协议第 6 条规定：对于 TRIMs，各成员国重申它们在 GATT1994 第 10 条《关于通知、磋商、争端解决和监督的谅解》，以及在 1994 年 4 月 15 日通过的《关于通知程序的部长决定》有关透明度和通知的承诺。每一成员均应通知秘书处其领土内各级政府，包括地方政府和主管机关实施的 TRIMs。每一成员应对其中一成员就与本协定有关的任何事项提出的信息请求给予积极考虑，并提供充分的磋商机会。根据 GATT1994 第 10 条，倘若所披露信息妨碍成员方执法或违背其公共利益，又或损害其特定企业的合法商业利益，成员方可以不予以披露。TRIMs 协议的透明度要求有利于促进 WTO 成员的法律制度与世贸组织法律制度的一致性。

（6）磋商与争端解决

磋商与争端解决是国际投资中一个重要的方面，TRIMs 协议有专门的条款规定磋商与争端解决方法。TRIMs 协议第 8 条规定：由《争端解决谅解》详述和适用的 GATT1994 第 22 条和第 23 条的规定适用于本协定项下的磋商和争端解决。由此，成员方违反 TRIMs 协议的行为可诉诸 WTO 争端解决机制解决。

（7）管理机构及其审查

根据 TRIMs 协议第 7 条规定，WTO 应设立一个对 WTO 所有成员方开放的"与贸易有关的投资措施委员会"。该委员会应选举自己的主席和副主席，每年应至少召开一次会议，或在任何成员请求下召开会议。该委员会的主要职责是履行货物贸易理事会所指定的职责，并为各成员就与本协定运用和执行有关的任何事项进行磋商提供机会。此外，委员会监督本协定的运用和执行，并每年就此向货物贸易理事会报告。

（8）附录

TRIMs 协议附录是一个解释性清单，采用概括性与列举性相结合的方法，列举了 5 种必须明确禁止的投资措施。分别是：（A）违反 1994 年 GATT 第 3 条第 4 款的两种措施：a) 要求企业购买或使用当地生产的或来自当地的产品；b）限制企业购买或使用进口产品的数量，并把这一数量与该企业出口当地产品的数量或价值相联系。（B）违反 1994 年 GATT 第 11 条第 1 款的 3 种措施：a) 对企业进口用于当地生产或与当地生产相关的产品，一般地或在数量上根据该企业出口它在当地生产的产品的数量或价值加以限制；b) 对企业进口用于当地生产或与当地生产相关的产品，通过将其可获得的外汇数量限于可归属于它的外汇收入而加以限制；c) 限制企业出口产品或为出口而销售产品。

3.TRIMs 协议的作用

TRIMs 协议是乌拉圭回合谈判的重要成果之一，是世界上第一个专门规范贸易与投资关系的国际性协议，它将投资问题纳入世界贸易组织的多边贸易体制。TRIMs 协议的诞生对国际投资产生深远的影响。

（1）TRIMs 协议调控国际投资关系

长久以来，世界贸易组织关注的重点是国际贸易领域问题，而国际投资领域问题并没有纳入其议事日程。TRIMs 协议是世界贸易组织第一次将投资纳入世界多边贸易法律体制的调控范围。协议的诞生开创了将投资问题纳入世界多边贸易体制的先河，打破了国际贸易法律体系与国际投资法律体系长期隔阂的局面，揭示了国际贸易与国际投资之间的密切关系。国际贸易和国际投资是世界经济的重要组成部分，两者是紧密相关的，TRIMs 协议调控与贸易有关的投资措施，将贸易和投资联系在一起，更好地协调了贸易与投资的关系，同时拓宽了世界贸易组织的管辖范围，使世界贸易组织第一次具备了规范国际投资的职能。另外，TRIMs 协议协调了发达国家与发展中国家的投资关系，协议中的例外条款、发展中国家条款、通知和过渡期条款都兼顾了发达国家与发展中国家的利益诉求，促进国际投资关系更加融洽。

（2）TRIMs 协议促进贸易、投资自由化

TRIMs 协议在消除影响跨国投资及与贸易有关的投资障碍方面迈出了一大步。TRIMs 协议规定任何一成员方不得实施与国民待遇或取消数量限制规定不相符的任何与贸易有关的投资措施，而且协定要求各成员国将其正在实施的与协议不一致的所有 TRIMs 通知货物贸易理事会，并且规定了取消这些投资措施的期限。这些措施有效地遏制了以投资措施取代关税措施的新贸易保护主义的蔓延，使国际贸易与国际投资自由化的范围不断扩大，程度不断加深。

（3）TRIMs 协议促进国际投资法和各国投资法的发展

TRIMs 协议是第一部规范国际投资的全球性的实体性条约，它的诞生在国际投资法的发展史上具有里程碑意义，使国际投资立法焕发出勃勃

生机。TRIMs 协议将促进国际投资法的建立和完善。该协议作为一个框架性协议，为国际投资立法提供了一套统一的国际准则，各国的双边投资协定中有可能援引 TRIMs 协议的有关内容。另外，由于 TRIMs 协议属于国际经济法范畴，具有法律的强制性和约束力，各国在制定本国外资法时都会考虑将 TRIMs 协议内容纳入其外资法中，尽量与国际接轨，从而提高各国外资立法水平，促进各国外资立法更加统一。

（4）TRIMs 协议局限性

TRIMs 协议作为多边投资协定，存在一些明显的局限。

第一，TRIMs 协议适用范围狭窄，对国际投资调控力不强。TRIMs 协议明确规定了本协议仅适用于与货物贸易有关的投资措施，并且是对货物贸易有限制和扭曲作用的投资措施。TRIMs 协议将服务贸易和技术贸易排除在外，服务贸易和技术贸易领域的投资履行措施并不纳入规制。大量存在的投资措施没有受到约束和限制。

并且，TRIMs 协议调整的是限制性投资措施，鼓励性措施没有涉及，而鼓励性措施也会影响贸易流向。TRIMs 协议明确规范的与货物贸易有关的限制性投资措施也才只有 4 种，而此类投资措施远不止 4 种，多达几十种。这样，使本身就很狭窄的适用范围更加狭窄。由于国际投资是一个综合性很强的领域，其涉及的范围很广，而 TRIMs 协议适用范围狭窄，无法满足国际投资调控的要求。

第二，TRIMs 协议内容少，条文含义模糊，缺乏强制力。TRIMs 协议谈判难度较大，耗时较长，其达成的协议只是一个框架性协议。TRIMs 协议由序言、正文和附录三部分组成。正文部分只包括 9 个条款，也只有 1 个附录，协议内容少。另外，TRIMs 协议条文含义模糊，未能清晰地界定各种概念，造成其可操作性下降，在实践中难以执行。例如，TRIMs 协议对其所规范的投资履行措施本身就没有一个明确的定义，对于怎样才算对贸易造成限制或扭曲，怎样才算对贸易具有"损害作用"等敏感而又必须明确的问题未作必要的明确的解释。"例示清单"的用词亦十分含糊不清。

第三，TRIMs 协议的内容虽然体现出发达国家与发展中国家的妥协性，TRIMs 协议的适用范围就是双方妥协的结果，协议中例外条款、发展中国家成员规定、过渡性条款等考虑了发展中国家的利益，协议中的国民待遇原则和数量限制原则、通知规定、透明度规定、争端解决机制等更多地考虑了发达国家的投资利益。但由于发达国家强大的政治、经济等实力，TRIMs 协议更多的是体现发达国家作为主要资本输出国的利益，发展中国家在协议谈判中坚持要将限制性商业惯例纳入议程，但是，该主张因受到发达国家的抵制而未能实现，这违背了关贸总协定一直奉行的利益平衡的公认准则。

投资问题是乌拉圭回合谈判中最具争议的问题之一，TRIMs 协议第一次以成文规范形式将国际投资纳入多边贸易体系，这是世界贸易组织关于国际投资问题的重要成果。尽管 TRIMs 协议是一个带来妥协性质的框架性协议，但是其有助于调控国际投资关系，促进国际贸易和国际投资自由化发展，为国际投资法律体系的构建提供了范本。

（二）GATS

GATS 也是乌拉圭回合谈判的重要成果之一，它首次将服务贸易纳入世界多边贸易体制中，是第一个关于服务贸易的全球性具有法律约束力的多边协议。《服务贸易总协定》适用于各成员影响服务贸易的措施，并且服务贸易以跨境交付、境外消费、在服务消费国的商业存在和自然人流动等四种方式提供，其包括三个层面的规定：第一是主体规范；第二是附件；第三是各成员的具体承诺表。从《服务贸易总协定》的适用范围和主要内容来看，《服务贸易总协定》涉及国际投资的内容非常少，其涉及投资条款的内容主要是在服务消费国的商业存在、市场准入、国民待遇等方面。

1. 服务消费国的商业存在

《服务贸易总协定》第一条明确了服务贸易的定义，即服务贸易定义为：（A）从一成员境内向任何其他成员境内提供服务；（B）在一成员境内向任何其他成员的服务消费者提供服务；（C）一成员的服务提供者在任何其他成员境内以商业存在提供服务；（D）一成员的服务提供者在任何其他成员境内以自然的存在提供服务。其中的第三种服务贸易形式是指一个成员方的服务提供人在任何其他成员方境内以商业存在来提供的服务，如银行的分行、保险的子公司、会计师事务所的分所等，而商业存在往往与对外直接投资联系在一起，是一种典型的服务业国际直接投资，这实际上将服务业领域的对外投资纳入协定中。

2. 市场准入

《服务贸易总协定》第十六条是市场准入条款，规定："在第一条所确定的服务提供方式的市场准入方面，每个成员给予其他任何成员的服务和服务提供者的待遇，不得低于其承诺表中所同意和明确的规定、限制和条件。"另外，协定中列举了六项市场准入限制措施，其中包括四项数量限制：一是限制服务提供者数量；二是限制服务交易或资产的总金额；三是限制服务交易的总数额或以数量单位表示的服务提供的总产出量；四是限制某服务部门或提供者为提供特定服务而雇用的自然人总数。还有一项对法律主体形式的限制，即禁止成员国法律规定服务提供者需要经过特定法人实体或合营企业才可提供服务。GATS另有一项对外资份额的规定，禁止成员方对外国资本限定其最高股份比例或对个人或集体的外国资本投资额予以限制。GATS关于市场准入的一系列规则都与国际投资密切关联。

3. 国民待遇

《服务贸易总协定》第十七条是有关国民待遇的规定，该条分为3款，规定成员在不违反GATS有关规定，并且在其承诺表的要求和条件相一致的情况下，给予其他成员服务或服务提供者在影响服务提供的所有措施方面的待遇不低于给予其国内的服务和服务提供者。GATS 为了确保来自其他成员的有关服务和服务提供者可以享受真正的国民待遇。在条件允许的情况下，各成员可以给予来自其他成员的有关服务和服务提供者在形式上相同的待遇，而在条件不允许的情况下，则可以给予外国服务或服务提供者与本国提供者不同形式的待遇。具体承诺记载在各成员方提交的承诺表中。国民待遇原则一直是国际投资规则中一重要的原则，尽管成员方仅对其作出特定承诺，这项规定仍有助于国际服务投资的开放。

总体来看，《服务贸易总协定》是一个国际贸易协定，其仅适用于服务贸易。但由于服务贸易涉及国际投资，因此协定也涉及服务领域的投资行为，主要体现在商业存在、市场准入、国民待遇等条款上。《服务贸易总协定》的规定可促进国际服务投资的自由化、便利化，但是协定中涉及服务投资的内容少且内容不完善，其对国际服务投资的作用有限，无法成为一个具有国际约束力的投资规则。

（三）TRIPS

TRIPS 与投资议题的联系相对来说，并不那么明显，但仍然在两个方面与投资产生交叉关系。第一，当前，国际投资协定下的投资形式包括投资者以知识产权作为投资的形式，由此 TRIPS 所建立的知识产权最低保护标准对投资者在东道国以知识产权形式进行的投资提供了保障。第二，TRIPS 下的"强制许可"制度与东道国的投资保护义务可能发生冲突。TRIPS 规定当东道国发生公共健康危机时，东道国可在未经技术所有人同意的情形下，强制许可其专利技术供其他厂商使用。这种强制许可制度与投资协定下的征收制度在一定情形下会发生冲突。因此，为确保东道国执行 TRIPS 强制许可制度的行为不违反其签署的国际投资协定义务，多数国际投资协定针对 TRIPS 执行了条约违反义务的豁免条款。

（四）多哈回合的投资议题谈判

多哈回合谈判于 2001 年新加坡部长级会议上启动，其谈判宗旨是促进世贸组织成员削减贸易壁垒，通过更公平的贸易环境来促进全球特别是较贫穷国家的经济发展。多哈回合谈判的主导方为"20 国协调组"，由美国、欧盟等发达国家以及巴西、印度、中国等发展中国家组成。在谈判议题上，发达国家要求在多边协定中制定投资、服务贸易、知识产权等高标准规则。2003 年第五届墨西哥坎昆部长级会议、2005 年第六届香港部长级会议均相继失利，与会成员方未能就多哈回合谈判的主要议题达成一致。"新加坡议题"中的投资、竞争、贸易便利以及政府采购透明化各项议题分歧过大，2004 年谈判方决定缩减多哈回合谈判内容，在"七月方案"中放弃了"新加坡议题"中的投资、竞争及政府采购三项议题，仅留下贸易便利化议题。[①]由此，在多哈回合期间实现多边投资协议谈判的目标宣告失败。

与数量庞大、内容丰富的双边投资协定和自由贸易协定相比，无疑多边投资协定数量较少，内容有限，在国际投资治理中难以作为中坚力量发挥主导性作用。这也一定程度地制约了全球投资治理的有效性和公平性。

第四节　全球投资治理体系评价

从当前全球投资治理的条约依据、仲裁实践以及功能和作用来看，全球投资治理体系存在高度碎片化、欠缺有效的多边投资协定、投资保护与东道国投资管制失衡三个方面的显著特征。

---

① WTO, *Decision Adopted by the General Council on 1 August 2004*, WT/L/579, 2 August 2004.

一、国际投资协定的碎片化

20 世纪 50 年代以来，随着对外直接投资的迅速增长，国际上关于对外投资的各种规则体系不断涌现，现有的国际投资规则体系由国际双边投资协定、区域自由贸易协定和多边投资协定等国际投资协定 (International Investment Agree-ments，IIAs) 所构成。其中最主要的是双边投资协定，相应的，形成了以双边投资治理协定为主的传统全球投资治理体系。基于双边投资协定数量繁多、彼此内容存在差异，因此全球投资治理体系呈现出碎片化的特征。

首先，从数量上来看，国际投资协定数目持续增加，导致治理规则高度碎片化。自 20 世纪 90 年代至今，国际投资协定总量迅速增长，其迅速增长主要归功于双边投资协定数量的迅猛增长（如图 3-1 所示）。截至 2013 年年底，国际投资协定总量达到 3236 个，其中包括 2902 个双边投资协定（BITs）和 334 个其他投资协定（主要包括涵盖投资条款的自由贸易协定、经济伙伴关系协定和区域协定）。2015 年国际投资协定数量进一步上升至 3304 个。[①] 总体而言，双边投资协定（BITs）总量占国际投资协定总量比重高达 89.68%。目前世界上几乎所有的国家和经济体都签署了一个或多个双边投资协定，这也使得双边投资协定成为现行全球投资治理的主要治理手段。

需承认的是，双边投资治理协定在全球投资治理中具有特定的优势。双边投资协定涵盖内容全面、具体，涉及了国际投资领域最关注、最关键的问题，例如投资促进、投资保护、投资自由化、投资争端解决等方面的内容。并且，基于双边投资协定谈判仅仅涉及两个国家，谈判内容由双方

---

① *World Investment Report 2016,* UNCTAD,2016, http://unctad.org/en/Publication-sLibrary/wir2016_en.pdf, p.101.

协商决定，双边投资协定谈判内容针对性强，阻碍谈判因素更少，符合双方的特定情况和相互利益。另外，双边投资协定只需要考虑缔约双方的利益，双边投资协定更容易管理。但基于双边投资协定所形成的全球投资治理体系，必然协定数目可观，给投资规则的适用带来复杂性。

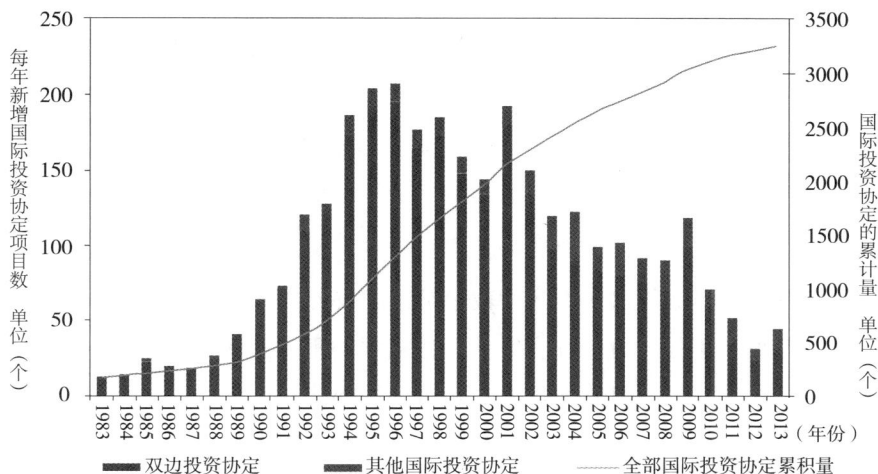

资料来源：World Investment Report 2015, UNCTAD, Genera, 2015。

图 3-1 国际投资协定的发展情况

其次，从国际投资协定的内容来看，不同协定因主导国不同，在投资协定内容方面呈现出高度碎片化特征。即便是同一主导国签署的双边投资协定，也可因签署时代不同而存在差异。国际投资协定在 20 世纪便存在欧式协定、美式协定、苏式协定以及发展中国家协定等多种形式。其中欧式协定又进一步分为荷式、英式和德式等诸多形式，发展中国家南南协定中又存在拉美国家卡尔沃主义协定以及其他形式。这些不同类型的投资协定在投资准入、投资待遇、履行要求、征收和国有化、投资争端解决等诸多条款方面存在显著差异，导致投资实体和程序规则不仅在"数量上"反映为碎片化的特征，亦在"质量和内容上"体现为碎片化的特征。21 世纪，随着 NAFTA 协定和欧盟《里斯本协定》的签署，国际投资规则一度呈现出趋同的发展趋势，但南北国家在准入前国民待遇、公平公正待遇、征收补偿、投资争端解决方面依然存在一些差异。

最后，国际投资协定尽管呈现出条款趋同的趋势，但其改革实效因国际投资仲裁实践的不一致而进一步碎片化。国际投资仲裁机制在个案的裁判中因适用不同协定，或对同一协定做不同解释，欠缺一致性，降低了该机制的确定性及可预见性。[1] 当前国际投资仲裁机制，执行一裁终审制，由投资者挑选仲裁员。在个案审理中，由于投资协定对条约解释规则、解释权限欠缺明确规定，仲裁员可基于自身的意愿对协定进行扩大解释，导致同一协定、同一条款在不同仲裁争端中解释不一致的情形。在没有上诉机制或其他审查机制的有效监督下，仲裁庭的不一致解释无法得到有效地控制，使全球投资治理的碎片化问题更加突出。

二、全球性的功能齐全的多边投资协定缺位

第二次世界大战后，随着经济全球化的不断发展和国际投资的加速发展，各国和各国际组织（联合国、OECD 等）为建立国际多边投资体系进行了不懈的努力，例如，联合国经社理事会于 1982 年提出的《跨国公司行动守则（草案）》，但 1992 年该谈判由于发达国家的极力反对而被终止，并由此而搁置。20 世纪 90 年代，经济合作与发展组织启动了综合性的多边投资协定谈判，但该协定谈判无果而终，只产生了一个意义不大的多边

---

[1] *International Law Commission, Fragmentation of International Law: Difficulties Arising from the Diversification and Expansion of International Law,* Report of the Study Group, UN Doc. A/CN.4/L.682 (4 April 2006), para. 419.

投资协定草案。

　　虽然国际多边投资协定谈判大多以失败告终，但是也达成了一些富有成效的成果，例如，世界银行旗下的《解决国家和他国国民间投资争端公约》和《多边投资担保机构公约》，以及 WTO 旗下的《与贸易有关的投资措施协定》《服务贸易总协定》和《与贸易有关的知识产权协定》等。ICSID 公约主要解决外国投资者与投资东道国之间的因投资而引起的法律争端；MIGA 公约主要规定为国际投资的政治风险提供担保，这两个公约都是解决国际投资的某一方面问题的国际条约；TRIMs 协议适用于对货物贸易有限制和扭曲作用的投资措施；GATS 是第一个关于服务贸易的全球性具有法律约束力的多边协议，其涉及投资的内容主要是服务消费国的商业存在、市场准入、国民待遇等；WTO 协定并非专门处理投资问题，其仅涉及某些与货物贸易有关的投资措施及服务贸易。

　　由此可见，这些全球性的与投资相关的公约或协定局限于国际投资规则的某一领域，并不是一般性的、全方面地处理投资问题的多边投资协定。当前世界缺乏一个具有约束力的全面覆盖投资，促进、保护、便利和自由化的综合性的、全球性的国际投资规则。这一缺失是国际投资领域重要问题，是新一轮国际投资规则谈判的重点，也是构建全球投资治理体系的一个重要方向。

三、投资者保护与东道国投资管制的失衡

　　全球投资治理需降低投资者在东道国投资的政治风险，保护其合理期待，促进资本跨国自由流动。这意味着东道国应在一定程度上容忍对其公益管制权的限制，但这种限制应与其向投资者作出的投资保护承诺和投资者的合理期待相称。基于东道国政府有向其市民提供公共产品的责任，投资者不应宽泛地期待东道国政府不会制定和实施任何影响其投资利益的环

境、公共健康等政策。因此全球投资治理应该是一种均衡的治理，在投资者保护与东道国投资管制方面取得平衡。然而，以国际投资协定为基础的全球投资治理则出现了投资保护和东道国投资管制失衡的局面。

从 20 世纪 90 年代以后发生的多数征收争议来看，多数争议与经济事项无关，而与东道国保护环境、公共健康及国家安全等公共利益保护有关。① 例如 Biwater Gauff (Tanzania) Ltd. v. United Republic of Tanzania 案，投资者所质疑的对象为污水处理和水供应措施。被诉方坦桑尼亚指出其采取的措施应为其政策空间所允许的措施，因为水力和卫生服务极为重要，东道国有权在发生危机时保护争议的服务，仲裁庭驳回坦桑尼亚的观点，并认为不存在支持政府干涉行为为必要的公共目的。② 又如 Phillips Morris v. Australia 案中，2011 年澳大利亚制定《烟草简易包装法案》，规定在烟草产品的零售包装上不允许使用商标和商品装潢。跨国烟草公司菲利普·莫里斯集团下属菲利普·莫里斯亚洲公司在收购菲利普·莫里斯澳大利亚公司后，依据《澳大利亚–香港双边投资协定》，向澳大利亚提起投资仲裁。澳大利亚采取的简易包装措施为世界卫生组织《烟草控制框架公约》第 11 条和第 13 条的建议措施，虽然并非成员方强制性义务，但也体现了 177 个成员方在控制烟草包装实现烟草控制的共识。

可见，国际投资仲裁所质疑的事项已发生显著改变，从传统的东道国政府直接征收投资者财产，转变为东道国制定的公共健康、环境等措施对投资者产生的不利影响。但在争端解决中，一些仲裁庭对这些涉及东道国公权行使的争议仍以一般商事规则进行处理，片面保护投资者私人利益，置东道国公共利益于不顾，导致东道国权益与投资者保护二者间的严重失

---

① 蔡从燕：《国际投资仲裁的商事化与"去商事化"》，《现代法学》2011 年第 1 期。

② Biwater Gauff *(Tanzania) Ltd. v.* United Republic of Tanzania, ICSID Case No. ARB/05/22, Award , 2008.

衡，甚至引发了有关国家对于国际仲裁的信任危机。[①] 尤其是，投资者在多起争端中利用投资协定的不完全性，随意挑选对其最有利的实体和程序性待遇，使东道国承担了无法预见的义务。例如在西门子诉阿根廷案中，由于最惠国待遇条款制定宽泛，仲裁庭允许投资者对《德国-阿根廷双边投资协定》和《智利-阿根廷双边投资协定》的投资争端解决待遇进行"拆分挑选"，由此德国投资者以目标条约《智利-阿根廷双边投资协定》未要求当地救济为由，要求回避基础条约《德国-阿根廷双边投资协定》东道国当地救济的前置要求；阿根廷政府以目标条约制定了国际投资仲裁与东道国救济二选一的"岔路口条款"作为抗辩。投资者再度以基础条约不设置"岔路口条款"为由要求回避目标条约的这条限制性规定。这种对基础条约和目标条约争端解决条款拆分挑选的诉求最终为仲裁庭所支持，导致阿根廷"被迫"向投资者授予其从未承诺过的待遇。[②] 这些争端中，由于仲裁庭不当解释，片面保护投资者利益，致使全球投资治理出现了挑战东道国公共管制权的利益失衡局面。

因此，在 2010 年之后，美欧国际投资协定纷纷对投资条款进行改革，体现在大幅修改公平公正待遇、间接征收、最惠国待遇等条款，并对仲裁庭的条约解释权作出限制，欧盟甚至尝试建立多边的国际投资法庭，从根本上纠正国际投资仲裁机制过度保护投资者的问题。

---

① 余劲松：《国际投资条约仲裁中投资者与东道国权益保护问题研究》，《中国法学》2011 年第 2 期，第 132 页。

② Okezic Chukwumerije, Interpreting Most-Favored Nation Treatment Clause in International Investment Arbitration, J. *World Investment & Trade* 2007, Vol.8, No.1, p.597.

第四章　全球投资治理的文本分析

第二次世界大战后，全球经济治理便由丛林之治转为规则治理。全球投资治理亦不例外，尽管其治理规则由数以千计的双边投资协定和自由贸易协定组成，但规则治理依然构成全球投资治理的根本特征。本章由全球投资治理的宏观制度研究转向全球投资治理的微观文本分析，通过探讨国际投资协定的具体规则，分析全球投资治理的发展趋势。

国际投资协定的主体为双边投资协定，其规则主要由资本输出国制定，故本章先分析全球投资治理下的美式协定和欧式协定，进而具体分析国际投资协定下投资准入、投资待遇、投资履行要求、投资保护等实体规则以及国际投资仲裁机制等程序规则。

第一节　全球投资治理下的美式协定和欧式协定

国际投资协定主要由资本输出国对外签订，因此本小节先对美式协定和欧式协定进行简要概述，再具体分析协定下的各类条款。

一、美式协定

美国的外商投资保护立法主要产生于 20 世纪 40 年代。这些国内投资法律制度建立了本国海外投资的保险制度，但对于海外投资者母国投资保险机构国际代位索赔权的实现仍无法保证。倘若没有投资所在的东道国的同意与合作，美国投资保险机构代位索赔权就无法实现。因此，美国率先实行海外投资保险制度，并通过与资本输入国签署投资保证协定的方式，降低投资者的海外投资风险。投资保证协定的核心在于让对方缔约国正式确认美国国内的承保机构在有关的政治风险事故发生并依约向投保的海外投资者理赔之后，享有海外投资者向东道国政府索赔的代位权和其他相关权利及地位。协定还规定双方政府因索赔问题发生纠纷时的处理程序。这样的法律设计，其主旨在于使这类特定的美国国内保险合同的法律效力，得以通过这种特定的国际双连协定，延伸到美国国境以外，取得缔约对方的正式确认从而使对方承担具有国际法约束力的履约赔偿义务。

投资保证协定为海外投资政治风险提供了保险制度，但在投资开放、投资者待遇、投资争端解决方面并没有做出具体规定。20 世纪 60 年代大规模的国有化浪潮之后，新独立国家虽然在其国内立法中制定了鼓励和保护外商投资的规定，但并不足以切实消除外国投资者对东道国财产征收的疑虑，因此美国开始通过对外签署双边投资协定的方式保障其海外投资利益。1982 年之前，美国仿效欧式投资协定及 1962 年 OECD 制定的投资协定范本制定了本国的投资促进与保护协定。20 世纪 80 年代后，美国意识到欧式协定的弊端，并根据本国对外投资政策调整投资协定的内容。此后，美国相继制定了 1982 年、1994 年、2004 年和 2012 年四个双边投资协定的版本，并在对外签约中严格按照本国双边投资协定范本进行谈判。

NAFTA 协定的投资章节反映了美国 1994 年范本的内容，标志着美式投资协定的现代化。此后，美国与新加坡、澳大利亚、韩国、多米尼加和中美洲五国等签署的双边投资协定或自由贸易协定均根据《2004 年双边投资协定范本》制定。TPP 协定、美加墨三方协定则根据《2012 年美国双边投资协定》范本制定。2004 年范本和 2012 年范本均在 NAFTA 协定的基础上形成。2012 年范本更为强调投资准入及投资开放条款，重申了准入前国民待遇和负面清单开放条款，增加了对国有企业投资者的界定和规制，增强了国际投资仲裁机制透明度和第三方参与要求，强化了环境条款的作用和执行力，成为其他资本输出国家积极效仿的投资协定文本。

二、欧式协定

第二次世界大战后，前联邦德国经济恢复很快，大量的过剩资本寻求增值路径，从而对发展中国家的投资增长迅速。在这种背景下，依靠《友好通商航海条约》的保护已很难满足日益增长的对外投资的需求，于是，从 20 世纪 50 年代末开始，联邦德国及其他一些欧洲国家将传统的《友好通商航条约》中有关保护外国投资的内容提取出来，并加以具体化，融合美式投资保护协定中有关投资保险、代位赔偿及争端解决的规定，与相关的国家签订了名为《促进与保护投资双边协定》的专门性协定。此类协定内容较为具体详尽，实体性规定和程序性规定并举，兼具《友好通商航海条约》与《投资保证协定》的专长。这种做法很快为其他欧洲国家所效仿，并影响了美国。

在 2009 年欧盟签署《里斯本条约》之前，欧盟各成员国单独对外谈判和签署投资协定。多数欧盟成员国以 1962 年 OECD 投资协定示范文本为基准，对外形成了德式、英式和荷式双边投资文本。荷式版本具有鲜明的"放松管制"特点，对投资者授予了广泛的投资保护，又被称为黄金保护标准，在实践中的适用范围最广。《里斯本协定》后，欧盟作为一个整体对外签署投资协定，其投资条款则采纳了与美国更为接近的 NAFTA 模式，体现出"收紧管制"的倾向。例如，荷式传统的黄金保护标准具有条约措辞简洁，投资保护广泛，直接征收和间接征收全额赔偿、借助保护伞条款援引多边贸易协定下的投资保护要求，投资者对东道国仲裁程序的广泛运用，仲裁员提名不设限制等特点，[①] 然以《欧盟和新加坡自由贸易协定》、欧加 CETA、《欧越自由贸易协定》为代表的欧盟新版投资协定的投资保护条款则体现出与荷式标准的背离，更接近于美式的 NAFTA 文本的立约模式。

其一，欧盟新版自由贸易协定中的投资章节对投资和投资者的定义收窄。荷式黄金标准在界定投资和投资者时，一方面采用了开放式文本模式，只描述投资的特征，便于仲裁庭对投资和投资者进行扩张性解释；另一方面，则谨慎使用行业限制或筛选条款，以保障投资协定的适用范围。欧盟新版自由贸易协定投资条款则运用了不同的立约技巧，在协定正文或附件中通过筛除条款详细列举协定不予适用和保护的行业和领域，通过精确的文本和条约解释规则限制仲裁庭扩张解释协定适用范围的权能。欧盟与泰国 2013 年自由贸易协定明确将矿业、核物料的生产和加工、武器、试听服务、国内海上救助以及部分国内和国际航空运输服务筛除在外。[②]《欧盟与秘鲁、哥伦比亚自由贸易协定》也对投资和服务业做了类似的筛选。

其二，欧盟统一对外签署的自由贸易协定对投资待遇进行了较明显的调整。以荷式投资协定为代表，欧盟成员方一般对外国投资者仅授予准入后国民待遇或最惠国待遇。典型条款如《老挝与荷兰双边投资协定》的规定：任何一方应授予前述投资不低于其授予本国国民和第三国投资者的待遇。NAFTA 协定第 1102 条、1103 条则将国民待遇和最惠国待遇提前至投资"设立、并购及扩充"时，被称为准入前国民待遇。欧盟新达成的

---

① Nikos Lavranos, *The new EU Investment Treaties: Convergence towards the NAFTA model as the new Plurilateral Model BIT Text?* p.1.

② EU-Thailand FTA - investment *chapter (draft 2013),* posted on October 8, 2013, http://www.bilaterals.org/?eu-thailand-fta-investment-chapter&lang=en.

自由贸易协定有接纳 NAFTA 待遇模式的倾向，如 CETA 投资章节第 8.7
条规定：任一方对他方投资者及涵盖投资有关投资设立、并购、操作、运
作、管理、维护、使用、享用、出售、处分所授予的待遇不得为其本国投
资者和投资。①"准入前国民待遇"的严格实施被评价为相当于"事实上"
的完全市场准入，② 当前主要为美国、日本等国家所推崇，体现在 NAFTA、
ASEAN 等自由贸易协定中。③

其三，欧盟新版投资协定与荷式黄金保护标准对征收赔偿的态度也显
著不同。荷式黄金保护标准不严格区分直接征收和间接征收，NAFTA 范
本则针对后者添加"间接征收明示例外条款"。从国际投资条约仲裁的实
践来看，仲裁庭多依据荷式投资协定"投资者合理期待"原则，要求东道
国对其公益管制行为向投资者承担完全的赔偿责任，使东道国丧失"无偿"
的公益管制权。欧盟新版协定效仿 NAFTA 文本嵌入了间接征收例外条款，
规定合法正当的公益管制性征收不予赔偿。如 CETA 承认政府对自然资源
行使主权并进行管制的权利，并对间接征收例外条款规定如下：除非在极
少数情形下，一项或一系列措施的影响极为严重，依其目标是明显过度
的，成员方制定并执行用于保护合法公共福利目标，如健康、安全或环
境的非歧视性措施不构成间接征收。④ 欧盟新版投资协定向东道国提供
了对其有利的法律推定，只要是基于公益目的的非歧视管制措施，并不

---

① CETA, Art.8.7. 第 8.8 条最惠国待遇条款亦作了同样的规定。

② REINISCH, A. (2013), *"The EU on the Investment Path – Quo Vadis Europe? The
Future of EU BITs and other Investment Agreements"*. Available on SSRN. 2013, p.14.

③ Chester Brown. *Commentaries on Selected Model Investment Treaties,* Oxford
University Press, 2013.p.359. 日本仅在少数 FTA 如日本-泰国 FTA 等未适用"准入
前国民待遇"条款，其签署的 FTA 多数包含"准入前国民待遇""准入前最惠国待遇"
条款。

④ CETA, *Investment Chapter.*

构成间接征收，除非投资者得以举证该管制措施恰属协定所述的"极少数情形"。①

　　NAFTA 文本不仅通过间接征收例外条款声明东道国公益管制的权力，还以竞争、劳工、环境保护条款抑制过度投资保护而别具一格。CETA 在谈判中，同样在环境、劳工章节中，规定东道国不得为吸引贸易和投资降低环境和劳工标准，要求保护劳动权、结社权、集体谈判权，废除童工、强制性劳动等、并要求东道国对违反标准的企业进行惩罚和要求补救，以提高企业的社会责任。②

　　其四，在救济权方面，欧盟新版投资协定限制了投资者对东道国提起仲裁的权利，增加了东道国与投资母国之间争端解决的方式，而体现出与传统荷式黄金保护标准的不同。如 CETA 增加了便于投资者母国和东道国通过协商和调解方式解决争议的条款。对于投资者对东道国发起的仲裁，CETA 首先限制仲裁的可适用性，如限制国际投资仲裁对环境和劳工标准争议投资争端的适用。针对特殊行业如金融服务业的投资争议，国际投资仲裁仅限于投资者针对东道国违反国民待遇、最惠国待遇以及征收其投资或限制其投资收益转移而提出的仲裁。其次，在救济措施上，CETA 规定仲裁庭不得要求东道国撤销措施，只可以要求损害赔偿，在计算赔偿额时应基于东道国对争议措施修正或撤销的事实予以减免。再次，CETA 对国际投资仲裁做了较多"正当程序"改革，与 NAFTA 文本一样，如要求仲裁程序透明化，仲裁庭应公开双方提交的

---

　　①　Filippo Fontanelli and Giuseppe Bianco, *The Inevitable Convergence of the US and the EU on the Protection of Foreign Investments – BITs, PTAs, and Incomplete Contracts,* p.8.

　　②　The Canada-European Union Comprehensive Economic and Trade Agreement. *Overview published by Canadian government.* http://www.actionplan.gc.ca/sites/default/files/pdfs/v4_final_ceta_-_summary_doc_v_10_ed_pgodon.pdf. 2013-11-25.

材料，并公开其听审过程，允许利害关系人参加，并提供了便利案外非政府组织和个人提交法庭之友意见书的程序，增强市民团体在国际投资法层面的直接投入。并且，欧盟新版投资协定回应了国际投资仲裁欠缺问责性问题。与荷式协定允许争端方自由选择仲裁员所不同的是，CETA 建立了常设的国际投资法庭，固定了仲裁员名单，在个案中由法庭根据随机原则指派仲裁员，从而降低了投资者选择仲裁员的任意性，确定了二审机制。为避免投资者对东道国的滥诉行为，CETA 授权仲裁庭驳回投资者轻佻的仲裁申请，禁止投资者在申请仲裁之外诉诸其他平行的救济机制等。

其五，在处理自由贸易协定与外部投资保护公约和协定的关系上，荷式黄金保护标准通过保护伞条款赋予投资者援引 TRIPS、TRIMs 的权利。CETA 等则取消了保护伞条款的权利延展规定，也体现出与 NAFTA 文本的靠拢。

欧盟新近签署的自由贸易协定在投资保护收紧管制方面，体现出向美式协定靠拢的倾向，但这并不意味着美欧协定已完全一致。两大资本输出国协定依然在国际投资仲裁的改革方案、最低标准待遇与公平公正待遇关系等条款方面存在差异。

第二节　国际投资实体规则分析

多边协定谈判以在主要资本输出国及输入国之间达成一致为主要目标。从最新达成的协定来看，发达国家主导及彼此签订的投资协定呈趋同之势，而同样为资本输出大国及输入大国的新兴发展中国家中国、印度、巴西、南非等在近年也纷纷对本国投资协定范本进行更替，修订后的投资协定范本在实体内容如征收及间接征收条款、一般例外条款、投资保护待遇、投资转移等条文中与发达国家的范本相去不远，但在投资准入模式、投资竞争中立条款以及国际投资仲裁机制上与发达国家投资条款仍有明显差异。下文将对国际投资协定中的投资开放及准入条款、投资待遇及保护条款、投资环境及竞争条款以及投资争议解决四类条款中南北一致及分歧作出评价。

一、投资及投资者范围

"投资"和"投资者"是国际投资协定中的关键术语，其界定方式是决定贸易及投资协定保护对象及范围的重要内容，20世纪投资协定多采纳 OECD 建议文本或荷式黄金保护标准，对投资及投资者作宽泛及模糊的解释，便于仲裁庭借助宽泛的解释扩张投资协定的适用范围。荷式黄金标准在界定投资和投资者时，一方面，采用了开放式文本模式，只描述投资的特征，便于仲裁庭对投资和投资者进行扩张性解释；另一方面，谨慎使用行业限制或筛选条款，以保障投资协定的适用范围。

"投资"的定义及其涵盖的范围，在某种意义上决定了东道国为外国投资者提供保护的程度。通常"投资"有三种定义。第一种是以资产为基础的投资定义，即"投资"指缔约各方依照各自法律和法规所允许或接受的各种财产，它不仅包括金融资产及经济概念上的"资本"，还包括具有创造生产能力的所有有形和无形资产。这是目前双边投资协定中普遍采用的定义。第二种是以企业为基础的投资定义。投资意指一个国家的实体企业为了获得持续性收益，在另一个国家内建立的实体企业。第三种是以交易为基础的投资定义。强调投资过程中资本和相关资产的跨国界流动，这种跨国界的交易是在一种对外新建或者收购投资过程中进行的。

至于投资者定义，多数投资协定对自然人投资者定义差距不大，通常指具有缔约国国籍的自然人。但针对企业投资者，投资协定主要采纳了两种不同的确定标准。一种是准据法主义，主要为英美法系国家所采纳，即根据缔约国法律组建或组织、在该缔约国有办公场所并从事实际经济活动的法人实体，其中包括有限公司、股份公司、商业协会以及其他组织等；另一种则是实际控制主义，通常为大陆法系国家采纳，意指直接或间接由缔约国公民或者由该缔约国法人实际控制的实体。但欧盟新近达成的协定有放弃实际控制主义，采纳准据法主义的倾向。

综合来看，无论是美国《2012 年投资协定范本》、欧加 CETA，还是发展中国家巴西、印度、中国等最新达成的自由贸易协定，在对"投资"及"投资者"进行定义时，均体现出一些共性。第一是为了保障投资协定的适用弹性，实现国际投资法保护个人财产的价值取向，[1]"投资"多指向以"资产为基础"的投资，而并非以"企业"或"商业存在"为基础的定义。这张宽口径的"投资"解释不仅仅服务于投资保护的目的，也兼具推动服务贸易开放的功能，弥补自由贸易协定服务贸易开放较为保守的情势，使投资者得以将国际投资协定的保护延伸至可产生收益的特许经营权及合同项下。

第二是强调了投资及投资者的真实性，避免在东道国并无实质性投资的投资者借助公司上游或下游重组而挑选可适用的投资协定，而背离东道国的原本意图。例如印度修订后的双边投资协定范本要求受东道国保护的"投资者"需为在东道国"真实及实质性商业运作"的企业。CETA 对"投资"施加了"持续性"和"实际经营"的要求，《中加投资促进与保护协定》中也包含了"实质性商业运作"的要求。无论是东道国投资的"持续性"要求，还是"实质性商业运作"的要求，正是对 PT Newmont Nusa

---

① 张庆麟：《论国际投资协定"投资"的性质与扩大化的意义》，《法学家》2011年第 6 期，第 82 页。

Tenggara v Republic of Indonesia[1] 及 Phillips Morris co., v Australia[2] 等多起投资者借助改变公司股权结构而"挑选"可适用协定的回应，避免投资者对国际投资法秩序的不正当干扰。

第三是美欧协定均在条约正文或附件中详细列举自由贸易协定投资章节不予适用和保护的行业和领域，通过精确的文本和条约解释规则限制仲裁庭扩张解释自由贸易协定适用范围的权能。例如《欧盟与秘鲁、哥伦比亚自由贸易协定》以及《欧盟与泰国自由贸易协定》文本明确将矿业、核物料的生产和加工、武器、视听服务、国内海上救助以及部分国内和国际航空运输服务筛除在外。[3]

二、投资准入及开放条款

双边投资保护协定一般规定，缔约一方根据其法律（或法规、政策、行政惯例及审批部门享有的法定权限），准许缔约对方投资，不得设置障碍限制或者阻止投资，进而通过准入前国民待遇、负面清单或正面清单等

---

① 　PT Newmont Nusa Tenggara v. Republic of Indonesia, ICSID Case No. ARB/14/15. 美国 PT Newmont 公司通过在荷兰设立壳公司 PT Newmont NusaTenggara 公司，借壳对印尼投资。基于荷印 BIT 对适格投资及投资者不作限制，使其得以起诉印尼政府。

② 　Philip Morris Asia Limited v. The Commonwealth of Australia, UNCITRAL, PCA Case No.2012-12. 2012 年澳大利亚发布《简易包装法案草案》，禁止烟草公司在香烟产品上使用商标等，美国投资者菲利普·莫里斯公司认为该法案将对其商标利益构成征收，但 2006 年美澳 FTA 已弃用国际投资仲裁，敦促投资者依据东道国国内法或在政府层面解决投资争端。为发起国际投资仲裁，该公司借助其下属独立子公司菲利普·莫里斯亚洲公司收购菲利普·莫里斯澳大利亚公司后，成为符合《澳大利亚-香港 BIT》的投资者，向澳大利亚提起投资仲裁。

③ 　EU-Thailand FTA - investment chapter (draft 2013)，http://www.bilaterals. org/?eu-thailand-fta-investment-chapter&lang=en.

条款列明投资准入的范畴。

（一）准入前及准入后国民待遇条款

准入前国民待遇条款名义上为投资待遇条款，实则涉及投资在设立及并购阶段的准入和开放程度。当前以美国、加拿大、欧盟、澳大利亚、芬兰、日本、新加坡为代表的发达国家和开放程度较高的东南亚发展中国家强调东道国应对外国投资者授予准入前国民待遇，将东道国对本国投资者开放准入的行业自动延伸至外国投资者。

1994 年的 NAFTA 协定第 1102 条、1103 条首次将国民待遇和最惠国待遇提前至投资"设立、并购及扩充"时，为准入前国民待遇。此后，美国对其缔约方均输出了准入前国民待遇原则，如美国《2012 年双边投资协定范本》规定，各缔约方授予另一方投资者在建立、并购、扩张、管理、操作、运营、销售和其他投资处分行为方面的待遇，在同类情形下，应不低于本国投资者的待遇。[1]

美国对准入前国民待遇的持续输出逐步影响了欧盟的立场。欧盟逐步向美式协定靠拢，以准入前国民待遇取代准入后国民待遇。以荷式协定为代表，欧盟成员方在既往投资协定中一般对投资者仅授予准入后的国民待遇或最惠国待遇。例如《老挝与荷兰双边投资协定》规定：任何一方应授予前述投资不低于其授予本国国民和第三国投资者的待遇。但欧盟作为一个整体对外签署的自由贸易协定，如 CETA、《欧越自由贸易协定》等，均在投资章节采纳了准入前国民待遇。CETA 第 8.7 条规定：任一方对他方投资者及涵盖投资有关投资设立、并购、操作、运作、管理、维护、使用、享用、出售、处分所授予的待遇不得低于其本国投资者和投资。[2]

---

① 　*2012 U.S. Model BIT, art. 3*, pp.1-2.

② 　CETA, Article 8.7.

在美欧进一步的制度影响下，亚洲及拉美若干国家如智利、韩国、哥斯达黎加、新加坡、秘鲁等在与发达国家的协定中亦采纳了准入前国民待遇。当前，准入前国民待遇条款已为欧盟、加拿大、芬兰、日本、韩国、新加坡、泰国、智利、哥斯达黎加、秘鲁等国家所签订的 228 个双边投资协定和自由贸易协定所采纳,[①] 并为亚洲的马来西亚、越南和文莱等接受。中国亦计划在《外国投资法》中全面实施准入前国民待遇。

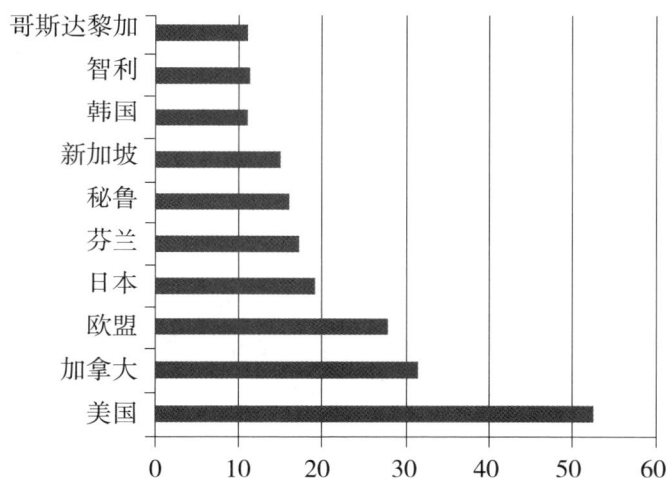

图 4-1 各国所签订的准入前国民待遇国际投资协定数目

资料来源：UNCTAD database。

与之相反的是，印度、巴西等发展中国家则在国际投资协定中一般只

---

① United Nation Conference on Trade and Development,*World Investment Report 2015: Reforming International Investment Governanc*e, United Nation，UNCTAD/WIR/2015，2015，p.110，载联合国贸易与发展委员会网，http://unctad.org/en/pages/PublicationWebflyer.aspx?publicationid=1245。

授予准入后的国民待遇，即国民待遇只延及准入后的扩张、管理、操作、运营等阶段，而并未提前至设立及并购阶段。根据联合国贸发会的统计，如图 4-1 所示，截至 2014 年年底，超过 70% 的包含准入前国民待遇的协定由美国、加拿大、芬兰、日本及欧盟等发达国家所签订。[①] 总体而言，准入前国民待遇条款在国际投资协定中的采纳呈上升趋势。

（二）正面清单与负面清单条款

在含有准入前国民待遇的国际投资协定中，各国以正面清单或负面清单形式列明其予以开放的行业。正面清单与负面清单究竟有无本质区别？有学者认为区别不大，[②] 接近于"装了一半"与"空了一半"的区别。正面清单倘若开放的行业足够广泛，不设或少设例外条款，与负面清单并没有太大的差异。[③] 但也有学者认为负面清单对于促进投资的进一步开放具有明显优势。首先，负面清单对于当前尚未形成的新兴产业的开放是自动的。[④] 故美国一贯地在投资开放中采纳负面清单模式，以便将正在形成中

---

① UNCTAD, *World Investment Report 2015: Reforming International Investment Governance*, United Nation，UNCTAD/WIR/2015, http://unctad.org/en/pages/Publication-Webflyer.aspx?publicationid=1245.

② *U.S., Other WTO Members See Hybrid Approach On Services Plurilateral, IN-SIDE U.S. TRADE (Sept. 20, 2012)*, http://insidetrade.com/inside-US-Trade/Inside-U.S.-Trade-09/21/2012/usother-wto-members-see-hybrid-approach-on-services-plurilateral/menu-id-7 I 0.html.

③ *USTR Says It Will Seek to Cover New Services in Plurilateral agreement, IN-SIDE U.S. TRADE (Jan. 17, 2013)*, http://insidetrade.com /Inside-US-Trade/Inside-U.S.-Trade-01/18/2013/ustr-says-itwill-seek-to-cover-new-services-in-plurilateral-agreement/menu-id-7 I 0.html.

④ 对于尚未形成的行业，谈判方可以通过正面清单对服务行业的灵活及扩张解释或兜底式条款将其纳入约束。

的产业，尤其是服务业纳入开放之列。① 其次，美式负面清单的《附件一》内含"定点删除功能"，该清单所列禁止或限制开放性措施一般附有"解禁期"，一旦"解禁期"到达，就应从清单中移除，无需通过正面清单的进一步谈判而实现开放。

美国、韩国、日本等国家在国际投资协定中主要采纳负面清单模式。例如美国与一些国家如智利、哥伦比亚、多米尼加、摩洛哥、也门、秘鲁等达成的自由贸易协定下，均采纳了投资开放的负面清单模式。在 TPP 中，亚太成员方也实现了接近于"全覆盖"的负面清单投资开放。在 TPP 负面清单《附件一》中，日本保留条款数目最多，达到 56 条，新西兰最少，只有 10 条；《附件二》越南保留条款最多，达到 36 条，墨西哥最少，只有 9 条。②

欧盟所主导的自由贸易协定并没有形成美式协定的强势制度控制力，并且投资开放条款设在投资章节还是服务贸易章节也会影响欧盟采取正面清单还是负面清单的态度。倘若投资相关条款为服务贸易章节所涵盖，欧盟多采取正面清单模式，以欧盟与韩国、新加坡、日本、智利、中美洲所各自达成的自由贸易协定，以及"欧洲自由贸易联盟"（EFTA）与韩国、新加坡达成的自由贸易协定为代表，以便于与 GATS 服务业正面清单开放模式一致。③ 但倘若欧盟所主导的自由贸易协定专设投资章节，且缔约方

---

① *Positive List in Services Deal Requires Periodic Renegotiation Says CSI President, INSIDE U.S. TRADE (Feb. 5, 2013),* http://insidetrade.com/201302052423579/WTO-Daily-News/Daily-News/positive-Iist-in-services-deal-requires-periodic-renegotiation-says-csi-president/mnu-id-948.html.

② 东艳、苏庆义：《解开 TPP 面纱：基于文本的分析》，《国际经济评论》2016 年第 1 期，第 37—57 页。

③ OECD, *International Investment Law: Understanding Concepts and Innovations*, OECD Publications, 2008, p.275.

开放程度较高，则多采纳"负面清单"方式，例如欧加 CETA 以及欧盟与越南 FTA 采取了负面清单模式。

金砖国家当前以采纳正面清单式的投资准入为主。中国正尝试正面清单至负面清单的转轨。在中国大陆与中国香港的"紧密经济伙伴安排"（CEPA）中，服务贸易的开放采纳了负面清单叠加正面清单的模式。《中国与澳大利亚自由贸易协定》投资章节更是别具一格，要求澳大利亚对中国适用负面清单开放，而中国先以正面清单开放，但承诺与澳大利亚尽快就中国的投资开放形成负面清单。中国当前已在国内多个自贸区试点外资准入的负面清单管理，全面实行外资准入的负面清单和准入前国民待遇也已纳入"十三五规划"，并为正在制定的《外国投资法草案》所采纳。在目前正在进行的中美双边投资协定谈判中，中美均以负面清单进行投资开发的出价和要价。但需要注意的是，即便是均采纳负面清单模式的国家，其负面清单开放力度也是有差异的。中国 2015 年发布的《市场准入负面清单（草案）》中，列举了 328 个禁止或限制性小类措施，与发达国家在国际投资协定中所列举的负面清单尚有一定差距。

三、投资待遇条款

在双边投资协定中，与外国投资者投资相关的待遇包括四种：最惠国待遇、国民待遇公平、公正待遇及最低标准待遇条款。国民待遇条款在前文已有论述，故本部分不再赘述。在国际投资协定中，美式协定一般将公平和公正待遇等同于最低标准待遇，但欧式协定中则并不将两者等同。大多数国际投资协定都给予外国投资者和外国投资以最惠国待遇，但最惠国待遇条款近年来在投资协定下的适用颇具争议，成为投资者"条约挑选"的利器，故在美式及欧式协定下进行了改革。

（一）最惠国待遇

最惠国待遇条款是保障贸易及投资非歧视待遇的基石，并被国际法学者评价为具有多边化国际投资协定的功能。[1] 但最惠国待遇条款在投资协定下的具体适用则明显背离其本意，成为投资者条约挑选的跳板。为追求最佳待遇，投资者依据基础条约最惠国待遇条款挑选其他协定下的更优惠待遇，[2] 不仅对东道国公共管制权及条约解释的一致性形成挑战，[3] 亦对欧盟投资协定改革造成负面影响。投资者屡屡挑选的都是未经改革的"旧约"，以至于近年来超过三分之二的新增投资争端均以 20 世纪 80—90 年代投资协定为依据。这种"旧约驱逐新约"的现象使那些在国际投资法演进过程中本应被淘汰的旧约依然具有"咬人"的能力，[4] 亦成为欧盟新一代投资协定改革中的障碍。仲裁庭对"条约挑选"的合法性整体持宽松态

[1]　Stephan W. Schill, *Multilateralizing Investment Treaties through Most-Favored-Nation Clauses, Berkeley J. Int'l Law,* Vol.27, No.1, 2009, p.496.

[2]　Julia chaisse, *the Treaty Shopping Practice: Corporate Structuring and Restructuring to Gain Access to Investment Treaties and Arbitration, Hastings Bus.* L.J.,Vol.11, No.2, 2015, p.225.

[3]　相关文献可见：Julien Chaisse, Treaty Shopping Practice: Corporate Structuring and Restructuring to Gain Investment Treaties and Arbitrations, Hastings Business Law *Journal,* Vol.11, No.1, 2015, p.236. Okezic Chukwumerje, *Interpreting Most-Favored-Nation Clause in Investment Treaties Arbitration,* J. World Investment & Trade Vol.8, No.1, 2007, *p.598*。徐崇利：《从实体到程序：最惠国待遇适用范围之争》，《法商研究》2007 年第 2 期；黄世席：《国际投资仲裁中的条约挑选问题》，《法学》2014 年第 1 期；朱明新：《最惠国待遇条款适用争端解决程序的表象和实质——基于条约解释的视角》，《法商研究》2015 年第 3 期，第 172 页；徐树：《国际投资仲裁庭管辖权扩张的路径、成因及应对》，《清华法学》2017 年第 3 期。

[4]　*World investment report 2017: Investment and Digital Economy,* UNCTAD/WIR/2017, p.XII, 116.

度。2000 年以来 ICSID 受理的 19 起投资者根据最惠国待遇条款挑选其他协定更优惠争端解决程序的争端中，仲裁庭在 10 起争端中支持了投资者的挑选行为。[1]

因此，近年来美欧国际投资协定均尝试对投资协定下的最惠国待遇条款进行改革，欧盟更是站到了改革的最前沿。一方面，美欧等主要资本输出国制定最惠国待遇适用例外条款，将更优惠贸易投资安排，如关税同盟、共同市场、自由贸易区、双重征税协议，[2] 或特定行业如航海、海运和渔业，[3] 或特定事项如政府采购、[4] 知识产权、[5] 争端解决程序等[6] 排除在最惠国待遇适用范围之外，限制该条款的"破坏性条约挑选"功能。[7]

---

① 朱明新：《最惠国待遇条款适用争端解决程序的表象和实质——基于条约解释的视角》，《法商研究》2015 年第 3 期，第 175 页。

② 见《德国双边投资协定范本（1998）》第 3 条第 3 款和第 4 款；《中国-新西兰自由贸易协定》将自由贸易区、双边税收协议等排除在外；NAFTA 协定将缔约方在 NAFTA 协定生效前签署或生效的双边或多边国际协议；《加拿大投资协定范本（2004）》将缔约方此前签署的双边或多边协定排除在外，或本国已签署或未来将签署的涉及建立、加强或扩充自由贸易区的协定。《欧越自由贸易协定》第 4.5 条将缔约方经济一体化所产生的投资开放、双边税收协议下待遇排除在外。

③ 加拿大双边投资协定范本将航空、海洋运输、渔业排除在最惠国待遇条款适用范围之外；《中国-新西兰自由贸易协定》将渔业、海事排除在最惠国待遇条款之外。NAFTA1103 条的例外附件四将航空、渔业、海事包括海上救助或通信传输网络和通信传输服务所给予的待遇排除在外。

④ NAFTA 协定附件将政府采购排除在外。

⑤ 《欧洲能源宪章》将知识产权保护排除在最惠国待遇适用范围之外。

⑥ TPP, Art. 9.5. TPP 将其他投资协定下的程序性权利排除在最惠国待遇条款适用范围之外；《中国-新西兰自由贸易协定》将争端解决程序排除在最惠国待遇条款之外。

⑦ Maffezini v. Kingdom of Spain, ICSID Case No. ARB/97/7, Award, Q 63 (Nov. 13, 2000), 5 ICSID Rep. 419 (20) (P).

另一方面，以 CETA 和 JEEPA 等欧式协定为代表，欧式投资协定对最惠国待遇条款的"待遇"一词进行了限制性解释。CETA 第 8.7 条第 3 款指出"待遇"并不包括投资者与东道国在其他投资协定和贸易协定下的投资争端解决程序，东道国在其他投资协定和贸易协定下承担的实体义务亦不构成"待遇"，缔约方没有采取或维持那些义务并不构成本条款的违反。[①]这项解释实则将欧盟和加拿大既往协定，尤其是旧约中的实体和程序待遇悉数排除在适用范围之外。JEEPA 框架协议同样规定最惠国"待遇"不包括争端解决程序，并规定缔约一方与非缔约方达成的国际协定中的实体规则（其他条款）本身不构成本协定下的"待遇"。但进一步解释道，缔约一方对这些条款的作为或不作为可能构成待遇，并可能构成对最惠国待遇条款的违反，该违反是：（1）对本协定条款的违反而不是所述的其他条款的违反；并且（2）在涵盖投资的情形下，对涵盖投资造成损失或损害，而并不是在争端解决案件中基于其他条款可获得的赔偿数额有差异。[②] 易言之，在 JEEPA 未对东道国施加特定义务时，投资者不得因东道国所签署的其他协定制定该项义务而依据最惠国待遇条款要求获得相同待遇。只有在 JEEPA 与其他协定同时规定了东道国某项义务时，投资者方能针对 JEEPA 低于其他投资协定的待遇向东道国提出质疑。[③] 以 CETA 和 JEEPA 最惠国待遇条款为代表的欧式条款堪称当前改革力度最大的最惠国待遇条款。

（二）公平公正待遇及最低标准待遇

公平公正待遇曾是南北国际投资协定下最具争议性的条款。该条款本

---

①　CETA，Art.8.7.

②　JEEPA in Principle, Chapter of Investment, Art.3.

③　王燕：《欧盟新一代投资协定的"反条约挑选"改革——以 CETA 和 JEEPA 为分析对象》，《现代法学》2018 年第 2 期。

身模糊不清，国际投资仲裁庭又在既往投资争端中对公平公正待遇条款进行任意及扩大的解释，严重挑战了东道国公共政策制定及管制权限，使发达国家在 21 世纪国际投资协定中对该条款作了适度澄清和限制，降低了争议，而发展中国家虽倾向于回避该条款，但也制定了具有类似功能的替代条款。

在美国主导的国际投资协定中，例如《美国与中美洲及多米尼加自由贸易协定》（US-DR-CRAFT）、《美韩自由贸易协定》（KORUS）以及美国《2012 年 BIT 范本》，多将公平公正待遇条款与最低标准待遇条款等同，并对公平公正待遇作限制性解释，强调公平公正待遇"并未要求东道国创建附加待遇及实体权利"。[①] 欧加 CETA 则以"正面清单"方式列明了违反"公平公正待遇"的具体形式，包括：（1）在刑事、民事和行政诉讼中拒绝司法；（2）在司法及行政程序中根本地违反正当程序原则，包括根本地违反透明度原则；（3）明显的专断；（4）基于明显的不正当理由，例如国籍、性别、种族或宗教信仰，进行有针对性的歧视；（5）虐待投资者，包括强制、监禁及侵扰，[②] 并另以"负面清单"的方式列明东道国的合法管制行为并不构成对公平公正待遇的违反。

基于发展中国家在既往国际投资仲裁中往往被裁决为违反公平公正待遇的败诉方，故对公平公正待遇条款较为排斥，在国际投资协定的缔约中对该条款持两种态度。一是直接回避公平公正待遇条款，《欧盟与越南自由贸易协定》便没有包含该条款。印度在 2009 年更新本国双边投资协定范本之后，亦回避了"公平公正待遇"条款，但为避免发达国家对其国内司法系统拖延审理的批评，承诺作为东道国不得拒绝司法，向投资者提供正当程序，不对

---

① 2007 KORUS, Article 11.5, http://www.ustr.gov/trade-agreements/free-trade-agreements/korus-fta/final-text.

② Comprehensive Economic and Trade Agreement, Article 8.10.

投资者明显地滥用权限，① 故间接接受了公平公正待遇的核心内容。第二种态度是沿用传统的公平公正待遇条款，多存在于南北谈判实力差距较大的国际投资协定中，或同样作为资本输出国的发展中国家所签订的国际投资协定中。例如《中加投资促进与保护协定》第 4 条规定，任一缔约方应按照国际法，赋予投资公平和公正待遇并提供全面的保护和安全。

从当前欧美主导的国际投资协定来看，接受公平公正待遇条款但对其进行限制解释已成为主流。即便印度等发展中国家在本国 BIT 范本中回避该条款，但亦承诺授予公平公正的司法救济程序、不拒绝司法等，亦体现了对该条款一定程度的接受。

四、征收补偿条款

相对于 20 世纪宽泛的征收、征用条款，21 世纪后无论是欧美主导的投资协定还是发展中国家重构后的投资协定范本，均收紧了对征收及间接征收条款的解释，尤其是间接征收条款的解释。第一，多数国际投资协定细化了"间接征收"的构成要件，例如美国《2012 年 BIT 范本》及 US-DR-CRAFT 要求仲裁庭在决定是否构成间接征收时应考虑的三个要素：政府行为的经济影响、对投资者合理及特定投资回报的影响、政府行为的性质，② 从而回应了早先的仲裁裁决仅关注投资者利益影响的不全面性。第二，多数国际投资协定列明不构成"间接征收"的情形。各投资协定多将征税排除在间接征收之外，或说明"非歧视的"政府管制行为不构成间接征收，例如 US-DR-CRAFT 强调非歧视的用以保护合法公共福利目标，

---

① 印度在投资协定范本中将"对投资者滥用权限"解释为持续的、不公正的以及粗暴的强制和侵扰。

② CAFTA-DR, annex 10-C, P 4(b), 2012 U.S. Model BIT, annex B(4)(b).

如公共健康、安全、环境的管制行为在一般情形下不构成间接征收。

此类限制性的间接征收条款在美欧各自主导的国际投资协定中非常普遍，也为中国、印度、巴西等发展中国家所移植。但在征收补偿上，南北国家仍保留了一些差异，美国主张充分、及时、有效的"赫尔"补偿原则，传统上拉美国家曾主张卡尔沃主义的"适当"补偿原则。尽管卡尔沃主义在美式制度同化下逐渐有沦为制度遗产的倾向，但印度、中国仍对"赫尔"原则做了限制。例如《中加投资促进与保护协定》基本接纳了征收补偿的及时及有效原则，但将"充分"的补偿改为"公平"的补偿。[①]

五、投资履行要求条款

投资履行要求是投资东道国在投资准入及维持期间对投资者及投资施加的出口表现、当地购买、当地雇佣等要求。与进出口贸易直接相关的投资履行要求如出口表现和进口替代要求已为 TRIMs 所禁止，故 WTO 成员方多在国内法规中删除了对货物贸易产生直接影响的履行要求。除此之外，美欧对于非直接影响进出口贸易的履行措施在双边投资协定或自由贸易协定中进行了额外的规制。

例如 TPP 第 9.9 条要求任何成员方不得对另一方投资的设立、并购、扩张、管理、实施、运行、销售或其他有关投资的处分施加或执行履行要求，包括：（1）出口给定水平或比例的产品或服务；（2）达到给定本土化水平或比例；（3）购买、使用本土生产的产品，或对本土生产或从本土个人购买的产品给予优惠待遇；（4）以出口数量或获得的外汇收入价值限制进口的数量或价值；（5）以出口数量或获得的外汇收入限制本土销售的产品或服务的价值；（6）对本国个人转让特定的技术、生产方式或其他知识

---

① 《中加投资促进与保护协定》第 10 条。

产权；（7）向本土个人购买、使用技术或给予该技术优惠待遇或阻止对本区域内特定技术的购买、使用或优惠待遇的授予；或（8）采取许可合同特定的特许权使用费率或许可使用合同的期限。[①]

欧式高标准自由贸易协定除了包含前述美式协定的禁止投资履行要求条款，还在协定中吸收了 GATS 有关服务贸易数量限制的禁止性条款，补充在投资章节的履行措施中。例如 CETA 和 JEEPA 均吸收了 GATS 第 16 条和第 17 条的服务贸易开放条款，促进区域投资协定与多边服务贸易规则的兼容性，以回应区域贸易协定对多边协定造成的碎片化问题。以欧日 JEEPA 为例，该协定投资章节在框架结构上与既往双边投资协定完全不同，在文本条款方面向 GATS 靠拢。其文本最为突出的一点，便是根据 GATS 第 16 条的结构制定投资开发的数量限制条款，如按照框架协议投资准入的规定，任何缔约方不得维持或采取下列投资措施：（A）施加限制于（i）企业的数目，无论以数量配额，垄断，专营或经济需求方式；（ii）交易或资产价值，采用数量配额或满足于经济需求方式；（iii）运营总数或产出总数，采用数量配额或经济需求方式；（iv）外资参股最高比例或外资投资单次价值或总量；（v）特定部门可聘请自然人的总数或企业可最多聘请自然人总数，以及需满足特定数目或经济需求。（B）限定缔约对方开展经济行为的特定法人实体或合营企业方式。[②]

中美欧当前在投资履行要求中争议最大的是技术当地化问题。禁止当地化条款（forced localization）主要为美欧所制定，针对发展中东道国在引入外资和技术时，将外国投资者向东道国企业转让特定技术作为引入外资条件的措施。禁止技术当地化条款目前在美式国际投资协定中最为常

---

① 　TPP, *Investment Chapter, Article 9.9.*

② 　*JEEPA in Principle,* http://trade.ec.europa.eu/doclib/docs/2017/july/tra-doc_155710.pdf.

见，也出现在欧加 CETA 中。美国《2012 年双边投资协定范本》禁止东道国要求投资者转让特定技术、生产程序或其他产权知识，或要求适用东道国及东道国生产商提供的技术以对当地供应商提供保护。[①]CETA 也要求东道国不得要求投资者向本国企业或个人转让特定技术。[②] 这类条款与美国国内 2013 年 7 月发布《对华高科技出口管制政策》一道实施，阻止中国获取出口材料、电子器件、计算机、信息安全等领域的技术，并通过阻止我国企业收购美国高科技企业的方式对华进行技术封锁。[③]

禁止技术当地化条款具有明显的针对中国等新兴经济体的特征。对此类条款，发展中国家在签订投资协定时也出现了回避或折中的做法。以 2012《中加投资促进与保护协定》为例，其中禁止当地成分等竞争性条款的规定维持与 WTO 下《与贸易有关的投资措施协议（TRIMs）》一致，并未出现禁止当地化条款。

六、一般例外及安全例外条款

一般例外条款构成东道国政府合法管制权限的保护阀，在上世纪的投资协定中大多缺位，但在 21 世纪国际投资协定中补充，并借鉴了《关贸总协定》（GATT）第 19 及 20 条的基本规定。多数投资协定认可政府基于保护环境、历史文化遗产、人类生命健康、收支平衡等合法目的进行投资管制的需要。

安全例外条款成为东道国保护国家安全及限制外国投资的有力武器，

---

① 2012 U.S. Model BIT, art. 8, P 1(f), (h).

② Comprehensive Economic and Trade Agreement, Article 8.4.

③ 赛迪智库：我国如何应对美国高科技封锁，新华网，http://www.js.xinhuanet.com/2015-08/31/c_1116423272.htm。

但在当前的适用中也存在被东道国滥用以实行技术封锁和行业保护的倾向。美国《2012 年双边投资协定范本》将缔约方所采纳的维护或恢复国际和平及安全所必要的措施，或保护其自身必要的安全利益措施排除在投资协定保护之外，[①] 以配合联邦法对外商持股限制的《埃克松-弗洛里（Exon-Florio）法》的实施，使美国可对战略服务业的外商投资比例作出限制，并便于美国总统以"国家安全"为由禁止外商并购，实施歧视性投资待遇。[②] 中国在最新的《中国与澳大利亚自由贸易协定》中则参照 GATT 第 21 条设立了安全例外规定。

七、其他条款

前述列举投资协定条款只是国际投资协定的部分重要内容，双边投资协定和自由贸易协定投资章节中还有汇兑和转移、外资管理模式、代位权、企业管理制度、税收政策、劳工制度、社会责任、环境保护、保护伞条款等条款。例如多数投资协定都会规定东道国对投资者转移（以可自由兑换货币汇出）投资及收益的范围、条件、程序等问题，规定东道国应允许自由兑换货币、自由转移投资财产和收益，但是也规定投资企业必须符合缔约国国内的金融管制制度，特殊情况下可以限制或禁止自由汇兑和转移财产。

保护伞条款的发展动向也值得关注。在处理自由贸易协定投资章节与外部投资保护公约和协定的关系时，传统荷式黄金保护标准通过保护伞条款赋予投资者援引 TRIPS、TRIMs 的权利，并将投资者与东道国政府之

---

① 2012 U.S. Model BIT, art. 18.2.

② Nicholas A. Phelps and Philip Raines, *The New Competition for Inward Investment: Companies, Institutions and Territorial Development*, Massachusetts: Edward Elgar Publishing, 2003, pp.38-39.

间的合同争议上升为条约争议，允许投资者发起国际仲裁机制进索赔。新版欧式协定如 CETA、JEEPA 等与美式协定一样，不再制定保护伞条款，严格限制投资争议的扩大化。

此外，21 世纪美、欧、加等发达国家最新签订的投资协定中涉及市场竞争的条款出现了新的发展趋势，国企竞争中立原则逐步进入投资协定的范围。国企竞争中立条款最初为澳大利亚所倡导，后蔓延至美国、欧盟主导的国际投资协定中，旨在调整国企占比较高国家如中国、俄罗斯及巴西企业在全球的竞争优势。例如 TPP 规定"国家直接持股 50% 以上，或控制 50% 以上投票权，或享有董事会或其他同等管理机构多数成员任命权的从事商业行为的企业"，[1] 应公开其国家持股比例，在商业活动中遵从商业考虑的竞争原则，不得享受非商业协助等。[2]《美韩自由贸易协定》《欧韩自由贸易协定》中也制定了此类条款。中国所签署的自由贸易协定中尚未针对国企制定单独条款，但在《中加双边投资协定》中规定在转让国有企业资产时，中方被授予在销售或以其他方式处分某一现存国有企业或某一现存政府机构中的政府股东权益或资产时，采取禁止或限制获得股东权益或资产所有或控制的措施，对高级管理人员或董事会人员指定国籍，[3]避免受到美欧"国企竞争中立"规则的影响，致使中国在并购中须授予外资企业与国有企业同等的并购权。

从前述投资及投资者定义、投资准入及待遇条款、征收条款、履行措施等条款比较分析可见，当前发达国家及发展中国家所签署的国际投资协定在多数实体条款上趋向一致。但基于南北发展阶段的不一致，南方国家在投资准入模式上实现准入前国民待遇及负面清单的转化尚需时日。在对

---

① See *Trans-Pacific Partnership Agreement,* Article 17.1: Definitions.

② See *Trans-Pacific Partnership Agreement,* Article 17.4-17.6.

③ 《中加投资促进与保护协定》第 8 条。

最惠国待遇条款进行改革时，也因美欧各自改革方案不同而存在一些条款差异，投资竞争条款中的国有企业竞争中立规则和禁止技术当地化规则目前为美欧所大力推进，但未出现在新兴发展中国家所签署的投资协定中。

第三节　国际投资争议解决的程序条款

国际投资仲裁机制产生以来，为国际投资协定广泛采纳，但在适用过程中也因过度保护投资者，挑战东道国的公共政策及条约解释不一致而备受争议。20 世纪末至 21 世纪初，美国立足于"投资者主导"的国际投资仲裁机制，以《北美自由贸易协定》国际投资仲裁条款为基础，对仲裁程序的透明度和参与性，以及仲裁机制的问责性不断加以改进，以增强美式投资仲裁制度的全球影响。欧盟 2016 年则以 CETA 和《欧越自由贸易协定》的签署为契机，试水"东道国主导"的常设仲裁机制，在协定中启动多边投资仲裁庭的谈判。

一、国际投资仲裁条款的四种形式

如下表 4-1 所示，当前国际投资争端解决条款亦成为国际投资协定中分歧比较明显的一类条款，并在主要资本输出国及资本输入国之间出现了四种态度。第一种是以欧盟主导的常设仲裁模式，以永久的常设仲裁庭取代目前的在个案基础上形成的临时仲裁庭，纠正了国际投资仲裁机制的"非中心化"缺陷。仲裁员名册固定，仲裁员需符合严格的任职资格要求及竞业禁止规定，在个案中由仲裁机构随机指派，[①]并通过上诉机制改善国际投

[①]　*Comprehensive Economic and Trade Agreement*, Article 8.27, 8.28, 8.3.

表 4-1　国际投资仲裁机制不同模式比较

类型	NAFTA改进模式	常设仲裁模式	东道国司法救济优先模式	不设国际投资仲裁模式
代表协定	美国主导的FTA、TPP、中澳 FTA等	CETA、欧越 FTA	印度2009年 BIT范本，中国与多数发展中国家BIT	澳大利亚与发达国家FTA，TPP中智利、秘鲁、墨西哥及越南不适用ISDS；2015年巴西与安哥拉及莫桑比克的投资促进协定
仲裁员指定权	仲裁员由争端方指定	仲裁员由仲裁庭指派，仲裁庭常设①	仲裁员由争端方指定	
程序透明度	除保密信息，听审、书面材料、仲裁会议纪要、裁决一般公开②	除保密信息，听审及所有书面材料应公开，适用经修改的《UNCITRAL透明度规则》	一般没有程序透明度条款	
法庭之友意见书	可接受③	可接受④	不接受	
上诉机制	启动协商程序，但尚未设立⑤	已设置	无，裁决为终局的	
多边ISDS机制	无	成员方应协商建立⑥	无	

资料来源：根据 TPP、CETA、中澳 FTA、印度 BIT 范本等整理。

---

① 常设仲裁员共 15 名，5 名来自欧盟，5 名来自加拿大，5 名来自第三国。

② *Trans-Pacific Partnership Agreement,* Article 9.23.

③ *Trans-Pacific Partnership Agreement,* Article 9.22.

④ 协定并设置了仲裁庭采纳法庭之友意见书的程序。除非争端方在仲裁庭形成后 5 日内作出反对意见，仲裁庭可收取不请自来的法庭之友意见书，对意见书需载明的内容也做了规定，仲裁庭须向争端方说明对意见书的评论。*Comprehensive Economic and Trade Agreement,* Annex29-A, paras 40-45.

⑤ *Trans-Pacific Partnership Agreement,* Article 9.22.

⑥ *Comprehensive Economic and Trade Agreement,* Article 8.29，规定成员方应与其他贸易方谋求建立多边投资仲裁及上诉机制，并规定一旦建立，CETA 合作委员会应作出决议将 CETA 协定下的争议按照该多边投资仲裁机制处理，并制定过渡措施。

资仲裁的问责性。这类仲裁条款以欧加 CETA 及《欧越自由贸易协定》为代表。第二类是美国主导的 NAFTA 改进模式，保留争端方对仲裁员的选择权，但改善仲裁机制的透明度及问责性，以 TPP 协定、USMCA 协定等为代表。第三类以印度主导的国际投资协定为代表，强调在发起国际投资仲裁之前，穷尽东道国本地司法救济措施或以本国司法救济措施的使用为优先。第四类则以澳大利亚与美国、欧盟、日本签订的国际投资协定为代表，倡导不适用国际投资仲裁机制，而依托东道国国内救济机制。[①]下文就欧盟主导的常设仲裁模式和美国主导的 NAFTA 模式进行具体论述。

二、国际投资仲裁机制改革下的美式与欧式条款

NAFTA 模式是在"传统双边投资协定模式（传统 BIT 模式）"的基础上改进而成的。传统 BIT 模式形成于 20 世纪 60 年代。[②]该模式脱胎于商事仲裁制度，授予投资者对东道国政府违反国际投资协定的行为提起仲裁的权利，允许其自由选择"国际投资争端解决中心（ICSID）""联合国国际贸易法委员会（UNCITRAL）"所提供的仲裁规则或双方约定的其他仲裁规则开展仲裁，而国际投资协定对仲裁员指定、仲裁程序的透明度和参与性、上诉机制、投资者挑讼行为、竞合或平行程序等不作限定或补充。这种模式在 20 世纪 90 年代之前发达国家与发展中国家签订的双边投资协定中比较常见。

---

① 除了澳大利亚不主张适用国际投资仲裁机制外，2015 年巴西与安哥拉及莫桑比克的投资促进协定也未设国际投资仲裁机制。

② 本文所指"传统 BIT 模式"特指 ICSID 及 UNCITRAL 规则尚未作出修订和补充前国际投资协定所采纳的国际投资仲裁机制。2006 年 ICSID 规则修订后对仲裁程序透明度和参与性进行了改善，2013 年 UNCITRAL 亦通过了《透明度规则》。因此即便国际投资协定争端方在协定中并没有对投资仲裁程序作出附加规定，倘若适用修订后的 ICSID 规则及 UNCITRAL 规则，其程序透明度及参与性等亦是改善了的。

　　20 世纪 90 年代之后，国际投资环境发生重大变化。新兴国家崛起后，南南合作、北北合作增加，资本流动不再限于南北国家之间依附型流动，而呈对等关系。国际投资争端也由北南案件主导的特征转变为北北案件及北南案件平分秋色的局面。1998 年新增的国际投资争端，北北案件首度超过北南案件。2002 年至 2004 年期间，北北案件更是占据该期间新增国际投资争端的 60% 以上，随后虽有所回落，但仍超过北南案件。[①] 以 Grand River Enterprises Six Nations Ltd v. United States、[②] Methanex Corp v. United States、[③] Philip Morris Asia Limited v. Australia[④] 等案为代表的北北案件，多由跨国公司发起，争议对象多为发达国家的公共健康及环境政策，而不再是传统上东道国政府对投资财产的直接征收措施。投资争议类型的改变，催生国际投资仲裁机制功能的转变。资本输出国所提供的条约文本不仅需具备海外投资利益保护的"攻击性"功能，也需具备防范境外投资

---

　　① *Thomas Schultz and Cédric Dupont, Investment Arbitration: Promoting the Rule of Law or Over-Empowering Investors?* A Quantitative Empirical Study, 25 European Journal of International Law 1147 (2014).

　　② Grand River Enterprises Six Nations Ltd v. United States, Award, ICSID Case No. ARB/10/5, 2011, para.127. 加拿大大河公司认为美国政府与烟草公司之间达成的每出售一支香烟便向美国政府缴纳一定数额香烟疾病救治费用的协议构成了间接征收，仲裁庭认为东道国措施并未构成征收。

　　③ Methanex v. United States , Award, 2005, Part IV, Chapter D. 美国加州政府制定水资源保护行政命令，禁止含有甲醇制剂农药的使用，梅思恩公司提起仲裁，该案仲裁庭认为乙烷与甲醇非同类产品，针对甲醇的法令不存在歧视，未违反《北美自由贸易协定》国民待遇条款。

　　④ Philip Morris Asia Limited v. The Commonwealth of Australia, UNCITRAL, PCA Case No.2012-12. 澳大利亚 2013 年《烟草简易包装法案》及修订的《商标法》禁止烟草产品外包装使用商品装潢及商标。菲利普·莫里斯公司以澳大利亚政府"间接征收"其商标利益和财产为由提起仲裁。该案最后以海牙国际仲裁庭（PCA）驳回菲利普公司的赔偿请求而告终。

者滥诉，制约本国政府提供公共健康、环境等公共产品职能的"防御性"功能，[1] 并得以改善国际投资法制环境。[2]

美国率先对国际投资仲裁机制作出调整。1994 年 NAFTA 协定第 11 章国际投资仲裁条款对"传统 BIT 模式"进行了修订，形成了"北美自由贸易协定模式（NAFTA 模式）"。"NAFTA 模式"仍允许争端方选择 ICSID 及 UNCITRAL 等投资仲裁规则，但在协定中对 ICSID 及 UNCITRAL 规则做了补充或限制。例如，该协定增强仲裁程序的透明度，允许非争端第三方及法庭之友提交意见书，[3] 构成对"传统 BIT 模式"的补充。并且，在争端方未能指定仲裁员或首席仲裁员的情形下，该协定将 ICSID 仲裁规则下世界银行行长对仲裁员的指定权转移至《北美自由贸易协定》秘书处，[4] 强化了争端方对仲裁员的控制，对"传统 BIT 模式"进行了限制。

1994 年，NAFTA 协定对国际投资仲裁机制的改革并不彻底，虽然改善了国际投资仲裁程序的透明度与参与性，但未从根本上解决仲裁庭的问责性不足和裁决非一致问题。因此，在 NAFTA 协定后，美国持续对"NAFTA 模式"进行改进，在《美国与中美洲五国和多米尼加自由贸易协定》及《美国与新加坡自由贸易协定》中提出设置上诉机制的构想，[5] 以便改进仲裁机制的问责性。2015 年 10 月 5 日一度达成的 TPP 协定有关仲裁程序透明度、第三方参与、上诉机制的条款亦延续了美式国际投资协定

---

[1]　王燕：《区域法治规则治理与政策治理模式的比较与探析》，《法商研究》2016 年第 2 期，第 162 页。

[2]　*Thomas Schultz and Cédric Dupont, Investment Arbitration: Promoting the Rule of Law or Over-Empowering Investors?* A Quantitative Empirical Study, 25 European Journal of International Law 1149 (2014).

[3]　See NAFTA, Article 1128, 1137.

[4]　See NAFTA, Article 1124.

[5]　See CAFTA–DR–US, Annex 10–F; US–Singapore FTA, Article 15.26.

对"NAFTA 模式"进行改革的传统。[①] 当前"NAFTA 模式"在美国之外，为加拿大、日本、韩国等签订的国际投资协定所采纳，[②] 中国也在 2014 年签署的《中加投资促进及保护协定》及 2015 年签署的《中澳自由贸易协定》中采纳了这种模式。

欧盟对国际投资仲裁机制的改革要晚于美国，但改革力度更大。1999 年金融危机后，欧盟各成员国比利时、希腊、塞浦路斯因调整财政政策纷纷陷入投资争端，[③] 使欧洲议会不得不正视国际投资仲裁机制对欧盟公共政策的挑战，要求欧盟委员会制定具体政策，避免成员国的公共政策成为投资者起诉的对象。[④] 此后，改革甚至废除国际投资仲裁机制的呼声在欧盟各成员国此起彼伏。在与美国的"跨大西洋贸易与投资伙伴协议"谈判中，欧洲市民高呼废除国际投资仲裁机制，而欧洲议会及欧盟委员最后决定在投资仲裁中保留国际投资仲裁机制，但对其进行大幅改革，例如严格限定仲裁员资质和任期、固定仲裁员名册、设立上诉机制等。[⑤]2015

---

① *See Trans-Pacific Partnership Agreement,* Article 9.9, 9.23, 9.22.

② 参见《美日双边投资协定》《韩国与智利自由贸易协定》《加拿大与智利自由贸易协定》等。

③ See Ping An v. Kingdom of Belgium, ICSID Case No. ARB/12/29; Poštová banka, a.s. and ISTROKAPITAL SE v. Hellenic Republic, ICSID Case No. ARB/13/8; Marfin Investment Group v. The Republic of Cyprus, Notice of Dispute (Jan. 23, 2013).

④ *European Commission, Proposal for a Regulation of the European Parliament and of the Council Establishing a Framework for Managing Financial Responsibility Linked to Investor-State Dispute Settlement Tribunals Established by International Agreements to Which the European Union is Party,* 335 (2012), http://trade.ec.europa.eu/docib/docs/2012/june/tradoc_149567.pdf), 2016 年 1 月 20 日访问。

⑤ European Commission, *Trade for All- towards a More Responsible Trade and Investment Policy,* Pt.4.1.2 (2015), http://www.eesc.europa.eu/?i=portal.en.events-and-activities-trade-for-all, 2016 年 1 月 20 日访问。

年5月欧盟贸易委员提交的一份报告提出设立常设仲裁庭的构想。① 最终建立常设仲裁庭，设立"东道国主导"的"常设仲裁模式"出现在2016年欧盟与加拿大和越南分别达成的 CETA 及《欧越自由贸易协定》中。"常设仲裁模式"与"NAFTA 模式"一致的是，投资者依然可以选择适用 ICSID 及 UNCITRAL 等仲裁程序规则，国际投资协定对仲裁程序的透明度、第三方参与等问题做了较多的补充。"常设仲裁模式"与"NAFTA 模式"的显著区别体现在三方面。第一，"常设仲裁模式"设立常设仲裁庭，固定仲裁员名册，设有仲裁员资质、任期及与律师竞业禁止等规定，仲裁员名册由缔约国确定和更换。② 在具体的投资争端中，仲裁庭根据随机的原则指派仲裁员裁决案件，投资者和东道国均不再享有对具体争端的仲裁员指定权。③ 第二，"常设仲裁模式"下，国际投资仲裁机制设有上诉机制，上诉庭的构成以及上诉审查权限已确定，④ 不再是"NAFTA 模式"下缔约国仍需谈判的事项。第三，根据 CETA 的规定，常设仲裁庭当前仅为缔约方之间的双边仲裁庭，但未来意图发展为一个

---

① See Cecilia Malmström, *Investment in TTIP and Beyond-the Path for Reform: Enhancing the Right to Regulate and Moving from Current ad hoc Arbitration towards an Investment Court,* Concept Paper (2015), http://trade.ec.europa.eu/doclib/docs/2015/may/tradoc_153408.PDF, 2016 年 1 月 20 日访问。

② *Comprehensive Economic and Trade Agreement,* Article 8.19-8.29, Annex29-A, paras 40-45.

③ *Comprehensive Economic and Trade Agreement,* Article 8.27. 常设仲裁机构设置仲裁员 15 名，5 名来自欧盟，5 名来自加拿大，5 名来自第三国。对具体争端进行裁决的仲裁庭由 3 名仲裁员组成，一名来自欧盟，一名来自加拿大，一名来自第三国，仲裁员由仲裁机构指派，并需符合随机、不可预见及轮流的原则。因此与以往国际投资仲裁不同的是，投资者与东道国不再享有对个案仲裁员的指定权。

④ *Comprehensive Economic and Trade Agreement,* Article 8.28.

多边的仲裁机构。倘若该多边投资仲裁庭得以设立，缔约方现有投资争端将根据多边仲裁机制裁判。① 但"常设仲裁模式"仍在摸索阶段，仅在欧盟与加拿大及越南分别达成的自由贸易协定中出现，尚不具有普遍性。

可见，美国与欧盟为改进国际投资仲裁机制，在"传统 BIT 模式"的基础上，采纳了不同的路径，并存在明显的制度分歧。美欧有关国际投资仲裁机制改革的制度之争实际上反映了美欧对于改革国际投资仲裁机制应采纳路径的认识分歧，亦反映了两者对国际投资仲裁制度的领导权之争。

三、美欧不同国际投资仲裁改革路径下的制度领导权之争

2013 年美国与欧盟在发起"跨大西洋贸易与投资伙伴协议"（TTIP）谈判后，国际投资仲裁机制改革究竟应采纳美式的"NAFTA 模式"还是欧盟所提倡的"常设仲裁模式"发生正面交锋。美国与欧盟对各自模式的坚持，除反映前文所述的改革路径认识分歧，亦反映了美欧争夺国际投资仲裁制度领导权的不同需要。

由美国立场来看，推动"NAFTA 模式"为更多国家所采纳更有利于巩固美国在国际投资仲裁机制领域的制度优势。首先，推广"NAFTA 模式"有利于美国巩固世界银行下属 ICSID 对国际投资仲裁案件管辖的主导性。"NAFTA 模式"允许投资者自由选择 ICSID、UNCITRAL 及其他可适用的仲裁程序规则，但在实践中，多数国际投资仲裁申请均向 ICSID 提起。1972 年至 2010 年期间，ICSID 受理的国际投资仲裁申请为 324 件，约占该期间国际投资仲裁数目的 60%，同期根据 UNCITRAL 规则提交的

---

① *Comprehensive Economic and Trade Agreement*, Article 8.29.

仲裁申请为 162 件，约占 30%。① 世界银行作为美国创设的布雷顿森林
体系下的三大国际组织之一，其下属 ICSID 对国际投资争端管辖的优先
性，代表了美国在国际投资仲裁机制上的制度优势。"常设仲裁模式"虽
授权投资者选择适用 ICSID 仲裁规则，但以常设仲裁庭受理争端为前提，
必然减损 ICSID 对投资争端的管辖、仲裁员指定及仲裁程序的控制，淡
化 ICSID 在国际投资争端解决中的主导性。因此，美国对"NAFTA 模式"
的推广有利于延续 ICSID 对国际投资仲裁争端的管辖优势。

其次，从美国创建"NAFTA 模式"开始，沿区域路径推广美式国
际投资仲裁规则，便成为其渐进地掌握国际投资仲裁制度主导权的一种
路径。当前"NAFTA 模式"已为主要资本输出国的国际投资协定所采
纳，美式制度推广已取得显著成效。因此相对于接受欧盟的"常设仲裁模
式"，继续推广"NAFTA 模式"更有利于美国对国际投资仲裁制度的主导。
2002 年美国《贸易促进授权法》要求贸易代表以美国模型创建自由贸易
协定下的争端解决机制，② 以便美国可以自己的标准对国际贸易与投资争
端解决机制模型化，创造一套为本国投资者所熟悉的程序。③ 因此，在《北
美自由贸易协定》后，美国先与立场一致国家或话语弱势国家，如新加坡、

① Thomas Schultz and Cédric Dupont, *Investment Arbitration: Promoting the Rule of Law or Over-Empowering Investors? A Quantitative Empirical Study,* 25 European Journal of International Law 1147 (2015). 这个数据不是非常精确，该文作者统计了 1972 年至 2010 年期间 ICSID、海牙国际仲裁庭、国际商会、斯德哥尔摩商会仲裁院所受理的国际投资仲裁数目以及在这些机构之外的投资者根据 UNCITRAL 规则提起的临时仲裁申请数目。这个期间有记录的仲裁申请为 541 起。

② *Bipartisan Trade Promotion Authority Act of 2002,* 19 U.S.C. §§ 3801-3802 (Supp. II-2000).

③ Eric Gilman, *Legal transplant in Trade and Investment Agreements: Understanding the Exportation of US Law to Latin America,* 41 Georgetown Journal of International Law 263 (2009).

澳大利亚、智利、中美洲五国、多米尼加、巴林、摩洛哥等，缔结国际投资协定，采纳美式国际投资仲裁规则，进而借助缔约方进一步的对外缔约实现对美式投资仲裁规则的推广。欧盟"常设仲裁模式"对仲裁程序透明度、参与性等改革在制度上与美式规则相距不大，亦源于美式规则对与欧洲经贸往来密切国家加拿大等国家的影响。[①]亚洲各国受"NAFTA 模式"的影响也日趋明显。继新加坡、日本和韩国采纳"NAFTA 模式"后，中国的国际投资仲裁条款亦出现与美式规则靠拢的倾向。2007 年后，中国在与发达国家的国际投资协定谈判中采纳《北美自由贸易协定》文本，故与发达国家的国际投资仲裁条款以"NAFTA 模式"为主。例如《中加投资促进及保护协定》与《中澳自由贸易协定》的国际投资仲裁条款均允许非争端第三方提交书面材料，增强了仲裁程序的透明度，《中澳自由贸易协定》甚至启动上诉机制的谈判。

最后，对"NAFTA 模式"的区域化推广，亦便于美国以其在区域机构下的制度优势弥补多边机构影响力的不足。尽管如前文所述，ICSID 对国际投资争端的受理体现了美国在国际投资仲裁制度上的制度优势。但 ICSID 作为多边机构，当其成员方增加时，美国的控制力便会减弱。因此"NAFTA 模式"在对"传统 BIT 模式"改革时，规定在适用 ICSID 仲裁程序规则时，争端方倘若未能指定首席仲裁员，将由美国所签署的双边或区域国际投资协定所设机构进行指定，而非由世界银行行长任命。[②]"NAFTA 模式"的这项改革旨在以美国在双边及区域协定下的制度控制优势，强化美国对首席仲裁员的指定权。欧盟所倡导的"常设仲裁模

---

① 尽管《欧加全面经济与贸易协定》采纳了"常设仲裁模式"，但在此之前，加拿大《2004 年双边投资协定范本》与美国《2004 年双边投资协定范本》在国际投资仲裁机制上的规定是相同的。

② See NAFTA, Article 1124.

式"未来将推动区域仲裁庭的多边化。这意味着除了当前的倡导国欧盟、加拿大和越南之外，其他发达国家及新兴发展中国家均可加入。美国并非该制度的创设国，不具有制度设计的先动优势。该仲裁机构的多边性亦与美国在双边和区域协定下强化和补充本国制度主导权的意图不符。因此，"常设仲裁模式"并不符合美国以若干控制力度更强的双边或小型区域网络替代控制力度较弱的多边网络的立场。

基于前述三点，在当前"NAFTA 模式"已为主要资本输出国家之间所适用的情形下，美国借助国际投资协定的签署，对美式投资仲裁模式进一步推广，相对于另起炉灶，与具有一定话语优势的欧盟进行多边仲裁机制谈判，显然为更优方案。

欧盟的立场恰与美国相反。2016 年欧盟"常设仲裁模式"的出台，不仅缓释了域内市民对国际投资仲裁机制的强烈不满，亦正面与美国展开制度竞争。欧盟坦言道，避免"NAFTA 模式"的"传染"正是其创设"常设仲裁模式"的一个重要原因。[①] 金融危机后，欧盟受累于欧元区经济危机、难民危机及英国脱欧等因素，在全球经济治理中被质疑为"过度代表"，强势话语权不再。欧盟亟须寻求话语联盟，在选定领域展开与美国的制度竞争。国际投资仲裁机制作为尚未多边化的领域，当下又面临各国对该制度的质疑和不满。欧盟以改革国际投资仲裁制度为契机，与加拿大等国家联合，在 ICSID 之外另起炉灶，不失为寻求话语联盟，挑战美国制度主导权的有益尝试。并且，"常设仲裁模式"东道国主导的公法特征使该机构与欧洲人权法院接近，不仅扩大了欧盟司法体系的全球影响，亦有利于欧盟对仲裁员及律师的培养和输送。

但是需要看到的是，欧盟所倡导的"常设仲裁模式"要与"NAFTA

---

① Mark A. Clodfelter, *The Future Direction of Investment Agreements in the European Union*, 12 Santa Clara Journal of International Law 173 (2013).

模式"一较高下，存在较强的不确定性，"NAFTA 模式"在未来较长的一段时间内仍将保持竞争优势。第一，由采纳"常设仲裁模式"与"NAFTA 模式"国家的资本流动来看，2015 年欧盟作为一个整体为全球第一大资本输出国和输入国，美国为全球第二大资本输出国和输入国，日本为第三大资本输出国，中国则为第三大资本输入国及第四大资本输出国。① 表面上看，当前采纳"NAFTA 模式"的美国、日本及中国与主张"常设仲裁模式"的欧盟在资本输出量上不相伯仲，意味着美欧在对外谈判时均可借助资本输出的优势游说缔约方接受本国所青睐的模式。但欧盟的资本输出以域内流动及对美国的投资为主，在游说其他资本输入国接受其国际投资仲裁条款时的实际谈判力不如美国。

第二，欧盟未来发起多边仲裁庭谈判时，倘若美国不响应，这意味着多边投资仲裁庭的条约谈判及运行成本会较高，并在适用中难以摆脱各国投资者对 ICSID 的路径依赖。首先由国际投资仲裁的条约依据来看，《美国与阿根廷双边投资协定》以及《北美自由贸易协定》分别为国际投资仲裁发起频次最高的双边投资协定和自由贸易协定，②《美国与中美洲及多米尼加自由贸易协定》及《欧洲能源宪章》紧随其后。③ 也就是说，当前

---

① UNCTAD, *World Investment Report 2016*, 196–197, Annex table 1 (2016), http://unctad.org/en/PublicationsLibrary/wir2016_en.pdf , 2016 年 6 月 20 日访问。该报告对欧盟各成员国的资本流入及流出进行单独统计，本文将欧盟作为整体进行统计，与投资报告得出结论并不一致。

② UNCTAD, *World Investment Report 2015: Reforming International Investment Governance*, 114 (2015), http://unctad.org/en/pages/PublicationWebflyer.aspx?publicationid=1245, 2016 年 6 月 20 日访问。

③ Thomas Schultz and Cédric Dupont, Investment Arbitration: Promoting the Rule of Law or Over-Empowering Investors? A Quantitative Empirical Study, 25 European Journal of International Law. 1147 (2014). 需要注意的是，《欧洲能源宪章》采纳的并非"常设仲裁模式"。

"NAFTA 模式"在国际投资争端中适用频率最高。欧盟、加拿大、越南在发起多边投资仲裁庭谈判时，其他国家可能因对"NAFTA 模式"的路径依赖而加入意愿不强，增加其谈判及缔约成本。其次，投资者是国际投资仲裁的发起者，投资者意愿是决定国际投资仲裁案件管辖权的重要因素。截至 2014 年年底，在已知的 608 起国际投资仲裁申请中，美国投资者发起了 129 起投资仲裁，荷兰、德国及法国投资者发起了 145 起投资仲裁。[①]尽管美国和欧盟投资者均为国际投资仲裁的主要发起者，但欧盟各成员国投资者所依据投资仲裁条款并非全是"常设仲裁模式"，尚不能证明"常设仲裁模式"与"NAFTA 模式"一样能为投资者所广泛接受。并且如前文所述，当前 60% 的国际投资仲裁申请是向 ICSID 提交的。投资者向 ICSID 提交投资仲裁申请并适用 ICSID 规则的路径依赖可能会诱发条约挑选行为，在相当长时间内影响多边投资仲裁庭受理的投资争端数量，增加其运行成本。

四、中国国际投资仲裁机制条款及改革立场

中国当前与发达国家所签订的国际投资仲裁条款总体上介于第二种与第三种之间。根据《中加投资促进与保护协定》，倘若中国为东道国，投资者需先使用国内救济措施（包括复议措施），4 个月内无法解决，可提起国际投资仲裁，一旦仲裁，国内法院诉讼全部撤回。倘若加拿大为东道国，国际投资仲裁以放弃国内行政及司法程序为前提。[②] 在仲裁透明度方

---

① UNCTAD, *World Investment Report 2015: Reforming International Investment Governance* 2015, http://unctad.org/en/pages/PublicationWebflyer.aspx?publicationid=1245, 2015, p.115. 荷兰、英国、德国、法国等分别发起 67、51、42、36 件仲裁。基于英国脱欧，故未统计进去。

② 《中加投资促进与保护协定》附件 C.21(1), 附件 C.21(3)。

面，裁决要求公开，至于争端方各自向仲裁庭提交的意见书等书面材料，可根据被诉争端方认为是否于公共利益有关而公开，如此可便利加拿大根据国内民主程序要求，在作为被诉东道国时公开相关材料，而中国在作为被诉东道国时维持保密。[①] 中澳 FTA 投资章节进一步向 NAFTA 改进模式靠拢，亦设有启动仲裁上诉机制谈判的规定，但与《中加投资促进与保护协定》一样，在程序透明度等方面，中国仍有保留。此外，中国在与发展中国家早期签订的 BIT 采纳了第三种国际投资仲裁条款，要求先行适用东道国国内行政救济措施，并在国际投资仲裁机制与东道国国内司法救济措施之间设有"岔路口"条款，一旦在东道国国内寻求司法救济，便丧失诉诸国际投资仲裁的权限。[②]

中国作为全球资本输入大国及资本输出大国，投资保护制度的改革无疑对中国意义重大。针对国际投资仲裁机制的改革，中国可采取下述三种立场。第一，接受"常设仲裁模式"，未来与欧盟、加拿大等国家共同组建多边投资仲裁庭。第二，对"NAFTA 模式"根据中国国情加以改进，并以"一带一路"基础设施建设为契机，将其扩充适用至中国与发展中国家所签署的国际投资协定中。第三，建议将国际投资仲裁机制纳入 WTO 争端解决机制，在 WTO 下建立多边投资争端解决机制。[③] 在对这三种路径加以评价时需注意三点。第一，多边路径与区域或双边路径并不必然排斥，国际投资仲裁机制的多边谈判及实现是个长期的过程，在此之前中国可借助双边及区域仲裁机制培养本国仲裁员，发展仲裁法律服务。第二，对欧盟"常设仲裁模式"的评价应区分常设仲裁庭和多边仲裁庭两种发展

---

① 《中加投资促进与保护协定》第 28.2 条，也可见 2004 Canadian Model BIT, art. 38. http://italaw.com/documents/Canadian2004-FIPA-model-en.pdf。

② 可见中国与印度尼西亚的 BIT。

③ Gary Clyde Hufbauer, *How will TPP and TTIP Change the WTO System?* 18 Journal of International Economic Law. 675 (2015).

的可能性。① 第三，在选择多边路径时应预测及评估中国与欧盟共同组建多边仲裁庭或在 WTO 下组建多边仲裁机制可各自实现的制度影响力，中国对本国仲裁员的输送能力，以及不同路径所采纳的仲裁程序规则是否符合中国的现实国情及可行性。在选择区域路径时应评估中国的资本输入和资本输出流量、流向和发展趋势，以确定中国所采纳的国际投资仲裁条款所应具备的防御性或攻击性功能。

　　根据前述标准，考虑到制度控制因素，中国在多边路径上建议将国际投资仲裁机制纳入 WTO 争端解决机制相对于赞同欧盟的多边投资仲裁庭构想更有利于中国等发展中国家利益。欧盟所建议设立的多边仲裁庭虽为"东道国主导"型机制，但其严格的仲裁员资质要求意味着中国将较难向多边投资仲裁庭输送大量符合资质的仲裁员。并且，由仲裁程序规则来看，欧盟多边投资仲裁庭的程序透明度、第三方参与要求较高，除保密信息外，争端方提交的任何书面及口头材料均应不迟延地公开。② 然而，无论是与发达国家还是与发展中国家所签署的国际投资协定，中国政府则更习惯维系投资争端解决的一定封闭性及保密性。在"法庭之友"参与方面，中国本土非政府组织参与诉讼能力有限，中国作为东道国时将难以利用该机制对抗过度的投资保护，并应以缅甸密松水电站项目终止为鉴，③ 避免东道国非政府组织过度地参与损害中国海外投资利益。WTO 争端解决机制相对较为封闭，更适于中国目前的国情。在既往争端解决中，上诉机构成员均能审慎地维护国家条约签订的"同意意志"，维持了中立性，鲜少扩张性地解释条约，可纠正当前仲裁员扩张性解释投资协定而过度保护投

---

　　①　换言之，欧盟"常设仲裁模式"下常设仲裁庭应与"NAFTA 模式"进行对比，多边仲裁庭的构想则与 WTO 争端解决机制对比。

　　②　*See Comprehensive Economic and Trade Agreement,* Article 8.28.

　　③　人民日报记者探访停工后的缅甸密松水电站：中缅两败俱伤，http://www.guancha.cn/Neighbors/2014_01_06_197706.shtml，2016 年 5 月 6 日访问。

资者的失衡状态。这对于在仲裁机制中难以输送仲裁员的中国而言是有利
的。由国际投资制度的多边化来看，国际投资仲裁机制纳入 WTO 争端解
决机制，亦有助挽回 WTO 的颓势，推动"国际投资协定（IFA）"的谈判。
因而中国联合发展中国家力量在下一届部长级会议中将该议题纳入不失为
明智之举。

但在倡议将多边仲裁机制纳入 WTO 时，为减少与美欧的分歧，降低
发展中国家的疑虑，中国需提出具有灵活性及包容性的方案。例如在多边
化路径上，可先开展诸边合作，进而推广为多边合作。《争端解决谅解》
第 25 条对仲裁机制预留了空间，① 但将国际投资仲裁纳入 WTO 争端解决
机制，仍需对《争端解决谅解》所适用法律及程序等作出修订，获得成员
方协商一致同意或超过三分之二多数成员方的同意，无疑难度较大，故可
考虑在《争端解决谅解》之外以诸边协定的方式先行谈判，倘若谈判得以
达成，随着加入成员方的增多再将其多边化。② 又如在仲裁规则和程序方
面，多边投资仲裁机制倘若纳入 WTO，应允许争端方适用 ICSID 及 UN-
CITRAL 等仲裁程序规则以避免与现行国际投资仲裁实践完全脱离，在程
序透明度方面参照《中加投资促进及保护协定》及《中澳自由贸易协定》
的灵活规定，将仲裁通知、仲裁裁决列为应予公开的材料，将争端方向仲
裁庭提交的书面及口头材料列为可以公开的材料，③ 或将是否公开的决定

---

① 《争端解决谅解》第 25 条虽授权成员方适用仲裁机制，但要求成员方在提起
仲裁时获得全体成员方同意，对仲裁的具体程序未做规定。

② 根据《马拉喀什建立世界贸易组织协定》第 9.1 条及 9.5 条，诸边协定的通
过也需要成员方协商一致同意，但基于诸边协定仅对接受该协定的成员方适用，并不
影响其他成员方，因此为其他成员方同意的可能性较高。考虑到 WTO 当前不少发展
中成员方在国际投资协定中仍坚持先穷尽国内司法或行政救济手段，进而才适用国际
投资仲裁机制，故笔者认为先以诸边谈判的方式推进难度较小。

③ 参见《中澳自由贸易协定》第 17 条。

权交由东道国政府决定。①

　　须承认的是，将国际投资仲裁机制纳入 WTO 争端解决机制，无论是对《争端解决谅解》进行修订，还是另行达成诸边协定或多边协定，这对于当前立法职能陷于困境的 WTO 而言无疑都是很大的挑战。并且，这种路径会削弱美国主导下的 ICSID 对国际投资争端的管辖权，难以获得美国的支持。倘若在 WTO 设置多边投资仲裁庭的方案难以成功，中国未来亦可与欧盟等区域和国家进行多边投资仲裁庭谈判，但应坚持仲裁员选拔的区域代表性，使中国等发展中国家亦可向多边仲裁庭建议或指派仲裁员，并适度降低欧盟常设仲裁模式下的仲裁程序透明度及参与性要求。

　　其次，在区域路径上，基于中国目前的发展阶段，中国更适宜采纳适度调整后的"NAFTA 模式"。第一，由《2015 年度中国对外直接投资统计公报》所公布的全球投资存量可见，中国的资本输入和输出分别位居全球第三和第八，但由投资增量来判断，2015 年中国资本输入居第三，资本输出居第二，且资本输出超过同期资本输入，实现净输出。② 在"一带一路"建设的背景下，中国未来的资本输出仍将保持一定的增势。第二，由资本的来源和去向看，中国香港地区及欧美发达国家当前为中国资本主

---

　　① 《中加投资促进及保护协定》第 28.2 条规定：争端方向仲裁庭提交的书面及口头材料，由被诉争端方判断是否与公共利益相关，决定是否公开。

　　② 这些数据是根据国务院发布的《2015 年度中国对外直接投资统计公报》所显示的，与前文联合国贸易发展委员会（UNCTAD）发布的《国际投资报告 2016》数据有出入。中国资本流出在前一个报告中显示为 1456 亿美元，在后一个报告中显示为 1275.6 亿美元，因此排名不一致。另外，前文在排名时以欧盟 27 个成员国为整体计算，此处引用的《2015 年度中国对外直接投资统计公报》以欧盟各成员国的投资流量分别排名。参见《2015 年度中国对外直接投资统计公报》，http://map.mofcom.gov.cn/article/tongjiziliao/，2016 年 6 月 20 日访问。

要的输入来源及输出对象，[①] 并随"一带一路"建设的开展，中国向沿线欠发达国家的资本输出将会逐渐增加。第三，再由中国政府及中国投资者所涉国际投资争端来看，目前中国投资者在国际投资仲裁舞台上逐渐活跃，海外求偿案件较东道国政府被诉案件多。[②] 自 2007 年首起谢业深诉秘鲁案后，[③] 中国投资者又相继提起了黑龙江经济技术合作公司诉蒙古政府案、[④] 平安保险诉比利时案、[⑤] 北京城建公司诉也门政府案等，[⑥] 争议事项多为东道国政府对投资政策的改变。第四，最后由中国目前在国际投资协定中采纳的仲裁模式来看，中国在与发达国家签订的国际投资协定中主要采

---

① 由《2015 年度中国对外直接投资统计公报》显示，中国大陆对外投资主要流向中国香港、荷兰、开曼群岛、英属维尔京群岛和百慕大群岛，除了中国香港地区和荷兰，其他地方均为避税港，实际资本使用地主要为欧美发达国家。

② 漆彤:《论中国海外投资者对国际投资仲裁机制的利用》,《东方法学》2014年第 3 期，第 89 页。

③ See Tza Yap Shum v. Republic of Peru, ICSID Case No. ARB/07/6, 香港居民谢业深因秘鲁政府征收其在秘鲁境内的一家鱼粉公司向 ICSID 提出国际投资仲裁申请。

④ 2010 年 1 月，黑龙江国际经济技术合作有限公司和北京首钢矿业公司等三家中国企业，就蒙古国政府撤销其矿业许可证的行为提起国际投资仲裁。*China Heilongjiang International Economic & Technical Cooperative Corp., Beijing Shougang Mining Investment Company Ltd., and Qinhuangdaoshi Qinlong International Industrial Co.* Ltd. v. Mongolia, UNCITRAL, PCA, http://www.italaw.com/cases/279, 2016 年 5 月 6 日访问。

⑤ 2007 年平安保险公司先后投资 238 亿元人民币，收购比利时富通集团 4.99%的股份。2008 年下半年，国际金融危机爆发，富通集团出现严重的流动性危机，比利时政府以 94 亿欧元对富通集团实施国有化，导致平安保险公司损失超过 200 亿人民币。平安保险公司因此对比利时政府提出国际投资仲裁申请。Ping An v. Belgium, ICSID Case No. Arb/12/29.

⑥ 北京城建集团在也门首都萨那承建的萨那国际机场新航站楼项目因被取消而向也门政府提起国际投资仲裁。Beijing Urban Construction v. Yemen, ICSID, Case No. Arb/14/30.

纳了"NAFTA 模式"，但与发展中国家如与东盟国家中的泰国和越南以及乌兹别克斯坦的国际投资协定，只包含一至两个国际投资仲裁条款，所保护的投资种类及范围有限，并设有穷尽东道国当地救济手段的前置要求及国际投资仲裁机制与国内救济措施二选一的岔路口条款。① 综合而言，中国对外签署的国际投资协定应兼具攻击性及防御性功能，与发展中国家签订的国际投资仲裁条款尤其应侧重于攻击性功能，中国国际投资仲裁制度改革的当务之急是在与发展中国家的国际投资协定中更替国际投资仲裁条款。"常设仲裁模式"与"NAFTA 模式"均可满足投资保护的需求，但"常设仲裁模式"透明度、参与性等要求更高，常设仲裁庭机构设置及维持成本也明显较"NAFTA 模式"更高，尚不适于当前中国国际投资仲裁案件数量不高的情形，并在与发展中国家的缔约中难以推进。

　　因此，在中国当前向欠发达国家投资增长的情势下，中国可以"一带一路"建设为契机，优先推动与沿线各国的国际投资协定签订及修订，② 推广适用"NAFTA 模式"，并根据中国国情进行适当调整。第一，扩充国际投资协定下投资及投资者解释，以便能兼容"一带一路"基础设施建

---

① 根据中国与东盟的《服务贸易协议》，中国与泰国、越南的投资争端解决，投资者一旦诉诸国内救济程序，则不得诉诸国际投资仲裁机制，与其他国家则可终止国内救济程序后，再提起国际投资仲裁机制。另根据《中国与乌兹别克斯坦双边投资协定》第 12.2 及 12.3 条，缔约一方可将诉求提交（1）另一方法院；（2）ICSID 中心；（3）UNCITRAL 设立的仲裁庭；（4）双方同意的其他仲裁机构及仲裁庭。缔约一方可要求投资者在提交仲裁之前，用尽该方法律和法规所规定的国内行政复议程序。若投资者已将争议提交缔约一方有管辖权的法院或国际仲裁，上述四种程序的选择应是终局的。

② 中国与沿线伊拉克、约旦、巴勒斯坦、孟加拉、阿富汗、马尔代夫、尼泊尔、不丹、拉脱维亚、波黑、黑山这 11 个国家尚未签订双边投资协定，因此与这些国家的投资往来面临签订国际投资协定纳入国际投资仲裁机制的需要，而与其他国家则面临修订国际投资仲裁条款的需要。

设不同项目的投资方式及合同安排。中国当前与"一带一路"沿线国家所签署的国际投资协定所列投资种类较窄，是否包括中国在沿线国家中的各类建筑项目和工程合同存在不确定性。在前文所述北京城建诉也门政府案中，争端方正是因对投资协定下的"投资"是否包含"建筑工程合同"产生了争议。① 第二，在与沿线国家的国际投资协定中，中国应尽量避免制定岔路口条款及穷尽当地救济程序的前置要求。"一带一路"沿线国家除了东南亚国家，大多法制水平比较落后，国内行政及司法救济程序耗时较长，在与其进行国际投资协定修订时，取消岔路口条款及穷尽当地救济措施的要求对于中国投资者更为有利。第三，中国在与沿线国家的国际投资协定中宜规定仲裁员选任资质，固定仲裁员名册，以便为双边及区域国际投资仲裁培养及输送中国仲裁员。② 第四，中国在推广"NAFTA 模式"时，宜渐进地推动国际投资仲裁机制的透明度和参与性改革，以中国与加拿大及澳大利亚国际投资协定为范本，区分可予公开及应予公开的仲裁材料，并规定在争端双方书面同意的情形下方可接受法律之友意见书。③

---

① 《中国与也门双边投资协定》第 1 条规定，"投资"系指缔约一方投资者在缔约另一方的领土内依照该缔约另一方的法律和法规直接或间接投入的所有资产和所有股金，特别是，但不限于：（一）动产、不动产及所有其他财产权利，如抵押权和质权、实物担保、用益权和类似权利；（二）股份、股票和企业中其他所有形式的参股；（三）债权和其他任何具有经济价值的行为请求权；（四）著作权、商标、专利权、商名和其他所有工业产权、专有技术和工艺流程；（五）依法授予的公共权益的特许权，包括勘探和开发自然资源的特许权。也门政府认为建筑工程合同不属于第 1 条所列举的"投资"范畴。

② 基于"一带一路"沿线国法制发展水平普遍较中国落后，中国在向仲裁机制输送仲裁员方面较沿线国家更具优势。

③ 参见《中澳自由贸易协定》第 16.3 条、第 17 条。

第五章 中国参与全球投资治理
体系建构：现实基础

中国建设性参与全球投资治理的体系建构，全面提升本国在全球经济治理中的制度性话语权，需以其强劲的投资实力作为后盾。因此本章将对中国参与全球投资治理体系建构的现实基础进行分析，以便根据中国在国际直接投资中的投资规模、产业结构、投资主体、投资目的国等特征确立中国参与全球投资治理的战略路径。

第一节 中国对外投资的历史演进

1949—1978 年，中国拥有少量的对外直接投资，主要从事贸易活动，基本属于贸易型的海外投资。中国真正意义上的对外直接投资始于 1979 年。相对于其他主要经济实体，尤其是发达国家，中国的对外直接投资起步较晚，但是发展迅速。改革开放以来，中国对外直接投资从无到有，从有到多，从多到强，经历了一个飞跃式发展阶段。从我国对外直接投资规模和投资特点来看，可以把我国对外直接投资的发展历程划分为四个阶段，即起步探索阶段（1979—1985 年）、稳步发展阶段（1986—1991 年）、加速发展阶段（1992—2001 年）和快速发展阶段（2002 年—至今）。

一、起步探索阶段（1979—1985 年）

1978 年，党的十一届三中全会作出了以经济建设为中心和改革开放的伟大决定，后来又提出了经济建设应综合应用"国内资源"和"国外资源"、打开"国内市场"和"国外市场"的政策方针。从此，我国对外直接投资正式进入起步探索阶段。1979 年 8 月 13 日，国务院提出了 15 项经济改革措施，首次明确提出"要出国办企业"的号召。1981 年原外经贸部颁发《关于在国外开设合营企业的暂行规定》及《关于在国外开设非贸易性企业的暂行规定》，1984 年制定了《中国对外投资开办非贸易性企业的暂行审批程序和管理办法》，这些都为中国当时的对外直接投资的发展创造了良好的环境。

在此阶段，出现了一批早期的对外投资企业。1979 年 11 月，北京市友谊商业服务公司同日本东京丸一商事株式会社合资在东京开办了"京和股份有限公司"，建立起中国对外开放以来的第一家在海外开办的合资企业。1980 年，中国成立了第一家境外合营企业——京和株式会社及其免税店，同年，中国第一家中外合资金融企业——中芝兴业财务有限公司和第一家海外控股公司——加拿大塞尔加纸浆厂相继成立。1980 年 3 月，中国船舶工业总公司、中国租船公司同香港环球航运集团合资成立了"国际船舶投资公司"，总部设在百慕大，并在香港设立了"国际船舶代理公司"。该公司最初投资额为 5000 万美元，中方投资占 45%，这是当时中国对外投资额最大的一个项目。

从 1979 年到 1985 年的 7 年间，中国对外直接投资额从 0.0121 亿美元增加到 2.98 亿美元，我国政府共批准在国外开办非贸易性的合资、合作、独资企业 189 家，总投资额为 2.98 亿美元，其中中方投资总额为 1.97 亿美元，分布在 45 个国家和地区，特别是以香港、澳门为主，投资主体是以竞争实力较强的国有企业为主，涉及的领域主要有餐饮、加工生产装配、承包工程、咨询服务、贸易等传统行业，加工制造业的投资较少，整体的投资规模不大。这一阶段是中国试探性的摸索对外直接投资的途径的开始，一些小规模、低水平的对外直接投资在这时开始起步。

二、稳步发展阶段（1986—1991 年）

1985 年 7 月，原对外经贸部根据国务院指示的精神，颁布的《关于在国外开设非贸易性合资企业的审批程序和管理办法》，简化了中国海外投资的审批程序，并下放了一些审批权限给地方部门，指出"只要是经济实体，有资金来源，具有一定的技术水平和业务专长，有合作对象，均可申请到国外开设合资经营企业"。此后不久，国家外汇管理局颁发了《海外投资外汇管理办法》，原国家计划委员会颁发《关于加强海外投资项目管理的意见》。1988 年，国务院正式批准了中国化工进出口总公司为跨国经营的试点。在此期间，中国政府亦先后与一些国家签订了相互促进和保护投资的协定。在这些有利因素的影响下，中国对外直接投资逐步发展起来，进入了稳步发展阶段。

1986—1991 年年末，企业数从 1985 年的 189 家增加到 1991 年的 1008 家，新增非贸易性境外企业 819 家，平均每年增加 136 家；年末累计投资额从 1985 年的 2.96 亿美元增加到 1991 年的 31.49 亿美元，增长了 963.85%；年末累计中方投资总额从 1985 年的 1.97 亿美元增加到 1991 年的 13.95 亿美元，增长了 608.12%；1985—1987 年，中国出现了第一次对外直接投资高潮。此阶段对外直接投资的特点是，海外投资企业数量不断增加，投资数量和规模显著提高，投资领域开始多元化，地域分布扩大，截至 1992 年年底，我国企业已在世界上 120 个国家和地区设立了国外企业。海外投资的行业也由对外工程承包、服务业、贸易等传统行业向资源开发、加工装配、交通运输、医疗卫生等行业延伸。投资主体由专业外贸公司和省市国际经济技术合作公司向大中型生产企业和综合金融企业扩展。投资区域由发展中国家和港澳地区扩展到部分发达国家。在这一阶段，中国涌现出一批在国际市场上初具经济规模并有一定竞争力的企业，如中国远洋运输集团公司、首钢集团、中国国际信托投资公司、深圳赛格集团等跨国企业。

三、加速发展阶段（1992—2001 年）

经过十几年改革开放的实践，中国的国内建设取得了伟大的成就，中国经济实力和综合国力都有了较大幅度的提高，20 世纪 90 年代初，中国的改革开放政策走向了又一个"十字路口"。1992 年，邓小平南巡把中国经济体制改革和对外开放推向了一个新的发展阶段。同年，党的十四大提出建立社会主义市场经济体制。1994 年 7 月 1 日，出台《对外贸易法》。1996 年外经贸部制定《境外投资企业审批程序和管理办法》，财政部制定《境外投资财务管理暂行办法》。1997 年 9 月，党的十五大提出要"努力提高对外开放水平"，第一次明确提出"鼓励能够发挥我国比较优势的对外投资，更好地利用国内国外两个市场、两种资源"。1998 年 2 月中共十五届二中全会上明确指出："在积极扩大出口的同时，要有领导有步骤地组织和支持一批有实力有优势的国有企业走出去，到国外去，主要是到非洲、中亚、中东、中欧、南美等地投资办厂。"2000 年 10 月，中共十五届五中全会审议通过的《中共中央关于制定国民经济和社会发展第十个五年计划的建议》首次明确提出"走出去"战略。2001 年 12 月多哈会议正式通过中国成为世贸组织第 143 个成员国，为中国的对外直接投资，开辟了更为广阔的国际空间，中国对外直接投资步入加速发展阶段。

在此阶段，中国对外直接投资的水平比前一阶段有了明显的提高。这一阶段中国对外直接投资的特点是，对外直接投资主体逐步从以外经贸公司为主向以大中型生产企业为主转变，并且出现了一批民营或民间资本参股的大中型企业和集团，投资领域较为广泛，包括资源开发（矿业开采、林业开发、远洋捕鱼等）、制造加工、交通运输、仓储业、批发零售、商业服务、农业及农产品综合开发等诸多领域；截至 2001 年中国政府批准海外投资覆盖的国家和地区也达到了 156 个，投资区域从以港澳、北美地区为主向以亚洲、拉美、非洲等广大发展中国家为主转移。

四、快速发展阶段（2002 年至今）

2001 年 11 月，中国顺利加入 WTO，为中国企业对外直接投资带来机遇和挑战，国家加大力度实现"走出去"战略。在此期间，中央和相关职能部门陆续出台了一些支持中国对外直接投资的法律法规，如 2002 年10 月原外经贸部先后颁布《境外投资联合年检暂行办法》和《境外投资综合绩效评价办法（试行）》。2004 年 8 月，商务部与外交部联合发布了《对外投资国别产业导向目录》。2004 年 10 月，国家发展和改革委员会颁布《境外投资项目核准暂行管理办法》。2004 年 12 月，商务部修正制定了《对外直接投资制度》。2006 年，商务部组织召开了首次"境外中资企业商会工作会议"，并出台了《境外投资产业指导政策》。2007 年，商务部会同有关部门印发了《关于鼓励支持和引导非公有制企业对外投资合作的意见》。2009 年 7 月，外汇管理局发布了《境内机构境外直接投资外汇管理规定》。2009 年 3 月，商务部发布《境外投资管理办法》。2014 年 10 月，商务部发布新修订的《境外投资管理办法》。以上政策为我国对外直接投资提供了良好的发展空间，我国对外直接投资进入了快速发展阶段。

这一阶段是中国对外直接投资稳定、高速、持续增长的阶段。这一阶段的快速发展得益于以下两方面：一方面是中国加入 WTO，实现"走出去"战略，中国企业走出国内，迈向国际市场，积极参与国际竞争与合作；另一方面是随着改革开放的推进，中国企业不断成长壮大，以及现代企业制度的建立，加之国内产业结构调整，国内企业纷纷实现国际化战略。在此阶段，中国对外直接投资流量规模由 2002 年的 27 亿美元增至 2013 年的1078.4 亿美元，对外投资存量也由 2002 年的 299 亿美元增加到 2013 年的6136 亿美元，无论是投资存量还是年流量都有了十几倍的增长。截至 2013年年底，我国有 1.53 万家境内投资者在国（境）外设立了 2.54 万家对外直接投资企业，分布在全球 184 个国家（地区），我国已经成为继美国、日本之后的世界第三大对外投资国，我国对外直接投资仍将以较快的速度发展。

第二节　中国对外投资规模："海外中国"体量分析

中国对外直接投资经过 30 多年的发展，经历了起步探索、稳步发展、加速发展和高速发展四个阶段。在此四个阶段中，中国经历了 1992 年市场经济改革、1997 年东南亚金融危机、2001 年中国加入 WTO、2002 年之后中国政府开始实施"走出去战略"以及 2007 年爆发的全球金融危机等事件。这些事件都影响了中国对外直接投资的发展历程，中国对外直接投资发展有所波动，但总体来说是不断上升和增长的，中国对外直接投资数量逐渐增加，投资区域不断扩大，投资领域日渐多元化，中国对外直接投资既实现了量的飞跃，又实现了质的提升，中国已经成为仅次于美国、日本之后的全球第三大对外直接投资国，是全球投资领域的一股新生力量，形成"海外中国"的现象。下面我们具体从投资总额、投资区域和投资领域等几方面说明"海外中国"的强大。

一、投资总额分析

改革开放初期，在经济发展水平比较落后的情况下，我国的对外直接投资规模一直较小。但是，经过 30 多年的不断发展，特别是进入 21 世纪后，我国的对外直接投资已初具规模，并且呈现出持续的快速增长的态势。

从对外直接投资流量来看，1982 年，我国对外直接投资流量仅仅为 0.4 亿美元，1985 年对外直接投资流量突破 5 亿美元，达到 6.3 亿美元，1991 年又上了一个新台阶，对外直接投资流量突破 10 亿美元。此后多年，我国对外直接投资总是徘徊不前。一直到 2002 年，我国对外直接投资流量突破了 20 亿美元，达到 27 亿美元。从此以后，我国对外直接投资步入发展的"快车道"，2004 年对外直接投资流量突破 50 亿美元，2005 年突破 100 亿美元。2008 年，我国对外直接投资又上了一个新的台阶，突破了 500 亿美元，达到了 559.1 亿美元。尽管受到 2008 年全球金融危机的影响，世界经济遭受重创，对我国经济影响颇大，但是我国对外直接投资还是逆势上扬，2013 年，中国对外直接投资流量创下 1078.4 亿美元的历史新高，中国对外直接投资规模首次突破千亿美元大关。

从对外直接投资存量来看，1982 年，我国对外直接投资存量只有 0.4 亿美元，1984 年，我国对外直接投资存量突破 10 亿美元，达到 13.5 亿美元；1991 年，我国对外直接投资存量突破 50 亿美元，达到 53.7 亿美元；1993 年，我国对外直接投资存量突破 100 亿美元，达到 137.7 亿美元；2007 年，我国对外直接投资存量突破 500 亿美元，达到 572.1 亿美元；截至 2013 年年底，我国对外直接投资存量达到 6604.8 亿美元。2014 年，中国对外直接投资继续高速增长，创下 1231.2 亿美元的历史最高值，同比增长 14.2%。自 2003 年中国发布年度对外直接投资统计数据以来，连续 12 年实现增长，2014 年流量是 2002 年的 45.6 倍，2002—2014 年的年均增长速度高达 37.5%。2014 年，中国对外直接投资与中国吸引外资仅差 53.8 亿美元，双向投资首次接近平衡，正在成为净资本输出国。自 2012 年以来，中国连续三年成为世界第三大对外投资国，2014 年，中国更是以 1290 亿美元首次超过美国成为全球最大外商直接投资目的国。中国已经成为全球投资领域的一股新生力量，形成"海外中国"的现象。

从对外直接投资流量来看（如图 5-1），1991 年，中国对外直接投资流量突破 10 亿美元；1992 年，中国对外直接投资流量又突破 40 亿美元。此后多年，我国对外直接投资总是徘徊不前，一直到 2002 年，我国对外直接投资流量突破了 20 亿美元，达到 27 亿美元，从此以后，我国对外直接投资步入发展的"快车道"，2004 年对外直接投资流量突破 50 亿美元，紧接着 2005 年突破 100 亿美元，2008 年，我国对外直接投资又上了一个新的台阶，突破了 500 亿美元，达到了 559.1 亿美元。尽管 2008 年全球金融危机的影响，世界经济遭受重创，对我国经济影响颇大，但是我国对外直接投资还是逆势增长；2013 年，中国直接对外投资规模首次突破千亿美元大关，达到 1078.4 亿美元；2016 年，中国对外直接投资流量创下 1961.5 亿美元的历史新高。

（单位：亿美元）

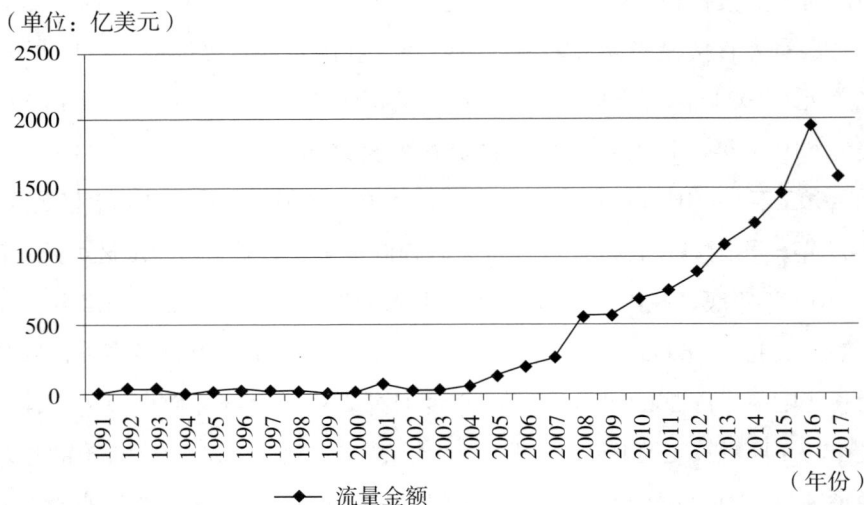

图 5-1　1992—2017 年中国对外直接投资流量趋势图

从对外直接投资存量来看（见表 5-1），2002 年，我国对外直接投资

存量将近 300 亿美元，全球排名第 25 位；到 2007 年，我国对外直接投资
存量突破 1000 亿美元，达到 1179.1 亿美元；紧接着，2009—2014 年，相
继突破 2000、3000、4000、5000、6000、8000 亿美元，截至 2017 年年底，
我国对外直接投资存量为 18090.4 亿美元，位列全球第二位。总之，改革
开放后，不论是对外投资流量，还是对外投资存量都有快速的增长。

表 5-1　2002—2017 年中国对外直接投资流量和存量情况表

（单位：亿美元）

年份	流量			存量	
	金额	全球名次	同比（%）	金额	全球名次
2002	27	26	—	299	25
2003	28.5	21	5.6	332	25
2004	55	20	93	448	27
2005	122.6	17	122.9	572	24
2006	211.6	13	43.8	906.3	23
2007	265.1	17	25.3	1179.1	22
2008	559.1	12	110.9	1839.7	18
2009	565.3	5	1.1	2457.5	16
2010	688.1	5	21.7	3172.1	17
2011	746.5	6	8.5	4247.8	13
2012	878	3	17.6	5319.4	13
2013	1078.4	3	22.8	6604.8	11
2014	1231.2	3	14.2	8826.4	8
2015	1456.7	2	18.3	10978.6	8
2016	1961.5	2	34.7	13573.9	6
2017	1582.9	2	19.3	18090.4	2

资料来源：《2017 年中国对外直接投资统计公报》。

二、投资区域分析

1979 年，我国仅仅在少数几个国家对外直接投资，之后，我国对外直接投资国家有所增加，但是数量仍然较少且增长较慢。进入 21 世纪，我国对外投资国家增长较快，投资国家急剧增加，覆盖了各个大洲，截至 2013 年年底，中国 1.53 万家境内投资者在国（境）外设立 2.54 万家对外直接投资企业，分布在全球 184 个国家（地区），占全球国家（地区）总数的 79%。

受地理位置和国际形势的影响，亚洲和拉丁美洲一直是中国对外投资的重点，两者之和占了总投资流量的 80% 以上，中国对非洲、大洋洲、欧洲和北美洲的投资增长迅速。中国对外直接投资覆盖了发展中国家和发达国家，主要集中在发展中国家，发达国家所占比重不大，但是发达国家比重呈上升趋势。就 2013 年来看，我国内地对中国香港、东盟、欧盟、澳大利亚、美国、俄罗斯、日本七个主要经济体的投资达到 654.5 亿美元，占同期我国对外直接投资总额的 72.6%，同比增长 9.1%。除对中国香港、欧盟和日本的投资分别下降 6%、13.6% 和 23.5% 外，对俄罗斯、美国、澳大利亚、东盟的投资额分别为 40.8 亿美元、42.3 亿美元、39.4 亿美元和 57.4 亿美元，分别实现了 518.2%、125%、82.4%、29.9% 的高速增长。

（一）中国对外直接投资洲际分布

截至 2014 年年底，中国 1.85 万家境内投资者设立对外直接投资企业近 3 万家，分布在全球 186 个国家（地区），遍布全球各主要大洲。据统计，2014 年，中国对亚洲投资 849.9 亿美元，同比增长 12.4%；对拉丁美洲投资 105.5 亿美元，同比下降 26.6%；对欧洲投资 108.4 亿美元，同比增长 82.2% 亿美元；对非洲投资 32 亿美元，同比下降 5%；对北美洲投资 92.1 亿美元，同比下降 88%；对大洋洲投资 43.4 亿美元，同比增长 18.6%。

表 5-2　2003—2017 年中国对外直接投资流量地区构成变化表

（单位：%）

地区	2003	2004	2005	2006	2007	2008	2009	2010	2011	2012	2013	2014	2015	2016	2017
亚洲	52.72	54.82	36.57	43.46	62.6	77.89	71.48	65.24	60.94	73.78	70.11	69.03	74.4	66.4	69.5
拉丁美洲	36.37	32.06	52.74	48.03	18.5	6.58	12.96	15.31	15.99	7.03	13.31	8.57	8.6	13.9	8.9
小计	89.09	86.88	89.31	91.49	81.1	84.47	84.44	80.55	76.93	80.81	83.42	77.6	83	80.3	78.4
欧洲	5.08	2.86	3.23	3.3898	5.8116	1.57	5.93	9.82	11.05	8.01	5.52	8.8	4.9	5.4	11.7
北美洲	2.02	2.3	2.62	1.4634	4.2470	0.65	2.69	3.81	3.32	5.56	4.54	7.48	7.4	10.4	4.1
大洋洲	1.19	2.19	1.65	0.7166	2.9053	3.49	4.39	2.75	4.44	2.75	3.39	3.52	2.7	2.7	3.2
小计	8.29	7.35	7.5	5.57	12.97	5.71	13.01	16.38	18.81	16.32	13.45	19.8	15	18.5	19
非洲	2.62	5.77	3.19	2.948	5.9394	9.82	2.55	3.07	4.25	2.87	3.13	2.6	2	1.2	2.6
合计	100	100	100	100	100	100	100	100	100	100	100	100	100	100	100

资料来源：根据历年《中国对外直接投资统计公报》整理得出

2008 年金融危机后，欧洲、北美洲和大洋洲占中国对外投资流量比重呈
上升趋势，非洲占比小幅下降。从 2016 年数据可以看出，中国对非洲、
拉丁美洲投资下滑，对其他地区投资呈两位数增长，亚洲和拉丁美洲是中
国对外投资的主要地区。如表 5-2 所示，亚洲占中国对外投资的 66.4%，
拉丁美洲占中国对外投资的 13.9%；北美洲增长迅速，占 10.4%。

（单位：%）

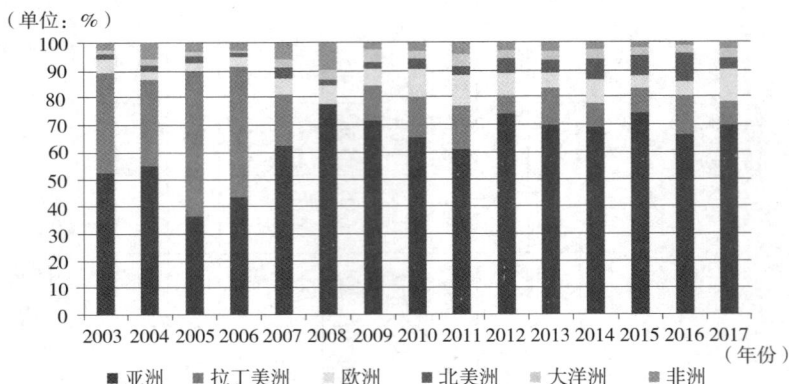

图 5-2　2003—2017 年中国对外直接投资存量地区构成比例图

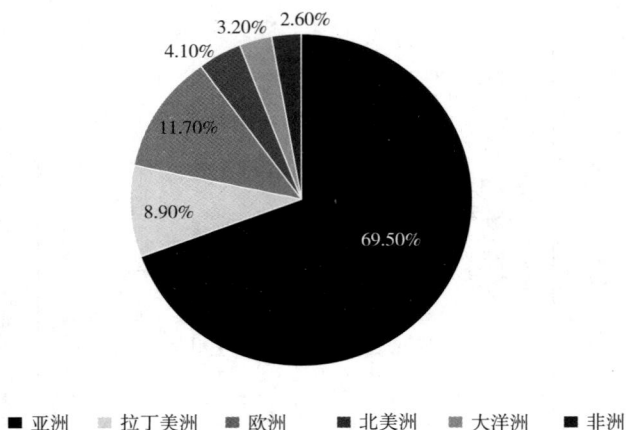

图 5-3　2017 年底中国对外直接投资存量地区分布

　　从对外直接投资存量角度看，2003—2017 年，亚洲占据绝对比重，占比均超过 60%，拉丁美洲占比较多，但是占比呈下降趋势，欧洲占比不断提高。截至 2017 年年底，亚洲占中国对外直接投资存量的 69.5%，拉丁美洲为 8.9%，欧洲为 11.7%，北美洲 4.1%，大洋洲 3.2%，非洲为 2.6%。可以看出，中国对外直接投资分布不均衡，主要集中于亚洲和欧洲。

（二）中国对外直接投资国别分布

　　从表 5-3 看出，2017 年，中国对外直接投资流量高度集中于前二十位的国家（地区），前二十位的国家（地区）对外投资流量占中国对外直接投资流量总额的比重高达 90.3%，其中，流向中国香港、英属维尔京群岛、瑞士和美国的投资共计 1243.8 亿美元，占流量前 20 个国家（地区）的 80.4%，占当年流量总额的 77.5%。

表 5-3　2017 年中国对外直接投资流量前二十位的国家（地区）

序号	国家（地区）	流量（亿美元）	比重（%）
1	中国香港	911.5	57.6
2	英属维尔京群岛	193.0	11.2
3	瑞士	75.1	4.7
4	美国	64.2	4.0
5	新加坡	63.1	4.0
6	澳大利亚	42.4	2.7
7	德国	27.2	1.7
8	哈萨克斯坦	20.7	1.3
9	英国	20.7	1.3
10	马来西亚	17.2	1.1
11	印度尼西亚	16.8	1.1
12	俄罗斯	15.5	1.0

序号	国家（地区）	流量（亿美元）	比重（%）
13	卢森堡	13.5	0.8
14	瑞典	12.9	0.8
15	老挝	12.2	0.8
16	泰国	10.6	0.7
17	法国	9.5	0.6
18	越南	7.6	0.5
19	柬埔寨	7.4	0.5
20	巴基斯坦	6.8	0.4
	合计	1547.9	97.8

资料来源：《2017 年中国对外直接投资统计公报》。

从对经济体直接投资流量构成来看，2017 年，中国流向发达经济体的投资为 2291.29 亿美元，占当年流量总额的 12.7%；流向发展中经济体的投资为 15524.18 亿美元，占当年流量总额的 85.8%；流向转型经济体的投资仅为 274.93 亿美元，占当年流量总额的 1.5%。一直以来，中国对外直接投资主要流向发展中国家，但是，金融危机后，越来越多的中国企业走向欧美等发达国家，加大了对欧美等发达国家对外直接投资。

表 5-4　2017 年中国对经济体直接投资存量构成（单位：亿美元）

经济体	金额	同比（%）	比重（%）
发达国家经济体	2291.29	72.3	12.7
发展中国家经济体	15524.18	6.5	85.8
转型经济体	274.93	-29.1	1.5
合计	19231.4	14.2	100

资料来源：《2017 年中国对外直接投资统计公报》。

从存量来看,2014 年年末，中国对外直接投资存量前 20 位的国家（地区）累计达到 7872.52 亿美元，占中国对外直接投资存量的 89.2%。它们是：中国香港、英属维尔京群岛、开曼群岛、美国、澳大利亚、新加坡、卢森堡、英国、俄罗斯、法国、加拿大、哈萨克斯坦、印度尼西亚、南非、德国、挪威、老挝、荷兰、中国澳门、缅甸。如表 5-4 所示，中国对外直接投资存量集中分布于各大洲的部分国家，对中国香港、英属维尔京群岛、开曼群岛等国际避税地的投资较大。

表 5-5　2017 年年末中国对外直接投资存量地区分布情况

地区	存量（亿美元）	占比（%）	主要分布国家
亚洲	11393.2	63	中国香港、新加坡、哈萨克斯坦、印度尼西亚、老挝、缅甸、中国澳门、蒙古、巴基斯坦、柬埔寨、印度、泰国、越南，其中，中国香港占亚洲存量的 86.1%
拉丁美洲	3868.9	21.4	英属维尔京群岛、开曼群岛、巴西、委内瑞拉、阿根廷、特立尼达和多巴哥、厄瓜多尔、秘鲁、哥伦比亚、墨西哥等，其中英属维尔京群岛和开曼群岛累计占拉美地区存量的 96.1%
欧洲	1108.6	6.1	卢森堡、英国、俄罗斯、法国、德国、挪威、荷兰、瑞典、意大利
非洲	433	2.4	南非、赞比亚、阿尔及利亚、尼日利亚、刚果（金）、苏丹、安哥拉、津巴布韦、加纳、刚果（布）、纳米比亚、埃塞俄比亚、坦桑尼亚、肯尼亚
北美洲	890.1	4.8	美国、加拿大
大洋洲	417.6	2.3	澳大利亚、新西兰、巴布亚新几内亚、斐济、萨摩亚、马绍尔群岛

三、投资领域分析

中国对外直接投资起步阶段，其涉及的领域主要有餐饮、加工生产装配、承包工程、咨询服务、贸易等传统行业，后来，逐渐向资源开发、加工装配、交通运输、医疗卫生等行业延伸，接着向租赁和商务服务业、信息技术、金融业、房地产业、文化业等新兴行业转变。截至 2017 年年底，中国对外直接投资覆盖了国民经济所有行业类别。其中，租赁和商务服务业、金融业、采矿业、批发和零售业、制造业，五大行业累计投资存量达 15618.6 亿美元，占中国对外直接投资存量总额的 86.3%，当年流量占比也超过八成，流向商务服务业的投资为 6157.7 亿美元，占投资总额的 34.1%；对采矿业投资 1576.7 亿美元，占 8.7%；批发零售业 2264.3 亿美元，占 12.5%；制造业 1403 亿美元，占 7.8%；建筑业 337 亿美元，占 1.9%；交通运输业 547.7 亿美元，占 3%。值得注意的是，建筑业、文化体育和娱乐业则是投资增速最快的领域，分别同比增长 129.1% 和 102.2%，采矿业、批发和零售业、制造业、房地产业等也都实现较快增长。

第三节　中国对外投资结构分析

一、地区结构分析

一般认为，对外投资在其发展的初期，通常是按照由近及远的原则选择那些相邻或相近的区位开展投资活动。中国的对外直接投资基本上反映了这一就近投资原则。但伴着我国政府的对外政策，我国对外直接投资的区位格局也在不断地发生变化，呈现出独特的区位分布特点。

从大洲看，亚洲和拉丁美洲一直是中国对外投资的重点，非洲落后的投资环境和动荡不安的政局严重制约了中国对非洲投资数量的增加，大洋洲、欧洲和北美洲的投资增长迅速。改革开放初期，政府政策将对外直接投资的企业主体限定于拥有对外经营权的专业进出口公司和省市国际经济技术合作公司。因此，外贸公司的投资区域多选择在原进出口市场集中的地区，出现了以亚洲尤其是东南亚为主的区位布局，而省市国际技术合作公司则集中在中东和非洲，主要从事承包工程和进行劳务输出。在 20 世纪 90 年代前期，随着改革开放的政策变动，对外直接投资区域呈现多元化，投资区域由初期的港澳和东南亚地区拓展到非洲、大洋洲、美洲和欧洲等各大洲。随着"走出去"战略的实施以及加入 WTO，中国对外直接投资迅速向各大洲蔓延，扩大对各大洲的投资规模。

　　从具体国别来考察，以香港地区、开曼群岛、英属维尔京群岛等为代表的国际避税港占到对外直接投资的比例极高，发展中国家次之，而发达国家比例则很小。由于港澳地区地理位置优越和与内地联系密切，港澳地区在中国对外直接投资中始终占据重要地位，在早期阶段，中国对外直接投资的地区主要集中在港澳地区。1983 年，中国对港澳地区的对外直接投资大约占据了中国对外直接投资总额的二分之一。1979—1985 年，中国对港澳地区的直接投资达到了 10056 万元，占当时中国对外直接投资的34%。

　　20 世纪 90 年代至今，我国不断推进改革开放，调整对外开放政策，实施"走出去"战略以及加入 WTO，这些措施不仅维护了日本、欧盟、美国、中国香港、中国台湾等国家和地区传统市场投资区域，还积极开拓了非洲、拉美、东盟以及俄罗斯等新的投资区域。2001 年年底，中国对外直接投资额排名前 10 位的国家和地区依次是：美国、中国香港、加拿大、澳大利亚、秘鲁、泰国、墨西哥、赞比亚、俄罗斯、柬埔寨。中国在这十个国家和地区的非贸易性直接投资都超过 1 亿美元，约占中方投资额的 60.79%。2013 年，我国对中国香港、东盟、欧盟、澳大利亚、美国、俄罗斯、日本七个主要经济体的投资达到 654.5 亿美元，占同期我国对外直接投资总额的 72.6%，同比增长 9.1%。除对中国香港、欧盟和日本的投资分别下降 6%、13.6% 和 23.5% 外，对俄罗斯、美国、澳大利亚、东盟的投资额分别为 40.8 亿美元、42.3 亿美元、39.4 亿美元和 57.4 亿美元，分别实现了 518.2%、125%、82.4%、29.9% 的高速增长。

　　总体来说，受国内外各种因素的影响，中国对外直接投资区域结构不合理，呈现出明显的区域集中的特点，这种特点短时间内不会有大的改变。亚洲和拉丁美洲仍将作为中国对外直接投资重点区域，非洲、大洋洲和欧洲投资会有所增长。我国对外投资区域将实现广覆盖，对外直接投资区域结构将逐渐优化。

二、主体结构分析

　　社会主义市场经济是同社会主义基本经济制度结合在一起的。公有制为主体、多种所有制经济共同发展，是我国社会主义初级阶段的一项基本经济制度。国有经济控制国民经济命脉，对经济发展起主导作用。国有经济的主导作用，主要体现在控制力上。国有经济在国民经济中的主导作用，既体现在我国国内的经济活动中，也体现在我国对外直接投资的经济活动中。国有企业特别是央企一直在我国的经济体系中占重要的地位，也是中国对外直接投资的重要力量。

　　一直以来，国有企业特别是央企在对外直接投资中占据主体地位，有限责任公司、股份有限公司、私营企业所占比重较小。这种现象的形成是由我国的经济体制和对外投资政策所决定的。中国对外直接投资初期，政府政策将对外直接投资的企业主体限定于拥有对外经营权的专业进出口公司和省市国际经济技术合作公司，例如中国五矿公司，上海进出口公司和中国化工进出口公司等专业外贸公司，福建国际经济技术合作公司和上海对外经济技术合作公司等具有代表性的国际经济技术合作公司，这两种类型的实力较强以及受政策照顾具备对外直接投资的条件和优势，这一阶段的对外直接投资主要由政府推动，并且主要由国有企业完成，投资主体单一，国有企业投资占据份额大。

20 世纪 90 年代，我国进行经济体制改革，确立市场经济体制、深化国企改革、实行股份制企业等，非公有制经济迅速发展，民营企业异军突起，有限责任公司、股份有限公司等各种类型的公司相继成立，我国对外投资主体呈现多元化格局。这一时期，国有企业仍然是对外直接投资的主力军，此外，一些实力雄厚的集体和民营企业也相继开始了采取灵活的经营策略和积极的海外投资探索之路，海尔、万象和新希望成为集体和民营企业对外直接投资的代表。

进入 21 世纪，我国确立"走出去"战略，我国对外直接投资的主体多元化快速发展。经过自身的努力以及政府的扶持，一批国有企业实力迅速增强，国际竞争力显著提高，涌现出一大批实力较强的大型跨国公司，例如中国石化、国家电网、中国石油天然气等中国对外直接投资的主力军。2008 年在世界非金融类跨国公司 100 强中，我国中信集团、中国远洋运输（集团）公司分别位于第 48 位、第 80 位，当然 2009 年世界金融类跨国公司 50 强中尚无一家中国公司。

近年来，在国有大型企业继续发挥主导作用的同时，非公有制企业逐步成为我国对外直接投资的新生力量，有限责任公司、股份有限公司和民营企业不断发展壮大，正逐步加入对外直接投资大军中，国企的主导地位持续下降。相比于国有企业，民营企业市场化程度较高，有灵活的经营管理机制，投资决策、分配制度、营销方式有较多的自主权，因而在国际市场上具有较强的生存发展能力，当前正以较快的发展速度向海外扩张。但总体而言，中国对外投资依然是国有企业作为投资主体。2013 年中国对外投资的存量中，国有企业占 55%，非国有经济占比不到一半。

从以上投资主体分布可以看出，按金额划分，国有企业是中国对外直接投资的主要来源；按企业数量划分，有限责任公司是中国对外直接投资的主要来源，国有企业是投资规模较大的主体，而有限责任公司是投资较活跃的主体。这意味着在结构层面，政府决策的投资和国企的投资仍然占据很大比例。

三、产业结构分析

产业结构变化的一般规律是产业结构的重心依次从第一产业转移到第二产业，再转移到第三产业。中国对外投资的产业结构基本符合这一规律。

20世纪80年代，受困于国内经济落后，资源开发缺乏资金和技术，造成国内生产和生活所需资源严重不足，为了弥补我国国内资源的不足，加强与发展中国家的经济来往，我国的一些企业利用国际贷款，以技术和设备入股的方式，对外开始了资源合作开发、加工制造、服务、旅游和农业等领域的投资。如1985年，中国水产联合总公司向外派出13艘渔船开始了中外渔业合作的序幕；1987年，中国冶金对澳大利亚恰那铁矿的收购；1989年中国化工进出口总公司与美国组建的美国农化公司和中国农村信托在智利投资的鱼粉项目等。中国对外直接投资初期阶段，农业领域的投资占据了我国对外直接投资的一大部分，其余依次为贸易、餐饮旅游、咨询服务、工程承包等，占比最少的为金融保险领域。

20世纪90年代，我国的改革开放进入一个新的阶段，经济体制不断改革，明确提出建立市场经济制度，走中国特色社会主义道路，我国的改革开放和经济发展水平有了明显的提高，国内产业结构得到调整优化，整合行业内部资源，各行各业都有数个实力雄厚的公司，这些公司相继走出国门，成功地实现了跨国经营。到20世纪末，中国海外投资已经涉及第

一、二、三产业相当多的部门。

自从 21 世纪实施"走出去"战略和加入 WTO 以来，我国对外直接投资的步伐明显加快，对外直接投资领域也有了进一步扩展，涉及批发零售、商业服务、采矿、农业、金融保险、物流、房地产、技术服务、信息服务、制造、公用事业等领域。其中，随着产业实力和传统优势的增强，我国的纺织服装、电子产品和家用电器以及汽车机械等产业的投资呈现了发展加快的势头。

总之，我国对外直接投资产业分布广泛，但投资重点相对集中。在对外直接投资产业结构上，虽然对外直接投资产业逐渐从第一、第二产业向第三产业转化，但是目前中国企业对外直接投资扔偏重于贸易、资源开发等低附加值、低科技含量、低利润率的劳动力密集型产业，缺少对信息技术、金融服务等技术密集型、高新技术产业、高层次服务业的投资，结构失衡较为严重。

四、资金结构分析

目前，我国对外直接投资主要采用两种模式：一是新建，也叫"绿地投资"，指通过直接投资在东道国建立新企业，其又分为建立国际独资企业和建立国际合资公司两种形式；二是并购，是兼并和收购的合称，通过收购国外企业的股权，直接把目标企业纳入自己的经营系统。21 世纪以前，"绿地投资"是中国对外直接投资的最主要形式，但自从实施了"走出去"战略后，跨国并购迅速发展，并逐渐成为我国对外直接投资的主要方式。

在中国对外直接投资的初期，我国对外直接投资主要方式是设立贸易窗口建立贸易网络，后来逐步发展到设立贸易代表处，直到 20 世纪 80 年代中期才开始开办中外合资企业，此阶段中国对外直接投资主要采取设立合资企业的方式，并购和完全独资的情况非常少见。据有关资料显示，1988—1996 年，我国跨国并购年平均规模仅仅为 2.6 亿美元左右，截至 1989 年年底，当年我国企业对外并购金额也只有 2.021 亿美元。

20 世纪 90 年代，我国对外直接投资进入稳步发展阶段，投资方式也由第一阶段设立贸易代表处以贸易为主的方式逐步变化为绿地投资方式，绿地投资中又以建立国际合资公司为主。

这一时期选择以绿地投资为主主要是基于以下几方面原因：第一，绿地投资不仅有利于选择符合跨国公司全球战略目标地生产规模和投资区位，还不易受东道国法律和政策上的限制，能够较好地控制投资风险，而跨国并购大多以现金方式进行，运营成本高，并且对并购后的目标企业进行整合需要有较强的管理能力和整合人才，这些要求对于当时的中国企业来说很难做到；第二，我国经济发展水平还比较低，对外直接投资发展时间短，跨国企业数量较少且实力不强，投资对象国大部分是那些经济发展水平和工业化程度较低的发展中国家，急需新建一些企业，政府欢迎外国公司以新建企业的方式到本国进行投资；第三，中国企业加入海外投资的时间短，缺乏海外投资经验，对海外投资环境不了解且投资能力有限，从稳健安全的角度考虑，中国企业倾向于选择合资方式，当条件成熟时，逐渐采用独资和控股企业等投资方式。

据统计，至 20 世纪 90 年代中期，中国企业海外投资与东道国合营的约占 70%，独资新建约占 21%，与第三国合营约占 9%，这说明传统的合资合营或独资新建方式占主流，兼并收购一直运用得较为谨慎。海尔公司就是当时对外投资的典范，1995 年，海尔在海外投资设立工厂。1996 年，在印尼雅加达创立了第一家合资生产企业。1997 年，分别在菲律宾、马来西亚、南斯拉夫设立企业。1999 年，海尔的中东有限公司成立。1999 年 4 月海尔在美国设厂。2001 年 6 月 19 日，海尔集团并购了意大利一家冰箱工厂，从此拥有了欧洲的生产基地。2002 年，海尔又成功地在巴基斯坦设立了工业园。目前，海尔在全球有 24 个工业园、5 大研发中心、66 个贸易公司，全球有用户遍布 100 多个国家和地区。

21 世纪初期，我国对外直接投资仍旧是以绿地投资为主，但是跨国并购合并、股权置换、战略联盟、风险投资和许可证、外包以及交钥匙合同等多种创新方式日益得到广泛应用，投资方式呈现多样化。自从实施了"走出去战略"后，特别是成功加入 WTO 后，中国对外直接投资方式发生了转变，绿地投资在投资方式中所占比例在中国对外直接投资中有所下降，跨国并购逐渐成为我国对外直接投资的重要方式，并越来越占据主要地位。联合国贸发会议 2001 年发布的《世界投资报告》称，2000 年中国大陆约有四分之一的对外直接投资是以并购的方式进行的。以 2002 年为分水岭，中国企业海外并购进入了全面启动阶段，中国企业海外并购可谓高潮迭起，交易额从 2003 年的 28.5 亿元（跨国并购交易额从 2002 年的仅有 2 亿美元），一路飙升至 2013 年的 529 亿美元。

中企联的数据显示，自 2002 年以来，中国企业对外投资年均增速高达 42.13%。虽然经历 2008 年的全球金融危机，但是中国企业跨国并购却逆势上扬。2009 年中国企业发起的海外并购达到 460 亿美元，而全年公开并购交易数量高达 38 起，已经超过此前中国商业史上全部并购的总和，因此，有人说 2009 年是"中国海外并购元年"。2013 年，我国企业跨国并购又达到一个新的高度，并购领域实现多元化，单项交易金额创历史之最，全年共实施对外投资并购项目 424 个，实际交易金额 529 亿美元，其中直接投资 337.9 亿美元，占 63.9%；境外融资 191.1 亿美元，占 36.1%。并购领域涉及采矿业、制造业、房地产业等 16 个行业大类。由中国企业发起的超过 10 亿美元的跨境并购项目达到 9 个，其中，中国海洋石油总公司 148 亿美元收购加拿大尼克森公司 100% 股权项目，创中国企业海外并购金额之最；双汇集团以 47.5 亿美元并购美国史密斯菲尔德食品公司，成为非能源领域最大海外并购案例。

总之，跨国并购已经成为目前我国对外直接投资的主要方式，并购交易金额、并购项目和并购领域已经达到历史新高，这一方面得益于国家政策的支持和鼓励，另一方面得益于国际投资环境的改善，这一时期，涌现出海尔、TCL、联想、京东方、中海油、中石油、中国石化、中国铝业、中联重科、三一重工等一大批实力强大的跨国企业，逐渐加入全球并购浪潮。

第四节　中国对外投资特点及原因分析

一、区位分布不均衡，大量投资流向亚洲和"避税地"

目前，我国对外直接投资区位分布存在最突出的问题就是投资的高度集中化。2014 年，中国对亚洲地区和拉丁美洲的投资流量分别是 849.9 亿美元、105.5 亿美元，分别占总流量的 69.03%、8.57%，合计占当年对外投资流量的 77.6%。其中在亚洲的投资主要流向中国香港，流量为 708.67 亿美元，占比 57.6%；拉丁美洲的投资主要流向英属维尔京群岛和开曼群岛，流量分别为 45.7 亿美元、41.92 亿美元，占比分别为 3.7%、3.4%，流向中国香港、英属维尔京群岛、开曼群岛和卢森堡的投资共计 842.07 亿美元，占流量前 20 个国家（地区）的 75.8%，占当年流量总额的 68.4%。

众所周知，中国香港、英属维尔京群岛和开曼群岛是世界三大离岸金融中心，著名的"避税天堂"，投资于这些地区虽然可以享受极大程度的税收优惠，但却受制于避税地有限的自然、人力、资本和技术等各种资源，企业的过度集中易导致恶性竞争。同时投资于这些地区的机会成本高，失去了向其他国家进行直接投资的机会。另外，对外直接投资过分集中的布局不利于投资风险的分散，尤其是发展中国家的政治、经济和社会环境不够稳定，抵御外界冲击的能力较弱，一旦东道国经济或其他方面发生风险，很可能造成众多企业投资失败，对我国国内经济也会造成不利影响。

二、以获取资源和技术及品牌等战略性资产为投资动机

跨国公司理论认为，企业对外投资动机主要分为四类：资源寻找型、市场寻找型、效率寻找型和战略资源寻找型。战略性资产是指一系列难以交易和模仿的、稀缺的、可供专用的资源和能力，并且这些资源和能力能给企业带来竞争优势，通常把声誉、资源、研发能力、技术、品牌等认定为战略性资产。与传统西方发达国家企业对外直接投资不同，西方发达国家企业对外直接投资的动因主要是为了降低交易成本、减少竞争对手而提升市场力量等，而我国对外直接投资以获取资源、技术、品牌等战略性资产为投资动机。实际上，从我国企业对外直接投资的行业分布就显著体现了中国企业对外直接投资的普遍动机。

第一，能源和矿产行业在对外直接投资占据重要地位。随着我国经济的不断增长，我国经济发展对于能源和资源的需求量猛增，我国已经成为世界上第一大能源生产国和消费国，为解决经济发展能源和资源需求巨大而国内供应紧张的战略要求，我国国有企业特别是中央大型企业的对外直接投资动机主要体现在获取各种能源和自然资源方面。1986年，中信集团联合美国铝业公司共同投资了澳大利亚波特兰铝厂，这是我国最早在海外进行资源类投资，拉开了我国企业海外资源类投资的序幕，此后，我国能源资源的海外投资迅速增长，进入21世纪后，尤其是2005年之后，中国能源类对外投资增长速度较快，而且规模越来越大，其中，以中国石油化工集团公司、中国石油天然气集团公司、中国海洋石油总公司、中国铝

业集团公司、中国五矿集团公司等中央大型企业为主。

　　如下表5-6显示，近年来，我国资源类企业海外并购相当活跃，金额和项目数量都创新高，虽然中海油在2005年曾计划斥资185亿美元收购美国优尼科公司，以及2009年中铝曾计划以195亿美元入股力拓等重要并购以失败告终，但是表明了中国企业海外资源类并购的雄心。

表5-6　中国采掘业海外并购部分重要交易（2005—2013年）

时间	并购方	被并购方	交易额(亿美元)	收购股份(%)	说明
2005—8	中海油	美国优尼科公司	185	100	未完成
2005—12	中海油	哈萨克斯坦PK石油公司	41.8	100	
2006—06	中石化	俄罗斯秋明-英国公司乌德穆尔特公司股权	35	96.86	与俄罗斯公司联合收购
2007—08	中国铝业公司	秘鲁铜业公司（PeruCopperInc.）	8.6	91	
2007—09	沙钢集团	英国斯塔科（Stemcor）	1.08	90	
2007—12	江西铜业、五矿有色	北秘鲁铜业公司（加拿大）	4.5	100	
2008—10	中海油	挪威海上钻井公司	25	100	
2008—12	中石化	加拿大Tanganyi-kaOil公司	17	100	
2009—02	五矿集团	澳大利亚OZMin-erals	13.86	100	
2009—02	中国铝业公司	力拓公司（澳大利亚）	195	18	未完成
2009—05	广晟公司	澳大利亚泛澳公司	2.19	19	

续表

时间	并购方	被并购方	交易额(亿美元)	收购股份(%)	说明
2009—08	中石化	Addax公司（瑞士）	75.6	不详	
2009—08	兖州煤业	菲利克斯资源公司(澳大利亚)	27.8	100	
2009—09	中石油	新加坡石油有限公司	10.2	45.51	
2009—09	中海油	阿萨巴斯卡油砂公司(加拿大)	17		
2010—11	Bridas(中海油持股公司)	BP持有的泛美能源	70	60	
2011—09	中国铌业投资公司	巴西矿冶公司(CBMM)	19.5	15	
2012—01	国际石油勘探开发有限公司（中石化全资子公司）	美国Devon能源公司页岩气项目	24.4	33.3	
2012—02	五矿资源有限公司(五矿集团持股公司)	Anvil公司			
2013—03	中石油	意大利石油集团埃尼运营的关键区块	42	20	
2013—08	中石化	阿帕奇集团的埃及油气业务	31	33	

资料来源：作者根据相关资料整理而得。

　　第二，集中于制造业和高新技术产业的对外投资主要就体现了获取技术、品牌等战略性资产的动机。长久以来，制造业是我国的重要产业，但是我国的制造业水平，尤其是高端制造业水平，仍与发达国家有较大的差距，产生这种差距的一个重要原因是国家创新能力不高、科技水平低，为

　　了尽快获取国外的高科技，我国企业加快海外投资步伐，通过跨国并购以最快的速度获取技术、品牌等资产。

　　随着我国实施"科教兴国"和"人才强国"战略，以及建设创新型国家，我国企业的科技水平显著提高，我国高新技术产业也以较快的速度发展，但是由于我国高新技术产业起步晚，一时间还很能赶上欧美等发达国家的步伐，所以我国企业采用跨国并购以最简单、最迅速的方式获取国外先进技术。例如，2004 年联想收购 IBM 的个人计算机业务，其中包括 IBM 台式机业务以及笔记本电脑业务，另外，联想还在五年内拥有 IBM 享誉全球的"Think"家族商标，联想获得了 IBM 的技术、品牌、销售渠道等资产，联想成为世界第三大个人计算机厂商。2010 年吉利收购沃尔沃，吉利拥有沃尔沃的关键技术和知识产权，获得优秀的科研团队、先进的生产设备、优秀的全球声誉等等，使吉利成为一家国际汽车生产公司。有研究报告指出 2003 年至 2012 年十年间中国企业共收购 59 家德国企业，主要分布在机械工程、汽车零部件和可再生能源。中国企业并购德国制造企业可以获得世界先进的技术、知识和品牌，加快推动企业国际竞争力的提升。例如，2005 年，哈尔滨量具刃具集团出资 950 万欧元收购德国凯狮公司，哈量集团除获得凯狮公司的数控机床、加工中心、检测仪器等 30 多台套世界先进设备外，还将获得包括两项重大发明在内的 21 项专利技术，另有凯狮商标在世界范围内的独家使用权和凯狮在全球的营销网络，哈量集团快速获得了凯狮公司的品牌、核心技术、研发能力、销售渠道和智力资源，成功跃上了国际工量具行业大舞台。

　　总之，受我国经济发展水平、科技发展水平、政治与经济体制、市场结构以及经济全球化趋势等外部宏观因素的影响，我国对外投资以获取资源、技术、品牌等战略性资产为投资动机，这符合我国经济发展的客观要求，也是我国企业走国际化路线的现实选择。

三、以国有企业特别是央企为投资主体

长期以来，中国的对外直接投资是政府所主导的，政府主要是通过其所支配、控制的国有企业特别是央企进行对外直接投资活动，这就决定了国有企业特别是央企是我国对外直接投资的投资主体。

我国的对外直接投资早期，我国参与对外直接投资的企业几乎全为国有企业，例如三大石油公司、中国铝业、五矿集团、中国远洋运输集团、中信集团等，当时，国有企业的主导地位既体现在投资数额上又体现在项目数量上。随着对外直接投资实践的发展，出现了一个显著的变化，国有企业的主导地位削弱，民营企业的对外直接投资开始活跃起来，国有企业的主导地位主要体现在投资数额上，投资项目数量明显不如非国有企业。以 2010 年为例，国有企业在中国对外直接投资数额上占比为66.2%，而在投资项目数量上占比仅为 10.2%。截至 2013 年年底，在非金融类对外直接投资 5434 亿美元存量中，国有企业占 55.2%，非国有企业占比 44.8%，非金融类对外直接投资流量 927.4 亿美元，其中国有企业占43.9%，这些数据表明国有企业不管是在对外直接投资存量还是在对外直接投资流量中都没有超过一半，但是我们不能以此否定国有企业的主导作用，国有企业特别是央企为对外投资主体的局面仍将持续很长时间，这是由我国政治和经济体制决定的，符合国家战略要求。

首先，我国是社会主义国家，实行社会主义市场经济制度，国有经济在国民经济中居于主导地位，关系到中国经济和社会发展的全局，控制关系国家安全和国民经济命脉的重要行业和关键领域，如在军工、金融、民航、通信、能源等领域。国有企业特别是大型国有企业是我国国民经济中的中流砥柱，为实行我国对外投资的战略布局，国有企业特别是大型国有企业率先走出国门，探索海外投资之路。其次，受政策因素影响，国有企业特别是大型国有企业大部分处于金融、电力、石化、能源和航天等垄断

或高度管制的行业，这些行业给国有企业带来了巨额的利润，国有企业不断发展壮大，实力强，反观民营企业，其发展较晚，发展受到的限制较多，实力相对于国企有较大的差距，况且大部分民营企业缺乏国际经营意识和国际核心竞争力，不具备大规模海外投资的条件。再次，相对于民营企业，国有企业以国家为后盾，受到国家的政策支持较多，在海外扩张过程中能够从政府获得更多的资金支持，较少关注营利性，并且承担了部分实行国家战略目标的责任，民营企业则受困于资金不足，以及较多的考虑利润，致使海外投资举步维艰。

还有一个不能忽视的问题是国有企业之间的区别，尤其是有必要区分央企和地方国企。1994 年，我国实行分税制改革，极大地改变了地方政府的激励机制和行为，可用于支持地方国企的资金和资源大大减少，加之随后进行国企改革，国家把大量地方国企置于市场竞争中，大量地方国企失去了政府一贯的政策和资金支持，面临着民营企业和其他地方国企的强力竞争。相反，央企则不同，中国一共只有 113 家央企，这些央企大多处于军工、金融、通信、电力、石化、能源和航天等垄断或高度管制的行业，而中央政府做大做强央企的战略目标又使得央企有大量资源进行海外扩张。在非金融对外直接投资中，央企在数量上占比大概只有 5%，但在投资额上却贡献了接近 80%。相对于民营企业和地方国企，央企投资规模普遍更大，投资行业集中于资源类和金融业。

四、能源资源投资依存度较高

我国经济持续快速发展导致的一个结果是能源资源对外依存度过高，已经成为我国经济发展的短板，迫切需要通过开展对外直接投资来获得稳定的能源资源供应，因此，以加大这方面的对外直接投资来获取更多的能源资源已经成为我国目前乃至长期的一项重要战略计划。然而，我国能源资源投资的相当部分国家和地区存在高风险的问题，最突出的表现在石油资源对外直接投资的区位选择上。

与我国能源合作密切的国家有伊朗、利比亚和阿尔及利亚等中东和非洲国家，这些国家大都与美国政治上敌对或有距离，政局不稳定，一旦发生战乱，对我国企业将造成巨大的经济损失。另一方面，由于我国油气资源的投资及石油的进口来源集中于中东、亚太和非洲，超过一半的石油进口需要通过霍尔木兹海峡和马六甲海峡，一些国家企图通过控制这些石油运输通道以控制石油的供给，给我国的石油安全供给带来很大风险。

五、以加强国内生产和提升竞争力为重点

经过四十年的发展，我国的对外直接投资由改革开放初几乎可以忽略不计，到今天成为仅次于美国、日本的全球第三大投资国。发达国家跨国企业作为传统的海外投资主体，其对外直接投资的重点是利用其强大的竞争力进行海外生产，开拓海外市场，与之不同的是，我国企业对外直接投资以加强国内生产而不是扩大海外生产、提升竞争力而不是利用竞争力为重点。之所以呈现出以加强国内生产和提升国内企业竞争力为重点的投资特点，主要有以下两方面的原因。

第一，国内的生产成本仍然有优势。降低成本是促使企业对外投资的一个重要因素，比如日本企业在 20 世纪六七十年代开展对外直接投资时，由于国内工资水平上升、日元升值以及资源和环境制约等原因，日本国内的生产成本上升，企业急需进入成本较低的国家，于是将国内的劳动密集型、重工业工厂搬到临近的中国、越南、菲律宾、泰国等生产成本低的亚洲国家。类似的成本压力同样迫使韩国、中国台湾地区、中国香港地区的企业将生产迁往海外。一直以来，中国以劳动力成本低、资源和能源丰富且低廉等优势吸引外国企业对华投资，但是当前我国国内劳动力工资

上涨、生产和生活资料价格提高，中国企业也面临类似的成本压力，但大规模将工厂搬到海外的情形并未出现，一个很大的原因在于中国是一个大国，地域广阔，地区间发展极不平衡，中西部地区为我国企业进行产业转移提供了广阔的空间。相比欧美等发达国家，虽然其具备良好的投资环境，但是其生产成本高昂，我国国内的生产成本仍然有优势，大部分跨国公司仍然愿意将工厂设在国内。而相对于越南、柬埔寨等亚洲邻国，它们的生产成本比我国低，但它们国内政治局势复杂、基础设施落后、面临通货膨胀压力、与中国有领土争端，以及在海外经营的不确定性，都使得这些国家更低的劳动力成本优势变得不是那么具有吸引力。因此，中国企业更愿意将工厂留在国内，以加强国内生产。

第二，中国跨国企业普遍缺乏国际竞争力，企业迫切需要技术、品牌、渠道等战略性资产，从而提升企业国际竞争力。中国是一个制造大国，但不是一个制造强国，大部分制造企业依赖国外的核心技术和零配件，成为外国企业的组装厂和加工厂，因此，中国的制造业企业大多利润微薄，产品附加值低，绝大部分利润被那些提供技术、设计、零配件和其他服务的外资拿走。中国还缺乏世界知名的品牌，《财富》杂志公布的"2013年世界500强排行榜"显示，美国依然是全球大型企业最多的国家，上榜公司132家，2013年中国公司上榜数量再创新高，前十名中有3家中国公司，中国内地和香港公司进入500强的企业由2012年的73家增至89家，在我国500强企业名单中，大部分是国企特别是央企，由于其特殊的身份，国际上对中国上榜企业的认可度不高。虽然中国跨国企业不断发展壮大，但是中国企业一直以来缺乏的技术、品牌、渠道等资产仍没有明显的改善，中国企业在对外投资中特别注重对技术、品牌、渠道等战略性资产的追求，跨国企业企图通过海外投资迅速获取先进技术、知名品牌、市场渠道、研发设施、管理经验等资产，从而提升企业的竞争力。

第五节 中国对外投资风险分析

近年来，随着我国"走出去"战略的顺利实施，我国对外直接投资规模急剧增长，对外直接投资主体、区域、行业、项目等不断扩大。截至2013年年底，我国1.53万家境内投资者在国（境）外设立2.54万家对外直接投资企业，分布在全球184个国家（地区），我国对外直接投资累计净额（存量）达6604.8亿美元，全球排名由第13位升至第11位，庞大的"海外中国"体量已经成为"中国崛起"的新标志。

然而，在我国对外直接投资繁荣景象的背后，隐藏着日益增大的对外直接投资风险，特别是进入21世纪以来，我国企业对外投资遭受种种风险。例如，2004年五矿公司60亿美元收购加拿大诺兰达受阻，2005年中海油以185亿美元收购美国石油公司优尼科（Unocal）因美国政治因素阻碍而失败，2009年中铝向力拓注资195亿美元遭其单方撕毁合约，2010年华为屈于美国外商投资委员会的压力放弃对服务器科技公司3Leaf特定资产的收购，阿富汗战争、伊拉克战争、利比亚危机、乌克兰危机等局部战争或冲突都使中国企业遭受严重的损失，诸如此类事件频频发生，不禁使中国政府和企业深感担忧。

一般来说，风险是指事件发生的不确定性，是一种潜在的威胁。而对外直接投资风险是风险的一种具体形态，本文将对外直接投资风险定义为在一定环境和时期内客观存在的，会导致对外直接投资企业在海外市场上在投资全过程中发生引致资本或收益损失的不确定性。学者们通常从风险的来源、风险的表现、风险的控制能力及风险的影响程度等不同的角度来划分对外投资风险类型，至今学术界对于"对外直接投资风险分类"尚无统一标准。本文借鉴学者的研究成果，将我国对外直接投资风险分为政治风险、经营与管理风险、外汇风险、技术风险、自然性风险等。

一、政治风险

政治风险是在对外投资过程中，由于东道国政府行为或政治事件而给对外投资者造成的投资财产及其权益的损害或损失。这里的政府行为主要是指政府政策变动、政府人为干预、国有化等，政治事件主要指政党斗争、政权更迭、民族或宗教斗争、战争或内乱等政治性暴力事件。政治风险往往是发生在东道国境内的人为的结果，是最不可预见、影响范围最大的风险，是中国企业对外直接投资所面临的最大风险。具体来说，我国企业进行海外投资所面临的政治风险主要有以下几种类型：

（一）政治制度风险

由于各国国情及发展进程的不同，各国的政治制度存在较大的差异，例如政体结构、国体结构等差异。我国对外直接投资面临的最大的政治制度风险是社会制度的根本性差异，我国是社会主义国家，实行社会主义制度，而以欧美为代表的大部分国家实行的是资本主义制度，这是两种相互对立的政治制度，政治制度的差异造成国与国之间意识形态的差异。以欧美为主的资本主义国家极力鼓吹社会主义制度的落后，并企图消灭社会主义，而我国是世界上最大的社会主义国家，自然会受到资本主义国家的极力打击、排挤，而我国企业对外直接投资过程中难免会受到部分资本主义国家的极力阻挠，极大地增加了我国企业对外投资的风险。

（二）战争和政治性暴力事件风险

战争和政治性暴力事件风险是指因东道国参与战争或因在东道国内发生战争、政变、内战、暴乱以及大规模骚乱。

从中国企业对外直接投资的区域和东道国上看来，中国目前的投资以亚洲和拉丁美洲为主，非洲也占有一定比重，投资对象国大多是发展中国家，这些国家的政治、经济环境复杂多变，一些国家之间因为民族、宗教、领土、资源等纠纷使国内外局势紧张，甚至引起了战争、内战、恐怖袭击等政治性暴力事件，不仅严重影响到我国对外投资企业员工的生命安全，还会引起整个投资项目的失败。进入 21 世纪以来，中国企业对外投资因战争和政治性暴力事件造成了巨大的损失。在中东和北非地区，阿以长期冲突、阿富汗战争、伊拉克战争、苏丹内战、索马里内战以及伊朗核问题等严重威胁中国企业利益。例如，2004 年，一伙身份不明的武装分子袭击中铁十四局在阿富汗援建项目工人，造成 11 名中国工人死亡，4名工人受伤。2011 年 2 月 15 日，利比亚爆发了战乱，中国企业在利比亚的投资合同搁浅、项目停止、驻地遭袭，中国进行大规模撤侨。据商务部消息称，中国官方在利比亚没有投资，但 75 个中国企业在利比亚有 50 个工程承包项目，涉及合同金额约为 188 亿美元。《中国经济周刊》文章报道称，利比亚战争导致中国企业在利比亚遭受了高达 1233.28 亿元人民币的直接损失，而且这只是损失的一部分，还有大量员工的撤离费用，固定资产如设备、原材料、厂房的损失和工程复建的不确定性都给中国企业带来了巨大损失。事实上不只是中东和非洲，在亚洲其他国家、拉丁美洲、欧洲等也存在着战争和政治性暴力事件风险，中国企业对外直接投资必须时刻保持警惕，防范战争和政治性暴力事件风险。

（三）民族主义风险

我国企业对外投资中遭遇的民族主义风险与我国企业对外投资的区域分布、产业分布等有密切的关系。近年来，我国对外直接投资的重点是石油、天然气和矿产资源开发行业，投资区域主要是矿产资源丰富的发展中国家，这增加了中国企业民主主义风险，在安永发布的《2011 年度矿业和金属业商业风险报告》中指出，矿业公司面临的战略性商业风险从未比现在更高，且资源民族主义为其中之最。另外，我国对外直接投资面临的民族主义风险还表现在"中国威胁论"和"反华情绪"上，部分西方国家极力鼓吹"中国威胁论"，一味夸大"中国崛起"对其造成的威胁，这更加剧了各国的"反华""排华"和"限华"活动。近年来，部分国家及其公民打着"民族主义"旗号阻挠、破坏中国对外投资企业，例如2004年西班牙鞋商和贸易保护主义者打着保护民族产业的旗号，针对中国鞋发起了多起游行、示威、抗议活动，9月17日，埃尔切市的少数激进分子甚至烧毁了大批中国鞋，酿成震惊世界的"烧鞋事件"。2005年中石油收购美国的优尼科公司折戟，主要是因为美国媒体和政要鼓吹此次收购会威胁到美国国家安全，并向美国政府施压要求阻止中石油收购计划，最终美国政府出面阻止了中石油收购优尼科，中石油被迫撤回收购要约。类似的案例还有中铝收购力拓失败、五矿收购加拿大诺兰达失败、华为收购3Leaf失败。另外，由于历史原因和领土争端，日本、越南、菲律宾等国家都爆发了"反华游行"，例如2012年9月22日，日本新兴右翼保守组织"奋起日本全国行动委员会"在东京组织发起数千人的反华示威大游行，这是日本国内最大规模的反华示威游行。2014年5月11日，越南发生至今最大规模反华游行，起初只是进行大规模反华罢工游行，而后游行迅速升级为烧砸当地的中资（含港台）工厂，大约有460多家企业遭破坏、15家工厂遭纵火，并造成人员伤亡。

（四）政策与法律变动风险

东道国的政策和法律，特别是有关投资的政策和法律，是对国际直接投资影响最为广泛、最为深刻的因素，也是中国企业对外直接投资风险的主要来源之一。在企业对外投资的过程中，东道国的政策或法律会因东道国政治事件、经济大形势或者国家发展战略的改变而变动，可能不是有意针对某国投资者，也可能是出于保护本国相关企业考虑，而刻意采取的一些针对投资企业的政策与法律改变，这些改变极有可能令企业蒙受损失。

由于中国企业对外投资起步晚，经验不足，风险防范意识不强，从而使中国对外投资企业遭受政策与法律变动风险的几率大增。例如，2005年吉利汽车控股有限公司雄心勃勃地进军马来西亚，计划在当地进行汽车的组装、配件和出口，但是马来西亚政府为保护本国企业产业发展而调整汽车产业政策，马来西亚有关部门要求吉利在当地生产的汽车必须百分之百出口海外，而这完全违背了吉利公司的投资初衷，虽然吉利公司积极与当地政府协商、沟通，但是没有大的进展，吉利马来西亚项目不得不搁浅，后来，吉利转投印尼。自2006年年底以来，俄罗斯政府为整顿批发和零售市场秩序、规范外来移民就业等相继出台了新的法律法规，这些法规限制了中国企业和公民在俄罗斯自由地经商、投资。此外，政府制定的外汇管制政策变动、税收政策的变动、劳工待遇、劳工限制、价格政策等都构成了中国企业对外投资的政策与法律变动风险。

（五）政府干预风险

在我国企业对外直接投资过程中，东道国政府时常会以保护东道国企业、保护环境、国家安全等种种理由干扰我国企业的正常投资活动，其中以美国为代表的西方国家经常以国家安全为由干预中国企业正常的投资商业行为。例如，2005年中海油收购美国优尼科石油公司中，美国国会能源商业委员会主席JoeBarton和RalphHall致信布什，声称其将对美国能源和安全构成"明显威胁"，并强烈要求政府确保美国能源资产不出售给中国，此外还有众多国会议员向布什总统递交了公开信，要求政府对中海油的并购计划严格审查，虽然中海油积极与美国相关部门沟通，但还是被迫取消收购计划。同样，2009年西色国际收购美国优金矿业公司51%的股份计划因美国以涉及国家安全为由对项目进行否决而被迫放弃。2005年联想成功收购IBM的全部PC（个人电脑）业务，但是其收购过程可谓一波三折，美国外资投资委员会审查（CFIUS）也以国家安全为由对该收购计划进行了长时间的严格审查，最终还是批准了联想收购计划。不仅仅美国政府干扰中国企业正常的投资活动，加拿大、澳大利亚、英国等发达国家，以及泰国、越南、印度等发展中国家，它们对中国企业正常投资活动设置重重障碍，其行为严重损害了中国企业的投资利益。

（六）国有化风险

国有化风险是跨国公司对外直接投资面临的主要风险之一，也是中国企业对外直接投资活动中面临的最为突出的问题。按照《简明大不列颠百科全书》的权威定义，所谓国有化就是"由国家来改变或承担私人财产的管理和所有权"。这里的"私人财产"不仅指国内私人投资形成的资产，也包括外国直接投资者所拥有的全部财产或部分财产。近年来，越来越多的国家采取国有化行为将私人投资变为国有资产，而它们通常以保护本国环境、能源、国民安全、国家安全等社会公共利益等为借口对外资企业进行国有化征收，这直接损害了投资国和投资者的合法权益，不利于企业对外投资。中国企业也面临着国有化风险。例如，2006 年，厄瓜多尔议会通过了一项石油改革法案，该法案明确要求外国公司包括中国企业必须将因石油价格上涨而超出原销售合同价格所获利润的 50% 上缴厄政府。2007 年，厄瓜多尔政府又以总统令形式宣布，征收非常重的特别收益金（当石油价格达到某个水平时，政府收取石油公司的一定比例的收入），外国石油公司额外收入中的 99% 收归国家所有，而 2006 年的石油改革法案中规定这一比例为 50%。 2006 年，玻利维亚总统莫拉莱斯签署法令，宣布对本国石油天然气资源实行国有化，并派军队控制了全国油气田。2008 年委内瑞拉政府宣布新的能源政策，新政策规定把外资控股或者是独资的能源型企业收为国有，不能由外资方控股。这些国有化行为严重损害了中石油、中石化、中化集团等中国能源化工巨头的权益，也给中国海外企业一个很大的警示。

二、经营与管理风险

与国内投资相比，东道国投资环境是外国投资者所不熟悉的，许多因素是不可预见或不确定的，同时也是难以适应和控制的。大部分中国海外企业急于走国际化路线，往往忽视对东道国地理位置、投资产业、产品进入市场的模式等方面进行战略性的论证和决策，加之中国企业管理体制不够完善，一旦遇到东道国投资环境的变化就会给企业带来风险和损失。中国企业面临的主要经营管理风险包括效率风险、财务风险和跨文化管理风险等。

（一）效率风险

投资效率是企业对外投资所关注的重点之一，中国企业对外投资效率一直不高，造成这种现象的原因主要还在中国企业自身。中国企业在进行投资决策时考虑问题并不够全面，时常出现投资决策失误的情况，投资决策失误必然会导致投资效率低下。另外，我国对外直接投资主体仍是国有企业特别是央企，央企都属于国有或国有控股，它们对外投资带有明显的政府性质，也是出于国家战略考虑，其较少的关注投资效率。另外，其公司治理结构有较大的缺陷，包括政企不分、权责失衡、监督不力、对企业经营者的激励和约束不足，使国有企业在国外市场竞争中缺乏效率和国际竞争力。而我国对外投资的民营企业规模尚小，对外投资经验不足，缺乏国际竞争力，其面临的对外投资困难更多，对外投资效率也难以保证。

（二）财务风险

加入 WTO 后，我国企业跨国经营活动日益频繁，经营管理的全球化使企业财务活动面临复杂的国内外环境，企业经营涉及多种货币，外汇结算业务增多，人民币经常性项目和资本性项目的进一步开放，加之我国企业国际化财务管理水平较低，缺乏国际化财务人才，企业财务风险进一步增加。当前，我国国内资本市场不发达，企业融资渠道较窄且资本运作水平不高，我国对外投资企业大多采用境内融资，且多为债务融资，以现金支付为主要支付手段，这使得企业面临较高的债务风险和流动性风险。例如，2001—2003 年间，京东方集团进行了三次海外并购，总并购金额达到 5138 亿美元（其中贷款 4 亿多美元）。在并购交易完成后，京东方的资产负债率高达 74%，超过了 60% 的警戒线，虽然其在 2004 年发行 B 股筹资了 20 多亿元人民币，但资产负债率仍高达 66%。更严重的是，2005 年，京东方再度大举借款 10 多亿美元，致使其资产负债率高达 81%，面临很大的财务风险。我国企业进行对外直接投资面临着复杂的国内外环境，必须建立健全企业财务管理制度以有效规避财务风险。

（三）跨文化管理风险

文化是一个民族、国家重要的组成部分，文化往往影响着一个国家的经济环境，其中包括投资环境，同样，文化的差异会给对外投资企业带来文化风险，而文化风险是最容易被投资企业所忽视。中国企业对外直接投资过程中需要面对不同的文化，接触来自不同文化的人，中国人在语言、价值观、风俗习惯、宗教信仰、管理理念和行为等方面与东道国有较大的差异，例如大部分中国人不信仰伊斯兰教，而中东信仰伊斯兰教的人很多，他们禁食猪肉，如果中国企业不了解其禁食猪肉的宗教习惯就容易引发民族矛盾；中国企业习惯于集权管理，而西方企业更热衷于分权管理，管理方式不同容易产生分歧。而中国企业常常忽视了文化差异的重要性，非常易于将一些本国的文化习惯延伸到国外使用，致使企业对外投资受挫乃至失败。例如，上汽收购韩国双龙失败有很大一部分原因是文化差异，由于中韩两国文化差距和文化认同的障碍，上汽对双龙的整合受到阻碍，另外，韩国工会实力强大，动辄以罢工相要挟，要求分享管理层的利益，最终，上汽对双龙整合失败。

三、外汇风险

企业对外投资必然会涉及外汇，而外汇受众多因素的影响而发生变动。由于外汇市场的波动，中国对外投资企业很可能会蒙受损失，中国对外投资企业面临的外汇风险主要包括交易风险、折算风险、经济风险三类。20 世纪 90 年代以来，全球经济发展不稳定，国际金融危机频繁爆发，国际货币汇率大幅度波动，特别是 2008 年美国次贷危机以来，美元汇率急剧下跌，而人民币汇率持续上涨，加之我国在 2005 年进行汇改，我国开始实行以市场供求为基础、参考一篮子货币进行调节、有管理的浮动汇率制度，我国汇率受国际影响加大，从而影响了我国企业对外投资活动。

四、技术风险

技术风险是指由于各国的社会、经济、技术等综合因素的作用，导致企业技术研发、取得和运用活动中的失败、中支、延期从而造成损失的可能性。它包括产品开发风险、技术保护风险、技术引进风险和技术壁垒风险。

虽然中国已经成为对外投资大国，但是中国对外投资企业的技术水平还比较落后，企业科技创新能力不强，缺乏核心技术，知识产权保护意识不强，而欧美等发达国家技术水平比较高，它们设定的国际通用技术标准比较高，中国企业与其制定的技术标准有较大的差距，中国对外投资企业因技术问题而受到东道国政府的阻挠、制裁的事件时有发生。例如，德国西门子公司于 1999 年在德国抢注"HiSense"商标，海信集团积极与西门子公司进行协商要求其归回"HiSense"商标，但是西门子公司要求海信集团支付高昂的费用，经过六年的商标博弈，双方于 2006 年签署和解协议，西门子以极低的价格把已经抢注的海信商标返还给海信。2012年，欧盟正式通过了"木材及木制品规例和新环保设计指令"，并于 2013年 3 月 3 日开始强制实施，新规规定，要求进口到欧盟市场的木制品必须获得森林管理委员会 FSC 的认证，但是全球范围获得认证的木材大约只有 10%，中国市场上获得认证的木材则不到 1%，这无疑给中国木制品出口企业树立了一道新的"绿色壁垒"，部分中国木制品出口企业转向中东、美洲、东南亚等要求较低的地区。

五、自然灾害风险

近年来，全球进入自然灾害频发时期，例如，2004 年印度洋海啸，2005 年巴基斯坦地震，2005 年美国"卡特里娜"飓风，2008 年中国汶川大地震，2010 年海地地震，2011 年日本大地震，等等，这些自然灾害给人类带来了严重的伤害。中国对外投资企业主要集中于亚洲，这些地区地震、台风、海啸、水灾、旱灾、虫灾以及各种瘟疫等自然灾害较多，而这些自然灾害具有突发性、不可控性和周期性等特点，一旦发生将给中国企业造成严重的后果。中国企业在对外直接投资过程中一定要充分考虑到自然灾害所带来的风险，尽量选择自然灾害少的地区，有效防范自然灾害风险。

总之，我国对外直接投资风险的产生既有国际因素也有本国自身因素。一方面，当前国际政治经济形势复杂多变，全球政治格局发生改变，传统发达国家衰弱，新兴国家崛起，全球经济低迷，国际金融危机爆发，领土、宗教、民族和种族矛盾不可缓和，地区性、局部性战争爆发，国家保护主义有所抬头，全球投资领域存在较多的矛盾，我国企业对外直接投资的过程中不可避免地受到各种国际问题的影响。另一方面，我国对外直接投资起步晚，对外投资体制机制尚不健全，对外直接投资结构不合理，资本市场不健全，我国企业本身存在许多问题，对外投资水平较低，加之国际社会"中国威胁论"的论调甚嚣尘上，我国对外直接投资受到许多的阻碍。我国企业必须提高风险意识，建立风险评价体系，有效规避各种投资风险。

第六章 中国参与全球投资治理
体系建构：战略路径

作为逐渐强大起来的新兴发展中国家，中国具有参与全球投资治理体系的意愿，也具备建设性参与全球投资治理体系的实力。那么中国应该如何设计全球投资治理体系建构的战略路径呢？本章将转入对策分析，从中国参与全球投资治理体系建构的原则、战略目标、参与现状和不足，以及改善的路径四方面阐述中国在全球投资治理中的应有作为。同时，"一带一路"建设作为中国参与全球投资治理的重大实践，对于提升中国基础设施投资领域的治理具有突出的意义，因此本章也将对中国在"一带一路"建设中的投资治理体系的建构进行单独的论述。

第一节　全球投资治理体系建构的原则

当前全球缺乏一个能全面覆盖投资促进、保护、便利和自由化的综合性、全球性国际投资协定。弥补缺失亦成为全球投资治理体系重构的一个重要目标。战后所建立的全球投资治理体系主要为资本输出国所推动，尽管在投资流向发生改变后，主要发达国家对投资协定的内容进行了再平衡，但全球投资治理体系在东道国管制和投资者平衡、发达国家资本输出利益和发展中国家发展利益之间仍存在失衡现象。新型全球投资治理体系在改革过程中，与旧的全球投资治理体系存在根本性的区别，而不是"新瓶旧酒"[①]，充分体现出公正性、包容性和互利共赢性三个方面的基本原则。

一、公正性

公正性是当今国际规则重构的焦点，正如罗尔斯（John Rawls）所说："公正是社会制度的首要价值，正像真理的思想体系的首要价值一样。"[②] 公正性缺失构成当前国际规则的最大威胁，并威胁世界和平与发展。因此 21 世纪全球投资治理须将公正性摆在重要位置，以公正性原则建立国际政治经济新秩序。

在国际投资领域，所谓公正性是指世界上任何国家或地区都平等地享有构建国际投资体系的参与权，并且尊重各个国家或地区的合理诉求，维护各个国家或地区的合法权益，公正合理地分配国际投资权利和义务。在构建新型全球投资治理体系过程中，国际社会必须坚持公正性原则，将其摆在首要位置，有效平衡各国家或地区权利和义务。

现行国际规则主要是二战以来，由美欧等发达国家操纵制定的产物，维护了发达国家的资本权益，构成发达国家主导国际政治和经济的强有力工具。尽管这些国际投资规则为建立有序的全球投资治理环境和秩序作出了卓越的贡献，但在规则制定过程中并没有充分体现出公平、公正的参与性，在权利和义务的分配方面也存在失衡现象。例如，在国际投资规则的

[①]　庞中英：《全球治理的"新型"最为重要——新的全球治理如何可能》，《国际安全研究》2013 年第 1 期。

[②]　John Rawls, *a theory of justice, Revised Edition,* oxford university press 1999, p.1. 参见罗尔斯：《正义论》，中国社会科学出版社 1988 年版。

形成过程中，美欧等发达国家将广大发展中国家排除在国际规则制定活动之外，并在国民待遇、最惠国待遇等非歧视原则外，创设了超越东道国对本国国民保护的最低标准待遇和公平公正待遇。发达国家对新自由主义理念的单方输出使得一些不具备金融风险防范能力的发展中国家对外资准入和资本输出不加限制，结果在外资撤出时陷入严重的金融危机，并因本国宏观金融政策调整而被投资者巨额索赔。20世纪末阿根廷所遭遇的金融危机便是实例。此外，国际投资协定过于保护投资者的资本利益，罔顾环境和劳工利益，引发了日益突出的社会矛盾，甚至引发了国际社会逆全球化的浪潮。这些问题均体现了发展中国家、劳工和环境利益集团等并没有充分地参与到国际投资协定的谈判中来。

因此，在重构全球投资治理体系时，为保证公平性，首先，应保证广大发展中国家的参与权，不论是发达国家，还是发展中国家都有权参与到构建全球投资治理体系中来，调研制约发展中国家从全球资本流动中难以获益的原因，根据发展中国家国内资本、原材料、技术、劳工的现状制定能真正造福于发展中国家的国际投资协定。

其次，全球投资治理体系的重构应公平对待投资者利益和东道国的投资管制权，应允许东道国基于环境、公共健康、民族政策等制定投资管制政策，只要这些政策和措施并不歧视性地对待本国和外国投资者，不对国际贸易和投资造成变相的限制就可以。

二、包容性

经济全球化的本质，是世界各国不断开放并推进市场化的过程。然而随着全球各国经济联系日益一体化，尤其是金融市场一体化程度不断加深；全球网络、信息和技术联系日益一体化，尤其是技术标准一体化水平不断提高；它在提高全球资源配置率、增进经济福利的同时，也放大了全球缺少有效治理的制度缺陷。当前，全球投资治理制度的一大缺陷是其具有一定的排他性，其主要表现为形式和实质上的排他，从形式上看，现有国际投资规则由发达国家主导建立，各规则主要考虑发达国家利益，在规则的内容上并未完全考虑广大发展中国家利益，从实质上看，即使国际投资规则考虑到广大发展中国家利益，但是部分规则门槛较高，部分发展中国家并不能享受到。

全球投资治理体系的改革需要坚持包容性的原则，包容性就是要使全球投资规则平衡各国间利益，考虑各国发展实际，使全球投资规则带来的利益和好处惠及所有国家，使国际投资所产生的效益和财富惠及所有人群，特别是要惠及弱势群体和欠发达国家。包容性需要各种文明之间减少傲慢和偏见。各国应该少对抗、多对话、多理解、多沟通，把国际社会当作一个大家庭，尊重和彼此关切，夯实社会合作基础，促进国际投资快速、健康发展。

三、互利共赢

在传统意义上，国际关系处于零和博弈状态，即"你的所得即为我的所失"，国际政治交往无法实现共赢。但是，全球问题的出现，使国家间面临大量的共同威胁，包括恐怖主义、全球气候变化、环境污染、大规模杀伤性武器扩散、跨国犯罪等。这一系列问题的解决无法由单个国家完成，需要国家之间相互合作。同时，部分问题有其紧迫性，如果不能及时解决将带来灾难性的后果。在面对共同威胁的情况下，博弈性质发生转变，博弈双方不再是竞争对手，而成为实际意义上的合作者，向着解决全球问题的共同目标前进。尽管全球问题的出现威胁国家利益，但也促进了国际合作的实现。全球问题的存在使得合作收益远远大于妥协成本，国际合作成为面对全球问题的最优选项。目前，互利共赢的国际发展理念被国际社会广泛认可。

因此全球投资治理体系的改革应坚持互利共赢的原则，兼顾各方利益和关切，寻求利益契合点和合作最大公约数，体现各方智慧和创意，各施所长，各尽所能，把各方优势和潜力充分发挥出来。互利共赢原则包括互利与共赢两层含义。互利是国际投资规则重构的基础和动力，强调重构全球投资规则体系互动过程中国际投资效率"非零和博弈"状态。共赢则在互利基础上关注国际投资中利益的公平分配和双方的协调发展。如果说互利是效率问题，那么共赢则是分配问题，互利可能使双方共同受益的程度不同，而共赢正是要实现双方的协调发展。在互利共赢原则下，各国更加重视长远利益，重视国际投资交往中的共同利益。国际投资规则应该平衡发达国家与发展中国家、发达国家之间、发展中国家之间的利益，甚至发达国家让利于弱势群体和欠发达国家。

第二节　中国参与全球投资治理体系建构的战略目标

作为全球最大的资本输出国之一，中国必须积极参与全球投资治理体系的构建，与各国携手推动新型全球投资治理体系的构建。但是，中国参与全球投资治理系统构建必须尽最大努力维护本国利益，明确战略目标，主要包括降低投资壁垒、投资安全保障、投资利益协调以及提高本国全球投资治理话语权四大战略目标。

一、降低投资壁垒

21世纪，中国对外直接投资取得了显著增长，但中国企业走出去同样频频遭遇阻力，其中最大的阻力是发达国家以威胁国家安全为由阻碍中国企业对外投资，其中尤以美国、加拿大、澳大利亚为代表。2004 年，中国五矿以 60 亿美元资金收购加拿大诺兰达，最终因投资审查而受阻。2005 年，中海油以 185 亿美元收购美国石油公司优尼科公司，也因美国政治因素影响而告败。2009 年，西色国际收购美国优金矿业公司 51% 的股份计划在美国国家安全审查中被迫放弃。2009 年，中铝向力拓注资 195 亿美元遭力拓的单方毁约而损失惨重。2010 年，华为屈于美国外商投资委员会的压力放弃对服务器科技公司 3Leaf 特定资产的收购。这些都是国内学者和媒体常常引用的几起投资失败的典型案例。即便是那些成功完成的交易，其背后也不乏曲折的经历，例如 2005 年联想成功收购 IBM 的全部个人电脑业务，但是其收购过程可谓一波三折，美国外国投资委员会审查（CFIUS）也以国家安全为由对该收购计划进行了长时间的严格审查，最终还是批准了联想的收购计划。

受到 2008 年全球金融危机的影响，很多欧美企业纷纷减少国际投资、精简和剥离国际资产。一些发达经济体一方面纷纷表示欢迎中国投资，这为中国企业走出去创造了机会，中国企业抓住机会加快对外直接投资步伐；另一方面却不断设置各种投资壁垒和门槛，将中国公司拒之门外，中国企业面临的对外投资阻力并没有减少，反而有愈演愈烈的趋势。地区保护主义的日益严重，加大了投资环境的风险系数，尤其是美国针对中国企业的投资并购审查日益严格。

中国已经成为世界经济增长的主要推动力量之一，在应对国际金融危机中也发挥了重要作用。正是中国不断增长的对外投资为欧美经济恢复增长提供了有力支撑，当金融危机最严峻的时刻已经过去，欧美发达国家对外资需求不再那么迫切，其国内政客回到原先立场，保护主义情绪回潮，对中国的一些投资设置壁垒和障碍。在市场准入方面，受美国影响，欧盟、澳大利亚等发达国家外资并购安全审查也立法趋严，这使得这一本是基于国家安全底线的制度有沦为国际直接投资新壁垒的危险。

新型全球投资治理体系需要建立的是一种自由的投资环境，其任务之一就是降低国际投资壁垒。面对欧美发达国家对中国企业的"有色眼镜"，中国应该充分利用国际规则维护本国企业对外投资利益，推动国际投资规则的公平性、平等性，消除国际间不合理的投资壁垒，促进国际投资自由化发展，这既符合中国的利益，又顺应国际投资自由化的潮流，符合各国利益。

二、投资安全保障

国际社会一直致力于解决国际投资安全问题，国际规则是保障国际投资安全的一项重要举措。二战后，国际社会相对稳定，但是依然存在很多矛盾和冲突，例如战争、民族冲突、宗教矛盾、恐怖主义、内战、社会矛盾等，这些都给国际投资安全带来巨大的威胁。新型全球投资治理体系需要更加关注国际投资安全，中国迫切希望保障本国对外投资安全。

随着中国经济的高速发展，中国与世界各国的交往更加密切，对外投资区域不断扩大，遍布各大洲，亚洲、非洲、拉丁美洲一直是中国对外投资的重点，大洋洲、欧洲和北美洲的投资增长迅速。亚洲、非洲、拉丁美洲经济水平相对较低，社会矛盾和冲突相对较多，投资环境相对较差，投资安全保障程度也相对较差。2004 年，一伙身份不明的武装分子袭击了中铁十四局在阿富汗援建项目工人，造成 11 名中国工人死亡，4 名工人受伤。2011 年 2 月，利比亚爆发了内战，中国企业在利比亚的投资合同搁浅、项目停止、驻地遭袭，中国进行大规模撤侨。据商务部消息称，中国官方在利比亚没有投资，但 75 个中国企业在利比亚有 50 个工程承包项目，涉及合同金额约为 188 亿美元。《中国经济周刊》文章报道称，利比亚战争导致中国企业在利比亚遭受了高达 1233.28 亿元人民币的直接损失，而且这只是损失的一部分，还有大量员工的撤离费用，固定资产如设备、原材料、厂房的损失和工程复建的不确定性都给中国企业带来巨大的损失。2014年5月，越南发生至今最大规模反华游行，起初只是进行大规模反华罢工游行，而后游行迅速升级为烧砸当地的中资（含港台）工厂，大约有460多家企业遭破坏、15家工厂遭纵火，并造成人员伤亡。例如，2004年西班牙鞋商和贸易保护主义者打着保护民族产业的旗号，针对中国鞋发起了多起游行、示威、抗议活动，埃尔切市的少数激进分子甚至烧毁了大批中国鞋，酿成震惊世界的"烧鞋事件"。另外，由于历史原因和领土争端，日本、越南、菲律宾等国家都爆发了"反华游行"，例如，2012年9月22日，日本新兴右翼保守势力"奋起日本全国行动委员会"在东京组织发起数千人的反华示威大游行，这是日本国内最大规模的反华示威游行。这些战争或冲突使中国企业遭受严重的损失，诸如此类事件频频发生，不禁使中国政府和企业深感担忧。

三、投资利益协调

国际对外投资的根本目的是获取投资利益，但是在国际对外投资进程中，发达国家往往攫取了最大的利益，而发展中国家对外投资利益受到不合理投资规则的侵害。全球投资规则体系改革需要肩负的任务之一就是协调国际投资利益，同样，从中国的角度出发，亦需要更加公正、合理的利益协调机制。

国际投资利益协调的目标就是要协调国际投资过程中各国间的利益矛盾和冲突，实现投资利益的合理化分配，促进国际投资健康有序运行。国际社会通过一定的方式寻求各国经济利益的共同点，以相互依赖关系和经济传递机制为纽带，实现各国整体利益的最大化，最终实现国际投资均衡化发展。中国企业"走出去"需要获取其应有的投资利益，国际间的协调机制将有利于破除不合理的利益分配体系，例如国际税收。新型全球投资规则需要更加明确、具体地阐述国际投资利益协调机制。

四、提升全球投资治理话语权并提供国际公共产品

中国在全球投资治理中的积极参与应以提升中国在国际社会经贸制度话语权，提供国际公共产品，树立中国负责任大国形象为目标。在十八届五中全会上，中央提出要增强中国在全球经济治理中的制度性话语权。[①]投资制度话语权反映为一国对国际投资制度的影响能力，向国际社会提供多边、区域及双边投资制度，以及以本国外资法作为"示范法"，为他国吸收、同化的能力。当前，适用于投资各领域的多边投资制度尚未形成，中国的建设性参与将弥补国际投资制度的不足，向国际社会提供更有效的制度公共产品。从中国参与全球投资的硬实力来看，随着中国投资硬实力的提升以及"一带一路"建设的开展，中国已跃升至全球第二大或第三大资本输出国，在投资领域，尤其是基础设施投资领域具有较强的话语实力，中国应将这种话语硬实力转化为软实力，即投资制度话语权。

当然，需要看到的是，中国要提升在全球投资治理中的话语权还面临若干障碍。第一，中国此前参与全球经济治理的主要经验在多边贸易体制下，在投资领域谈判经验不足。第二，中国虽然已构建了完整的双边投资协定体系，但投资协定多在 20 世纪 80 至 90 年代签订，协定文本老旧，不足以为中国海外投资提供充分的保障，更无法引领全球投资治理的规则改革和重塑。第三，中国需进一步深化国内改革，更新和重构与外资保护和管制的国内法，简政放权，提供更开放、外资友好的法律法规。中国需针对这些掣肘，秉承开放、包容的心态，推动国内和国际投资制度改革的

---

① 参见《2015 年十八届五中全会工作报告》。报告网，http://bg.yjbys.com/gong-zuobaogao/20333.html。

联动，实现中国在全球投资治理中话语权的提升。

第三节　中国参与全球投资治理的现状和不足

一、中国签署的投资协定现状及问题

由中国所签署的投资协定数量来看，中国正在生效的双边或区域投资协定为 104 项，[①] 中国对外投资协定网络业已形成。中国目前签订的 15 项自由贸易协定中，亦有 9 项协定包含投资章节。但值得注意的是，这 9 项协定并非都具有实质性投资保护和促进的条款。中国与东盟、澳大利亚、韩国、秘鲁、新西兰所签署的自由贸易协定包含具有实质内容的投资条款，其中接近发达国家水平的投资规则只有《中澳自由贸易协定》《中韩自由贸易协定》和《中国与新西兰自由贸易协定》。《中澳自由贸易协定》的投资规则标准最高。[②] 在中国与"一带一路"沿线国家达成的 4 项自由贸易协定中，中国与格鲁吉亚及巴基斯坦的协定未设投资章节，中国与新加坡的协定虽设投资章节，但没有实质性条款。[③]

---

① 关于中国签署双边或区域投资协定的数量，不同统计口径得出的结果不同。本书采纳中国商务部官方网站统计数据，见 http://tfs.mofcom.gov.cn/article/No-category/201111/20111107819474.shtml。 UNCTAD 有关中国签订的投资协定的统计为 145 项，正在生效的投资协定为 109 项，见 http://investmentpolicyhub.unctad.org/IIA/CountryBits/42。

② 中国与瑞士、冰岛、哥斯达黎加、新加坡自由贸易协定投资章节仅提及双边投资协定，并无实质性条款。

③ 中国与格鲁吉亚、巴基斯坦协定没有投资章节，与新加坡的协定表明适用中国与东盟的投资协议。

进而，从这些投资协定的具体条款来看，中国多数投资协议签订于20 世纪 80 至 90 年代，条款简单、措辞模糊，并不足以保护中国企业的海外投资。在投资准入及待遇方面，中国所签署的投资条款均以正面清单进行开放。当前，中国国内正在推行负面清单及准入前国民待遇改革，国内 11 个自贸区已启用 2017 年新版负面清单。中国已具备以负面清单及准入前国民待遇条款进行谈判的能力，与中国缔约的发达国家和部分发展中国家具有负面清单和准入前国民待遇条款的谈判经验。例如新加坡、泰国与美国签订的投资协定实施负面清单及准入前国民待遇条款，基于 TPP 的签订，越南、马来西亚、文莱、老挝等也具备了负面清单及准入前国民待遇条款谈判的能力。倘若中国不能未雨绸缪地进行投资准入条款的更新，难以增进中资企业在沿线国家的投资准入程度。

尤其是中国所签署协定中的国际投资仲裁条款过于简单，缺陷明显。第一，中国所签署的大多数投资协定制定的属事管辖权不合理。以"一带一路"建设为例，中国与"一带一路"沿线国家的投资条款以第一代投资条款为主，3 个投资协定未制定国际投资仲裁条款，48 个协定制定了有限管辖条款，国际投资仲裁管辖领域为"涉及征收补偿数额的争议"，4 项投资协定及 1 项自由贸易协定制定了完全管辖条款，可对"任何投资争端"提起仲裁。[1] 可见，中国与绝大多数沿线国家的国际投资仲裁条款以有限管辖为主。在谢业深诉秘鲁、世能公司诉老挝、北京城建公司诉也门

---

[1] 中国与乌兹别克斯坦、俄罗斯、伊朗、缅甸签订的双边投资协定，《中国与东盟投资框架协议》制定了"任何投资争端"的完全管辖条款，中国与新加坡协定虽没有实质性投资条款，但规定适用《中国与东盟投资框架协议》相关规定。中国与泰国、土库曼斯坦、罗马尼亚的投资协定没有国际投资仲裁条款，中国与其他国家签订了投资协定的沿线国家制定了"仅适用征收补偿数额"有限管辖条款。见商务部"我国对外签订双边投资协定一览表"，见 http://tfs.mofcom.gov.cn/article/Nocategory/201111/20111107819474.shtml。

三案中，仲裁庭因将"涉及征收补偿数额争议"的管辖条款置于国内救济和国际投资仲裁只能二选一的"岔路口条款"下进行广义解释，认为倘若仲裁庭只受理与仲裁数额相关的条款，投资者则只能诉诸东道国法院寻求救济，由此根据岔路口条款则不得再提起国际投资仲裁，也就是说，投资者根本无从对"仲裁数额"提起国际投资仲裁，将导致该条款制定无意义，故裁定国际投资仲裁的管辖权不仅包括征收补偿数额，亦包括争议事项是否为征收事项。[①] 但在 2010 年中国黑龙江经济技术合作公司诉蒙古案中，蒙古政府的代理律师指出，倘若东道国对争议事项已宣告为征收，投资者可与东道国单独就征收数额进行国际投资仲裁，该条款并不影响岔路口条款的事实。最终仲裁庭采纳了该意见，对《中蒙双边投资协定》仲裁管辖权条款作狭义解释，认为投资者仅能就"征收补偿数额"提出争议，而不能就征收是否发生提出争议，导致中资企业在管辖争议阶段便败北。[②] 可见，将国际投资仲裁的管辖权限制在"涉及征收补偿数额争议"的范围内，一旦东道国政府不承认所执行措施为征收措施，则中国投资者则无从提起国际投资仲裁，这对中资企业的海外维权将会产生极大的负面影响。

　　第二，中国所签署投资协定下的属时管辖权规定也存在缺陷。中国政府在与一些国家签订自由贸易协定或更新投资协定时，对国际投资仲裁属事管辖范围做了扩张，但过渡期属时管辖条款措辞不清晰，使新协定无法适用于生效前发生但尚未诉诸仲裁的争议。在平安保险诉比利时案中，平安主张适用 2009 年《中国比利时双边投资促进与保护协定》（新协定），因为新协定对国际投资仲裁的属事管辖权进行了扩张。但从实际管辖权来

---

① 可见 Beijing Urban Construction Group Co. Ltd. v. Republic of Yemen, ICSID Case No. ARB/14/30, *Decision on Jurisdiction*, 31 May 2017, paras. 75-86。

② China Heilongjiang International Economic & Technical Cooperative Corp., Beijing Shougang Mining Investment Company Ltd., and Qinhuangdaoshi Qinlong International Industrial Co. Ltd. v. Mongolia, UNCITRAL, *PCA*, http://www.italaw.com/cases/279.

看，新协定第 10.2 条规定：本条约适用于一方投资者在另一方领土之内的所有投资，无论该投资是否在本条约生效之前还是之后作出，但不适用于在本条约生效前已进入司法或仲裁程序的与投资有关的任何争议或索偿。此等争议或索偿应继续按照旧约的规定解决。平安认为，基于争议事项在新协定生效时未进入司法或仲裁程序的争议，应按照新协定解决。但是仲裁庭在裁决中认为争议基于其发生时间可分为三类：一是，争议已经进入司法或仲裁程序，按照旧协定解决；二是，争议事项已通知但未进入司法或仲裁程序的争议，协定未作规定；三是，新约生效后发生的争议，按照新协定解决。仲裁庭认为该案属于第二种情况，并最终裁定适用 1984 年的旧约，而争议事项不属于旧约属事管辖范围。①

第三，中国所签署的部分投资协定国际投资仲裁条款设有穷尽东道国当地救济及国际投资仲裁机制与国内救济措施二选一的岔路口和禁止掉头条款，② 如《中国东盟投资框架协议》规定中国投资者与印尼、菲律宾、泰国、越南的投资争端，一旦投资者选择了国内救济，便禁止其掉头再提起国际投资仲裁。③《中国与乌兹别克斯坦双边投资促进与保护协定》更是叠加适用穷尽当地行政救济及岔路口和禁止掉头条款，规定缔约一方可要求投资者在提交仲裁之前，用尽该方法律和法规所规定的国内行政复议程序。若投资者已将争议提交缔约一方有管辖权的法院或国际仲裁，其选择应是终局的。④ 岔路口和禁止掉头条款增加了中国投资者海外维权选择失当的风险，穷尽当地行政救济条款尽管有一定合理性，但倘若不限定行政

---

① Ping An v. Belgium, ICSID Case No. Arb/12/29, paras 207, 223-231.

② 缔约一方可要求投资者在提交仲裁之前，用尽该方法律和法规所规定的国内行政复议程序。若投资者已将争议提交缔约一方有管辖权的法院或国际仲裁，这种选择应是终局的。

③ 《中国—东盟投资框架协议》第 14 条。

④ 《中国乌兹别克双边投资协定》第 12.2 及 12.3 条。

救济的期限，也会增加中国投资者海外维权的时间成本，而此类条款在中国所签署的投资协定中并不乏见。

二、中国参与和推动多边投资谈判现状

2016 年 9 月，在中国杭州举办的 20 国集团首脑峰会上，中国推动大会通过了首份《G20 全球投资指导原则》，推动国际社会达成反对跨境投资保护主义，营建开放、非歧视、透明和可预见的投资政策环境等九项原则的共识。《G20 全球投资指导原则》确立了全球投资规则的总体框架，为各国协调制定国内投资政策和商谈对外投资协定提供了指导，也弥合了国家间的投资政策分歧，加强了多边投资政策协调，为促进全球投资增长提供了长远制度性引领。这是世界首份关于投资政策制定的多边纲领性文件，是中国在杭州峰会上为加强全球投资政策协调作出的历史性贡献。

《G20 全球投资指导原则》的通过虽然彰显了中国在投资规则制定、促进多边投资谈判方面的努力和贡献，但需要看到的是，《G20 全球投资指导原则》并没有形成有约束力的投资开放或投资规制的具体规则。对于全球投资治理的南北规则分歧，如投资准入应执行无条件的准入前国民待遇和负面清单开放，还是优先于本国民族产业发展的准入后国民待遇和正面清单开放，应禁止一切类型的投资履行要求，还是仅仅禁止显著影响国际贸易和投资流向的履行要求，基于公共利益的征收应授予"完全、及时、有效"的赔偿还是"公平"的赔偿，可否要求投资者在发起国际投资仲裁前先用尽当地救济等均未作出有效回应。《G20 全球投资指导原则》亦未就全球投资治理规则的重塑和再平衡问题作出解答，最低标准待遇、公平公正待遇、最惠国待遇、国际投资仲裁条款、跨国公司社会责任、环境与劳工条款等发达国家和发展中国家共同关注的投资规则改革在《G20 全球投资指导原则》中未有定论。

因此，中国建设性参与全球投资治理依然任重而道远。中国仍需提速国内投资制度改革，加快投资开放步伐，提升国内投资治理的能力，并培养全球投资治理领域的人才，研究国际投资规则的最新发展和演进方向，为中国更深入、全面参与全球投资治理提供物质条件和人才储备。

第四节　中国参与全球投资治理体系建构的战略路径

基于对中国参与全球投资治理体系所应遵循原则、目标以及中国目前缔结国际投资协定现状的考察，中国无疑在目前的全球投资治理体系中的参与距离其参与目标还有所欠缺。未来，中国需进一步提高中美及中欧双边投资协定谈判的速度、加强中国在区域投资治理领域的参与能力，如提高"一带一路"建设中的投资治理水平，推动国际社会达成多边投资协定谈判的共识，并大力推进国内投资相关政策的改革以真正实现中国在全球投资治理中的作为和贡献。

一、更新双边投资协定并增加投资规则供给

正如前文所述，中国当前签订的投资协定还存在很多弊端，亟待改进。并且中国需提升本国在国际投资规则中的供给能力。例如，在投资准入及待遇方面，中国在既有国际投资协定修订或更新过程中应采纳新一代投资规则。具体而言：

第一，中国可扩大投资及投资者范围，将交通、能源、通信基础设施建设所涉各类建筑合同、特许开采、经营和使用权列举未"投资"情形，明确国有企业在沿线国家进行投资并受投资协定保护的投资者身份。

第二，在与开放程度较高的缔约方谈判时，中国可提议实施负面清单及准入前国民待遇的谈判，为中国企业"走出去"提高行业准入程度。

第三，对已达成的自由贸易协定及双边投资协定展开排查，制定更为完善的国际投资仲裁条款，在与沿线国家的自由贸易协定中制定适用于"任何投资争端"的完全管辖条款；完善新旧约替代时的过渡期条款[1]，如明确自由贸易协定下的国际投资仲裁完全管辖条款对缔约方已发生但尚未进入实质审查的投资争议具有管辖权；避免在投资章节中制定岔路口及禁止掉头条款，倘若需制定穷尽当地行政救济的条款，应限定当地行政救济的时限。

第四，中国在"一带一路"建设中的话语权建构除了重述西方国家的话语，亦应在适当场合下创设国际法话语。[2] 当前美欧高标准自由贸易协定下的议题超过 50 个[3]，大多议题根据其海外投资、贸易的需求而设置，并根据其在全球贸易及投资市场中的地位不断进行调整。中国亦可根据"一带一路"建设目标和需求，将基础设施建设列入自由贸易协定合作议题，专设基础设施建设合作章节，从货物贸易、服务贸易、技术贸易壁垒、知识产权及金融各方面促进基础设施合作。在货物贸易及技术贸易壁垒规则上，该章节可促进基础设施建设相关设备、设施及零部件技术标准同化、消除其进出口关税及壁垒限制，促进基础设施建设的中国标准在沿线国家的普及。在投资及服务贸易规则上，基础设施建设章节应将该行业作为优先开放行业，扩大模式一"跨境服务提供"和模式三"商业存在"的开放程度，促进沿线国家取消资产、持股、经济表现等限制性要求；适

---

① 刘勇：《中国平安诉比利时王国投资仲裁案——以条约适用的时际法为视角》，《环球法律评论》2017 年第 4 期，第 173 页。

② 车丕照：《国际法的话语价值》，《吉林大学社会科学学报》2016 年第 6 期。

③ Horn, Mavroidis and Sapir, "Beyond the WTO: An Anatomy of the EU and US Preferential Trade Agreements", 33 The World Economy (TWE) (2010), p.1565, at 1570ff.

应基础设施建设劳动力密集的特征，对模式四"自然人流动"的范畴，在
"机器设备配套维修与安装人员"基础上进一步开放至技术劳工与半技术
劳工的短期流动；在政府采购、招投标程序、服务资质授予方面要求国民
待遇及信息透明度；在金融支持方面，该章节可强化东道国对基础设施建
设项目政治风险的担保，并促进中国与缔约方基础设施建设融资合作。

二、推动中美双边投资协定谈判

（一）中美双边投资协定谈判的历程

2008 年 6 月 18 日，第四次中美战略经济对话结束时，中美两国政府
正式宣布开始启动双边投资协定谈判。事实上，早在正式宣布谈判之前，
双方已经开始了非正式的接触与商谈。截至 2015 年 2 月，中美双边投资
协定谈判经历 7 年，共十八轮谈判；期间，2012 年美国还重新公布了新的
双边投资协定范本作为中美展开谈判的文本基础。在长达 7 年的谈判期
间，中美两国所面临的国际和国内因素都发生了改变，中美双边投资协定
谈判目标、内容、方式等都不断调整，取得了不小的突破。

中美双边投资协定谈判实际上经历了一个长期的过程，为了便于研
究，本小节将谈判历程分为三个阶段。第一阶段是中美双边投资协定谈判
的启动及停滞阶段（1980—2008 年）。中美双边投资协定谈判最早起始于
1980 年。1978 年党的十一届三中全会决定了中国实行改革开放的战略，
为促进经济发展，国内形成了向西方引进和学习先进的技术和管理经验，
实施改革开放，加强与世界联系的主要共识，美国是中国学习的最主要国
家。为了发展中美经贸关系，中国展开了与美国的 BIT 谈判，这一举措
不仅关系中美关系正常化，也是中国改革开放的必然结果。在这一时期美
国经历了金融危机的打击，国内经济形势也面临着严峻困难。时任美国总
统的卡特就职时就宣布要努力从 1974—1975 年的严重衰退中恢复过来，

尽管美国国内采取了种种措施，但都收效甚微，经济先后出现通胀和滞涨现象，美国国内众多企业和利益集团因为国内的经济颓废，也急需扩展在中国的海外市场以获取更多的利益，极力要求美国政府推进与中国的外交和经贸关系。中美建交后，两国出于各自的政治经济利益，经济关系得到了迅速发展，并且于 1979 年 7 月中美两国签订了《中美贸易协定》。协定规定，缔约双方应在非歧视性前提下，给予对方最惠国待遇，同年 9 月，中美两国还签订了民航协定、海运协定、纺织品协定和领事条约。在这样的背景下，中美启动双边投资协定谈判，但在 1988 年，里根总统签署生效的综合贸易和竞争法，尽管进一步放宽了向中国出口的管制，但仍具有浓厚的保护主义色彩。1990 年，美国的一些国会议员曾经提起议案，以人权问题为借口，反对给予中国最惠国待遇或对其延长附加条件。20 世纪 80 年代末后，中美双边投资协定谈判便处于停滞阶段。

2008 年后，中美双边投资协定谈判重启。从 2008—2012 年，中美两国借助中美战略经济对话推进双边投资协定谈判。2008 年第四次中美经济战略对话决定重启中美双边投资协定谈判。中美两国就经济关系发展中的关键问题进行了探讨，包括应对金融危机、增进双边投资，共同应对全球化的挑战；中美两国认为达成双边投资协定不仅是中美各自国家利益的体现，也是推动中美经贸关系的重要举措。尽管中美经贸关系一直处于发展之中，但也常常成为中美政治关系和美国国内政治斗争的工具。中美贸易常常受到政治因素影响，美国对华贸易的政策也一直缩紧。2008 年金融危机使美国经济受到了严重影响，美国一些与房贷有关的金融机构和银行可能面临着倒闭和巨额亏损的风险，美国的实体经济也面临挑战，美国急需大量外来资金缓解金融危机压力。金融危机的爆发使美国更加重视中国的资本，中美双边投资协定谈判的第二阶段就是在这样的背景下开展的。

2012 年之后，中美双边投资协定谈判进入第三个阶段——实质性谈判阶段。美国在 2012 年修改了本国的双边投资协定范本，并以此作为中美两国谈判的文本基础。截至 2017 年，中美双方谈判代表已完成了 31 轮谈判。在市场准入问题上，中国同意以准入前国民待遇和负面清单为谈判前提，双方在负面清单内容、国有企业、透明度、争端解决等方面仍存在分歧。2017 年，特朗普政府上台后，一度搁置了中美双边投资协定谈判。

（二）中美双边投资协定的共同利益基础

国家利益是国际政治和国际法中的核心概念，也是一切国家对外关系的动因。共同利益是中美双边投资协定谈判展开的利益基础，既是中美两国国际和国内利益的需要，也是中美两国关系发展的需要。中美双边投资协定谈判的目标是实现中美两国在双边投资领域的合作，这一过程是在中美两国国家利益的引导下，伴随着中美两国政治与经济利益的互动和融合，最终目标不是"你死我亡"的零和博弈，而是要实现"互有你我"的合作共赢。

受 2008 年国际金融危机波及，世界经济格局发生变动，新兴经济体逐渐崛起，这促使世界由单极向多级化转变，尤其是随着中国经济的迅速发展，中美关系已经成为国际社会中非常重要的双边关系，并且处于关键时期，中国尽管一再强调和平崛起，美国仍然感觉到中国在经济和政治影响力上带来的压力。在中美双边投资关系中，中美双方既是东道国又是投资国，双方在平衡东道国利益和投资国利益上有共同的目标，因此在 BIT 的基本宗旨上和目的上有较为相似的认识。同时，中美双方因为意识到国际投资协定中的问题，都希望通过 BIT 限制国际投资仲裁权限从而维护东道国利益，因此，中美两国尽管在征收和投资争端解决存在分歧，但在某些条款上仍然具有共识和共同目标。

中美双边投资协定谈判至今仍未达成，仍然在迅速推进，但经过长期谈判，中美两国在相互博弈中更加明确了对方的立场和利益诉求，未来谈判的突破口来自中美两国对各自利益的调整以及互相的妥协，未来谈判的最终目标是实现合作共赢即实现中美两国国家利益的最大化。

（三）中美双边投资协定的主要分歧

中美双边投资协定谈判自 2008 年 6 月重启后，一直进展缓慢。原因之一是双方在条款内容上存在广泛分歧，而最为核心与困难的议题是准入前国民待遇问题。中美双边投资协定谈判以美国《2012 双边投资协定范本》为谈判基础。从 2008—2012 年中美谈判焦点集中在"准入前国民待遇＋负面清单"上。在 2013 年 7 月的第五轮中美战略与经济对话中，中方同意以准入前国民待遇和负面清单为基础开展中美双边投资协定的实质性谈判。2013 年 9 月 29 日正式挂牌的中国（上海）自由贸易试验区（以下简称为上海自贸区）肩负的一项重要使命即是在国内探索建立投资准入前国民待遇和负面清单管理模式。准入前国民待遇与负面清单模式的提出无疑对中国外资管理体制影响深远，以此作为中国外资管理体制改革的方向，将有利于推动中国现行的外商投资管理体制改革，突破现行外商投资管理体制深化改革的"瓶颈"问题。可以说准入前国民待遇和负面清单既是两国展开双边投资协定谈判的重要前提，也是中美在谈判中难度最大的领域。

1. 准入前国民待遇

基于中美双边投资协定谈判的文本内容处于保密状态，直接比较中美双方谈判立场并不可行。但美方立场主要反映为美国《2012 年双边投资协定范本》，中国立场本书则以 2010 年商务部曾讨论的《双边投资协定范本（草案）》为例来说明。

表 6-1　中美两国 BIT 范本中国民待遇条款比较

BIT范本名称	条款内容	主要区别
美国 2012年BIT范本第 3条	1.缔约一方给予缔约另一方投资者在其领土内设立、取得、扩大、管理、经营、运营、出售或其他投资处置方面的待遇，不得低于在相同情势下给予本国投资者的待遇。 2.缔约一方给予合格投资在其领土内设立、取得、扩大、管理、经营、运营、出售或其他投资处置方面的待遇，不得低于在相同情势下给予本国投资者的投资的待遇。 3.对于地方政府而言，缔约一方依照前两款规定所给予的待遇系指不得低于在相同情势下该地方政府给予居住在该缔约方其他地方政府所在地区的自然人，或依照该缔约方其他地方政府所在地的法律所组建的企业，以及上述自然人及企业的投资的待遇。	1.《2010年中国 BIT范本（草案）》中，国民待遇的享有需符合"不损害东道国法律法规"的前置条件。 2.《2010年中国 BIT范本（草案）》对于投资的"设立""并购""扩大"未给予国民待遇。
中国 2010年BIT范本(草案)第 3条	在不损害缔约一方可适用的法律法规的前提下，对在其境内投资的运营、管理、维持、使用、享有、出售或处分，缔约一方确保给予缔约另一方的投资者及其投资的待遇应不低于其在相同情势下给予本国投资者及其投资的待遇。	

资料来源：美国《2012 年双边投资协定范本》与 2010 年中国《双边投资协定范本（草案）》。

　　中国现已缔结的双边投资协定中，均未接受准入前一阶段的国民待遇义务。中国早期缔结的双边投资协定甚至并未提及国民待遇。1988 年《中国与日本双边投资协定》首次明确规定了运营阶段的国民待遇原则，但在协定的附件中进行了行业限制。1992 年《中国与韩国双边投资协定》所规定的运营阶段的国民待遇未作任何限制规定。但此后，中国签订的投资协定大多对运营阶段的国民待遇作了限制。2012 年《中国与加拿大双边投资协定》在这方面也未有实质性突破，虽然加方在谈判中也提出给予其投资者的国民待遇覆盖准入前与准入后阶段的要求。由此可知，中国对国民待遇条款一直持谨慎态度，对于运营阶段的国民待遇实行差别政策，对于准入前阶段的国民待遇义务则一直未接受。①

2. 负面清单

国际法中，一国对于外国人及其财产的进入予以管制是一国的主权权力。迄今为止，世界上任何国家均未允许外资自由进入，都给予了不同程度的监管。在国际投资协定中，承诺在准入阶段给予外资国民待遇的一些国家，则保留了诸多限制和例外。以奉行投资自由化高标准的美国为例，其在 2012 年 BIT 范本中除规定国家安全、金融服务和税收例外等条款之外，还在第 14 条专门规定了"不符措施"条款，即经缔约双方同意后，可以针对国民待遇、最惠国待遇、业绩要求以及高管和董事会四项义务提出不符措施进行谈判，缔约方就此四项义务提出的不符措施列入协定相应附件中，即为负面清单。

在国际投资法领域，对投资协定中的义务提出保留的方式包括正面清单和负面清单两种模式。正面清单模式，主要是指缔约方在协定的附件中正面列举缔约国承担该项条约义务的事项，凡未列明的事项，缔约方不需承担该项条约义务。负面清单模式是指缔约方同意条约所设定的条约义务适用于所有的外国投资者及其投资，但与此同时缔约方在附件中列出该缔约国不承担该项条约义务的特定措施、行业或活动。从理论上看，两种模式都会产生相同的投资自由化结果，只是分别体现了自上而下与自下而上的投资自由化路径。一般而言，负面清单模式下缔约方承担的义务水平要求更高。在负面清单模式下，除非缔约国在条约中列明例外情形，否则条

---

① 韩冰：《准入前国民待遇与负面清单模式：中美 BIT 对中国外资管理体制的影响》，《国际经济评论》2014 年第 6 期。

约义务将无条件适用于所有部门，其是一次性协议的方式，而协议一旦达成就会产生一种"自动自由化"的效果。正面清单则是一种循序渐进与选择性自由化的方式，允许缔约国做出宽泛的保留，从而可以为缔约国预留更多的时间和空间来应对投资自由化带来的各种风险。

美国在1994年NAFTA协定中首次执行负面清单的投资开放，此后在所有签署的投资协定中均采纳了该条款。中国在目前签署的104项双边投资协定以及含有投资章节或投资协定的自由贸易协定中，并未采纳负面清单模式。中美双边投资协定谈判的负面清单无疑对中国而言构成一项巨大的挑战。

三、推动中欧双边投资谈判

（一）中欧双边投资协定谈判的历程

德国、荷兰、法国等欧盟成员国是世界主要资本输出国，也是早期国际投资协定签订的主要推动者和参与者。在欧盟现有27个成员国中，除爱尔兰之外，中国均与之签署了双边投资协定。但中国与欧盟一些成员国所签署的双边投资协定是在20世纪80年代形成的，条款老旧，并不能反映中国当前海外投资保护的需求。受金融危机、欧债危机以及欧盟与其成员国之间的权能划分变迁的影响，2012年2月的中欧峰会上，中欧就尽快开启彼此双边投资协定谈判达成共识。此后，欧盟于2012年5月23日正式向成员国提出与中国谈判投资协定的建议。但2013年中欧间接连不断的贸易摩擦和纠纷一定程度上影响了谈判的氛围和环境。直到2013年11月21日，在北京举行的第16次中国欧盟领导人会晤后，中国国务院总理李克强与欧洲理事会主席范龙佩、欧盟委员会主席巴罗佐共同宣布，正式启动中欧双边投资协定谈判，并表示双方将积极探讨自贸区建设的可行性。中欧启动的双边投资协定谈判，将是欧盟作为整体谈判的第一份投资协定，且首次在贸易投资保护的框架内讨论市场准入问题。

（二）中欧双边投资协定谈判的核心问题

中国和欧盟目前推动建立全面、高标准的双边投资协定。这意味着在国民待遇方面提出较高的开放要求，要求外资享受准入前和准入后国民待遇，对于中国和欧盟双方的外资管理体制都具有挑战性，相比备受关注的中美双边投资协定谈判以及相关研究成果，学界对中欧双边投资协定的专门分析为数不多，考虑到中美、中欧双边投资协定谈判的方向基本一致，中美双边投资协定的研究成果中涉及中欧、双边投资协定的评论值得参考。和中美双边投资协定谈判一样，中国和欧盟双边投资协定谈判涉及的问题很多，主要包括市场准入方面的准入前国民待遇以及负面清单管理，同时也涉及国企竞争中立、环境保护、劳工保护等横向议题，这些内容从未出现在中国以往签订的双边投资协定或自由贸易协定中，对中国具有很大的挑战性。

中欧双边投资协定谈判的最大难点就是欧盟方面希望中国进一步开放市场的问题，也即市场准入问题。中欧双边投资协定谈判要解决的问题是欧盟投资市场将在多大程度上对中国开放，以及欧盟希望中国投资市场开放到何种程度。由于欧盟有 27 个成员国，欧盟的负面清单要经过欧盟和成员国各自议会通过，并且，欧盟在负面清单制定方面并不像美国一样具备丰富的实践经验，中欧双边投资协定谈判可能需要比中美双边投资协定谈判花费更长的时间。欧盟认为，建立"对等市场关系"意味着欧洲和中国的公司应该在对方市场拥有对等的市场准入，欧盟希望中国提高对欧盟投资者的市场准入程度，减少市场准入壁垒和对外资的差别待遇，以改变目前中欧之间投资的不平衡状态。欧盟希望中国减少在交通、通讯、医疗、物流和商业服务等行业的诸多限制，开放中国的服务业，但是由于欧盟和中国在许多行业和领域的发展水平不同，中国对欧盟提出的对等开放并不完全认同，因此，中欧在确定负面清单的范围方面存在不少分歧。

（三）推进中欧双边投资协定谈判的措施

当前在中欧双边投资协定谈判中，中方在规则话语权方面总体处于劣势，需要接受和适应欧美在市场准入和投资保护等领域的高标准，但也并非完全被动。并且，中欧投资协定谈判对于中国转变经济发展方式，建立开放型经济新体制具有重要的意义。

第一，统一欧盟作为中国重要的合作伙伴的战略认识。未来 10—15 年，欧盟作为中国战略伙伴的重要性将越来越突出。从长远的角度看，中国进一步融入世界有必要加强与欧盟的合作。在现行国际经贸体系中，欧盟是国际规则的守成者和未来发展的重要决策方；中国则已经从过去的被动参与者，发展为拉动世界贸易和经济增长的重要力量。中欧之间既有竞争，更需合作，大到宏观层面的全球贸易与投资体系建设，如世界贸易体系发展、全球投资与仲裁规则的确立、国际发展援助政策、国际组织合作，小到微观层面的国有企业竞争中立、企业社会责任、政府采购和税收合作等方面，双方之间存在诸多契合点，深化合作可收到事半功倍的效果。

第二，中欧双边投资协定谈判的主导原则应该是"合作共赢，以开放促改革"。中欧投资协定谈判进程与党的十八届三中全会确立的"构建开放型经济新体制"进程基本同步。通过谈判参与全球投资体系的新发展，同时敦促欧盟进一步对我国开放市场，应是中国对欧谈判的总体原则诉求。据欧盟统计局统计，截至 2013 年年底，欧盟对华投资存量达到 1263 亿欧元，中国对欧盟投资存量为 279 亿欧元（约 368 亿美元）。从总量上看，欧盟对华投资规模显著大于中方对欧投资，但从发展趋势上看，欧元区主权债务危机后中国对欧盟投资迅速增长，而欧盟企业对华投资明显放缓，中欧双边投资合作正日趋走向平衡。与此同时，欧盟 28 个成员国投资环境复杂，老成员国与新成员国对于市场准入的认知存在较大差异，因此中方在中欧投资协定谈判中的关注，一方面应聚焦于消除欧盟不同成员国在市场准入方面的不一致规定及不合理限制，从法律上确保中国企业和自然人在欧盟所有成员国家享有平等的市场准入机会；另一方面，也应伴随国际投资方式的不断创新，使协定的管辖范围不仅涵盖直接投资，而且也兼顾对间接投资等其他投资方式的促进和保护。在中欧投资协定谈判中，中方应充分准备，特别是在涉及开放的领域，要进一步做好政策咨询和意见调查，制定诉求清单，以便在谈判时有的放矢，掌握主动。同时，欧盟委员会虽是欧盟对外签署投资协定的全权代表，但其对外谈判的授权是建立在协调和平衡盟内所有成员国对外资管理的不同需求之上的，因此，中方有必要注重以灵活的方式推进谈判进程，不断凝聚共识，通过分析中方对欧盟诉求的不同层次，合理分配时间和谈判重点，推动尽早达成中欧投资协定。

四、改善"一带一路"区域投资治理

2015 年 3 月 28 日，国家发展改革委、外交部、商务部联合发布《推动共建丝绸之路经济带和 21 世纪海上丝绸之路的愿景与行动》，文件将投资贸易合作列为海上丝绸之路建设的重点内容，着力研究解决投资贸易便利化问题，消除投资和贸易壁垒，构建区域内和各国良好的营商环境，积极同沿线国家和地区共同商建自由贸易区，激发释放合作潜力。

中央在提出"一带一路"倡议后，短期便取得了不俗的效果。2015 年上半年，中国与"一带一路"沿线国家贸易额显著增长，进出口值接近 3 万亿人民币，占我国同期外贸总值的四分之一，中国对孟加拉国、巴基斯坦、以色列、沙特阿拉伯和埃及等海上丝绸之路沿线国家出口实现了两位数的较高增速，而同期，中国总体出口贸易仅增长 0.9%。[①]

为了配合"一带一路"的建设，在 2014 年北京召开的 APEC 峰会上，中国倡导成立了亚洲基础设施投资银行和丝绸之路基金，为"一带一路"建设提供项目资金贷款。

（一）中国在"一带一路"沿线国家投资现状

根据《2017 年度中国对外直接投资统计公报》的统计数据显示：2017 年中国境内投资者共对"一带一路"沿线的 57 个国家近 3000 家境外企业进行了直接投资，涉及国民经济 17 个行业大类，当年累计投资 201.7 亿美元，同比增长 31.5%，占同期中国对外直接投资流量的 12.7%。主要投向新加坡（63.20 亿美元）、哈萨克斯坦（20.70 亿美元）、马来西亚（17.22 亿美元）、印度尼西亚（16.82 亿美元）、俄罗斯（15.48 亿美元）、老挝（12.20 亿美元）、泰国（10.58 亿美元）、越南（7.64 亿美元）、柬埔寨（7.44 亿美元）、巴基斯坦（6.78 亿美元）、阿联酋（6.61 亿美元）等国家。近五年中国对沿线国家累计直接投资 807.3 亿美元。2017 年年末，中国对"一带一路"沿线国家的直接投资存量为 1543.98 亿美元，占中国对外直接投资存量的 8.5%。存量位列前十的国家是：新加坡（445.68 亿美元）、俄罗斯（138.71 亿美元）、印度尼西亚（105.39 亿美元）、哈萨克斯坦（75.61 亿美元）、老挝（66.55 亿美元）、巴基斯坦（57.16 亿美元）、缅甸（55.24 亿美元）、柬埔寨（54.49 亿美元）、阿联酋（53.73 亿美元）、泰国（53.58 亿美元）。

（二）改善"一带一路"区域投资治理的必要性

当前"一带一路"建设推进已经五年有余，基础设施投资是"一带一

① 《上半年中国对海上丝绸之路国家贸易近 3 万亿元人民币》，[2015-07-15]。http://www.chinanews.com/cj/2015/07-13/7401973.shtml.

路"建设中最重要的内容，但中国与沿线国家并未就区域投资治理作出显著的制度建设，中国并未与沿线投资往来紧密的国家启动双边投资协定更新，亦未就区域投资制度建设作出明显的安排。现代化投资制度的欠缺将无法为中国赴沿线国家投资的企业保驾护航，亦无法借助于建设契机，提高中国在区域投资治理中的话语权。

1. "一带一路"区域投资治理是实现区域法治的保障

国际法治需要对法治理念的国际化，使国际关系法治化。[1] 二战以来，为避免国家权力的相互倾轧，通过国际合作制定国际规范，建立可预期的国际制度，进而逐步塑造公正、有效的全球化模式是人类社会的可行性途径。[2] 从宏观上来说，全球投资治理朝"法治"方向发展，离不开制度和规则。虽然制度本身并非全然中性，掺杂了供给国的偏好，[3] 但只有制度文化才具有稳定性、长期性及根本性，能确保多国联动及行动规制。[4] 国际社会更是如此。国际社会欠缺凌驾于国家之上的超国家政府，呈现为多元横向的契约之治。只有通过清晰、明确的条约，方可保障国际经济秩序的有序化，权利义务的明确化，经贸纷争的有效解决。

从当前国际投资协定的总体发展趋势来看，双边投资协定依然是全球投资治理体系的制度基础。中国在"一带一路"建设中虽为资本输出国家，但中国与沿线不少国家投资协定条款简单，仅由十来个条款构成，与美欧等资本输出国推进的投资协定相去甚远。中国应以美欧投资协定为鉴，通

---

①　何志鹏：《"良法"与"善治"何以同等重要——国际法治标准的审思》，《浙江大学学报（人文社会科学版）》2014 年第 3 期。

②　赵骏：《全球治理视野下的国际法治与国内法治》，《中国社会科学》2014 年第 10 期。

③　张宇燕：《利益集团与制度非中性》，《改革》1994 年第 2 期。

④　彭何利、毛勇：《新丝绸之路经济带的国际法治构建》，《法学杂志》2015 年第 8 期。

过投资协定更新和修订增强文本的确定性，制定相对完整的投资规则①，以符合国际法治秩序性、可预期性、有效性的形式价值②，确保国际投资规则所创设的权利和义务能充分为缔约国所预见，能有效解决投资者与东道国的纠纷。这意味着随着"一带一路"建设的推进，中国必须加速与沿线国 FTA 的缔结及更替，为"一带一路"建设提供良好的制度支持，促进区域经贸法治建设。

2."一带一路"投资治理是改变区域内贸易与投资环境的前提

中国在提出"一带一路"倡议后，随着中国与沿线国基础设施建设的开展，跨境直接投资在短期内便取得了不俗的效果。"一带一路"基础设施建设的开展，主要反映为中国资本及技术的跨境单向流出，由此便带来中资企业境外投资风险规制及权益保障问题。

资本输出国与输入国签署投资协定是降低投资者境外投资风险的主要途径。截至 2015 年 10 月 31 日，中国与沿线国签了 56 个双边投资协定。从现有投资协定的内容来看，较为简单，在投资以及投资相关议题上尚未达到深度一体化。"一带一路"虽涵盖发达国家，但更多的为发展中国家。其中，南亚各国尚未解决温饱问题，国内法制建设水平较低。即便是区域内的发达国家，如俄罗斯也存在国内经贸制度不完善，政出多门，政府腐

---

① Trachtman J., *The Future Of International Law*, Cambridge: Cambridge University Press, 2013, p.244.

② 中外学者普遍认为国际法治的形式价值包括国际法的可预期性及争端解决的有效性。参见赵骏：《全球治理视野下的国际法治与国内法治》，《中国社会科学》2014 年第 10 期；黄文艺：《全球化时代的国际法治——以形式法治概念为基准的考察》，《吉林大学社科学报》2009 年第 4 期。Trachtman J., *The Future Of International Law, Cambridge: Cambridge University Press,* 2013, p.244. Filippo Fontanelli and Giuseppe Bianco. *"The Inevitable Convergence of the US and the EU on the Protection of Foreign Investments – BITs, PTAs, and Incomplete Contracts".* http://papers.ssrn.com/sol3/papers.cfm?abstract_id=2364074. p.15.

败等削弱法律制度有效性及稳定性的因素。中国与沿线国家所签署的双边投资协定中投资待遇、征收与补偿以及投资争端解决条款不完善，便难以对中国投资利益提供较为周全的保护。如中国与乌兹别克斯坦于 2001 年签署《中乌双边投资协定》，协定的市场准入度并不高，乌方国内经贸法规对投资业务的开放很有限，强调投资的境内管理，在其正式法律之外，其经济特区法规、政府规章、总统法令等均可对外资准入产生影响。在外资行政审查方面，乌方执行单项审查，不确定性非常强，并不能有效减少中资企业赴乌兹别克斯坦投资的准入壁垒。

总体而言，"一带一路"沿线国规则认同度越低，行政和司法任意性便越大，政府腐败越严重，对中资企业的投资利益越难以形成保障。当前，中资国有企业赴沿线国投资主要依靠政府双边协议降低风险。当政府协议与国内法制不一致时，便无法保障中方的投资安全。这点从中缅密松水电站建设项目的失败中可见一斑。[①] 随着"一带一路"合作深化，中资民企赴外投资，其风险抵御能力必然较国企更弱，更需稳定的法制以保障双边经贸关系的开展。因而"一带一路"的规则建设亟须在区域、双边及国内投资制度多个方面进行法制建设，以便对中资海外投资和贸易利益形成保护。

3."一带一路"投资治理不足不利于提升中国的投资治理话语权

"一带一路"建设中的投资规则不足及不完善难以提升中国经贸制度话语权。十八届五中全会上，中央提出要增强中国在全球经济治理中的制度性话语权。[②] 经贸制度话语权反映为一国对国际法的影响能力，以及本

---

① 导致密松水电站 2000 万投资资本无法收回及继续的主要原因是政府协议与当地环保法规不符，该建设项目未经环保测评，因而受到当地环保组织和民众的反对。

② 参见《2015 年十八届五中全会工作报告》。报告网，http://bg.yjbys.com/gong-zuobaogao/20333.html。

国法作为"示范法",为他国吸收、同化的能力。中国在既往的投资协定谈判中,往往是规则接受者,而不是规则输出者。在"一带一路"建设中,中国的话语权优势主要体现在"基础设施建设"这个议题上,但这种优势只建立在临时的基础上,脱离了中国的资本和技术输出,便难以持久。因此,倘若中国利用自身在"一带一路"资本和技术输出方面的优势,形成稳定的区域投资法律框架,缔结有利于中国的投资协定,中国便可将"基础设施建设"这个核心议题的话语权扩张至其他非核心议题领域,提升自身的综合制度性话语权。

4."一带一路"区域投资治理可避免投资优惠待遇外溢

缔结投资协定也是中国避免与"一带一路"沿线国所形成的优惠待遇被他国"搭便车"的需要。"一带一路"的建设因其向沿线国家的政策施惠,为中国赢得了"关系资本",并可能使中资企业在沿线国享有某些投资和贸易优惠。但倘若关系资本不借助于规则或制度兑现为制度资本,则很容易被当前的多边贸易制度及区域性贸易制度所稀释。同样,中国授予沿线国的单向经贸优惠待遇也会因最惠国待遇要求而对非沿线国溢出。因此,"一带一路"未来的建设应逐渐弥补制度及规则不足,避免中国式最惠国待遇所积累的"关系资本"为中资企业创设的贸易与投资优惠待遇,为其他国家所搭便车而稀释殆尽。

5."一带一路"区域投资治理是抑制欧美亚太战略的客观需要

亚太区域因近年来经济发展迅速成为美欧区域FTA缔结于合作的重点区域,因而在已有的"亚太经济合作组织(APEC)""东盟(ASEAN)"等合作机制外,又形成了"全面进步的跨太平洋伙伴关系协定(CPTPP)"等。此外欧盟与日本、韩国的投资协定和自由贸易协定也在积极谈判中,中国虽倡导在泛亚地区建立"区域全面经济伙伴关系(RCEP)",但尚未完成最终谈判。

"一带一路"区域投资治理是中国抑制美国、欧盟、日本等国家亚太战略、欧亚战略的客观需要。当前，欧美在亚洲等纷纷寻找盟国，通过制定投资协定或贸易协定的方式巩固彼此经贸关系和政治关系。"一带一路"建设作为中国主导的倡议，目前体现出明显的中国单边经贸优惠待遇输出的趋势。倘若中国不借助于投资协定谈判巩固中国与沿线各国的经贸关系，不仅不利于进一步推动投资自由化，无法与美国、欧盟达成高标准投资协定竞争，亦无法为中国的和平崛起提供稳定、良好的周边环境。

（三）"一带一路"投资规则的构建

双边投资协定和自由贸易协定投资开放条款主要涉及投资准入、投资待遇、履行要求、投资风险管控四个方面，下文也将分别从投资准入的"负面清单"条款、准入前国民待遇、禁止当地成分要求、征收及汇率风险控制等方面分述中国与"一带一路"沿线国家投资规则建设的应然构成。

1. 投资准入——负面清单条款

合理的投资治理方法相对于单一的投资开放条款，能带来更为显著的开放利益。21 世纪以美国为引导的双边及多边投资治理改革的突出表现便是外资准入的负面清单审查改革及将非歧视待遇中的国民待遇和最惠国待遇延伸至准入前。负面清单审查与准入前国民待遇作为一种高标准的投资准入及非歧视待遇，是引领投资开放的新型武器。负面清单式准入建立在"法无明文限制则许可"的自然权利理论上，正面清单式准入则建立在"法无明文授权则禁止"的行政管理思路上。两者对服务行业投资的影响各异。第一，"负面清单式管理"自由化程度更高，透明度也更高，因为它一般包含两个附件，附件一列明当前不符开放承诺的措施清单，通常成员方对现有的限制性措施进行锁定，并逐步消除。第二，允许制定进一步限制性措施的清单。因而负面清单模式不仅对不予开放的服务行业进行了固定，也对当前成员方提出保留不符其开放承诺的措施予以锁定，限制成员方采取新限制措施的自由。并且，附件一清单设置的退出机制，使成员方保留措施逐步减少，便于推进服务行业的渐次开放，保证其准入的可预见性，有利于投资权利的扩张。负面清单模式的服务贸易开放的市场准入程度更高。这种模式谈判基本以成员方在 GATS 下已达成的开放承诺锁定为起点，确保了服务贸易开放领域的透明度和渐进性，进而采取逐个击破的方式将列入负面清单的行业从清单中剔除。值得一提的是负面清单所附的附件一和附件二，两附件对成员方的保留进行了限制，并设置了"到时删除提醒"的功能，因而负面清单模式相比正面清单模式，不仅在开放领域的广度上起点更高，也在准入行业的开放深度上更为激进。[①]

负面清单式外资准入管理倘若能在"一带一路"投资合作中加以实践，对于中国企业"走出去"，寻求更广泛的市场将是良好的催化剂。那么，中国与沿线国家是否具有以负面清单的方式管理外资准入的条件呢？从中国本身来看，中国当前多个自贸区也在试点外资引入的负面清单管理。2015 年 9 月第 21 轮中美双边投资协定谈判中，中美双方已就第 18 轮所交换的负面清单按照进一步开放市场的承诺改进了出价。[②]尽管中美双边投资协定谈判中负面清单的提交以及自贸区中负面清单管理的实践均在外在压力下形成，但已为中国政府所认可，十八届五中全会已明确将形成对外开放的新体制，"十三五"规划期间将全面实行外资准入的负面清单和准入前国民待遇，负面清单的外资准入模式也将纳入正在制定的《外国投资法》。中国目前在国内若干省市试点的自贸区，

---

① Martin Roy, Juan Marchetti, Hoe Lim, "*Services Liberalization in the New Generation of Preferential Trade Agreements (PTAs): How Much Further than the GATS?*" WTO working paper, September of 2006, "http://ideas.repec.org/a/cup/wotrrv/v6y-2007i02p155-192_00.html". pp.20-22.

② 中美合作负面清单成为焦点 BIT 到底包含了什么内容，中研网，http://www.chinairn.com/news/20150928/112858206.shtml。

也采纳了负面清单式外资准入管理，但其覆盖行业也是"广覆盖"，敏感性行业仍然通过正面清单开放。因此，从中国来看，在"十三五"规划期间，负面清单式管理在外资准入方面应该逐渐形成常态，覆盖行业会越来越广，但要达到美式 FTA 所要求的排除任何敏感行业的"全覆盖"标准尚不可行。

反观"一带一路"沿线国家，并非所有沿线国家均具有外资准入负面清单谈判及管理的经验和能力。韩国、日本等国家在服务贸易谈判中在 21 世纪初也均为负面清单模式，并借助服务贸易承诺附件一清单对现有的不符措施进行锁定，以及附件二清单对未来进一步开放的领域加以列明。可以说，其负面清单开放水平早在中国之上。

再以"一带一路"中发展较为成熟的自由贸易区东盟为例。东盟成员之间以及东盟与中国的 FTA 仍采纳正面清单的开放模式，但其谈判方法较服务贸易总协定的谈判方式有一定的进步，更为开放。东盟第五轮谈判采取强制开放领域加选择开放领域模式，对于 65 个服务贸易领域被列入强制开放，19 个服务贸易领域允许成员方选择 5 个领域进行开放。东盟成员方在服务贸易谈判中，多数部门承诺开放的程度并不超过 GATS。超出 GATS 的领域主要为医疗健康服务和运输服务，多数东盟成员方对于海运业较为自由化，在物流业，空运业允许外商持股的比例增加。[①] 在东盟与中国达成的《投资框架协议》中，除了新加坡作出了超出 GATS 的市场准入承诺，其他国家服务贸易承诺开放水平与 GATS 相当。东盟较为审慎的投资开放模式一定程度上受东亚治理文化的影响，对于大幅让渡政府外商投资管制权限的立法模式心存戒心。但东盟各国经济发展水平较高，东盟国家中新加坡、马来西亚、文莱、越南与美国达成 TPP 已采纳负面清

① Jeffrey J. Schott, Minsoo Lee and Julia Muir, "*Prospects for Services Trade Negotiations*", working paper, WP 12-27, Peterson Institute for International Economics. pp.5-6.

单准入模式，并且其负面清单覆盖范围可能超过中国。即便未加入 TPP 的泰国，也与美国签署了双边投资协定，采纳负面清单式外资准入管理。因此东盟各国实际上已基本具有推进负面清单谈判的能力。

但其他多数国家，尤其是中亚、西亚、南亚国家，在双边及区域性贸易协定中服务贸易及投资开放程度仍采纳"正面清单"方式，敏感性行业较多，尚未有负面清单谈判及管理的经验。

正如前文所述，"一带一路"沿线国家的巨大差异性，使中国在与沿线国家签订及更新双边投资协定或自由贸易协定时不可能采纳统一的开放标准。负面清单式开放的确可能对于本国产业竞争力不足的资本输入国而言，心存忧虑，因而中国应区分沿线各国负面清单开放的可行性而区别对待。中国在与已采纳以及有条件采纳负面清单开放的国家如东盟各国进行外资谈判时，应在投资准入方面采纳负面清单模式，并逐步限制负面清单所列行业，加速附件一限制性措施的解锁。在与"一带一路"沿线国家中尚不具备负面清单管理，但与中国已签署自由贸易协定或双边投资协定，对投资和服务贸易已作相应安排的国家进行外资准入谈判时，可先推动正面清单的开放化，逐步以负面清单取代正面清单，在制定负面清单时，通过附件一和附件二的例外规定使其享有较长的适应期和保护敏感性行业的权力。对于那些与中国尚未签署双边投资协定或在自由贸易协定中尚未对投资开放作出安排，中国应与之弥补双边投资协定的不足，并采纳较为传统的正面清单开放模式，但应有意识地促使缔约方放宽基础设施建设所涉行业的准入限制。

2. 投资待遇条款——准入前国民待遇

除了投资准入条款，国际投资协定涉及投资的另一重要条款是投资待遇条款。要形成高标准的经济一体化区域，应促进沿线国之间达成完全的最惠国待遇及国民待遇，即在投资协定中纳入准入前国民待遇及最惠国待遇条款。准入前国民待遇的严格实施被评价为相当于"事实上"的完全市场准入①，授予了投资者在东道国投资"设立权"，针对投资设立的履行要求除非同等地适用于本国国民，否则不得对外商投资者适用。该条款最早为美国推行，后来逐步被日本、加拿大等国家采纳，体现在 NAFTA、ASEAN、"南方共同市场（MERCOSUR）"等贸易协定中。② 基于对资本市场的竞争，欧洲和拉丁美洲国家也有条件地采纳了"准入前"国民待遇，尽管措辞不尽相同。例如 2003 年意大利双边投资协定模板规定"任一方投资者在他方应享有投资准入的权利，并不得低于第 3 条所述国民待遇的要求"③。TPP 协定则规定，任一投资方应给予另一方投资者④、投资⑤同等情形下不低于本国投资者在设立、并购、扩张、管理、实施、运行、销售或其域内投资处分的待遇。为了进一步明晰该待遇，TPP 协定还规定，该待遇亦使用成员方所组成的区域政府。⑥

　　当然，"准入前"国民待遇条款因削弱东道国政府外商投资设立的管制权限，亦为东道国政府所介怀。因此，该条款往往与"负面清单"配套使用，以便成员方可将并不意图对外国投资者开放的领域作为"准入前国民待遇"的例外固定下来。例如成员方可对本国不打算对外国投资者开放的具有重要战略和政治重要性的服务领域作出保留，可基于附件一在一定

---

　　①　Reinisch A., *"The EU On The Investment Path – Quo Vadis Europe? The Future of EU BITs And Other Investment Agreements"*, http://papers.ssrn.com/sol3/papers.cfm?abstract_id=2236192, 2013, p.14.

　　②　Chester Brown, *Commentaries on Selected Model Investment Treaties*, Oxford: Oxford University Press, 2013, p.359. 日本仅在少数 FTA 如日本—泰国 FTA 等未适用"准入前国民待遇"条款，其签署的 FTA 多数包含"准入前国民待遇""准入前最惠国待遇"条款。

　　③　Italian Model BIT, Article II.2.

　　④　TPP, Investment Chapter, Article 9.4.

　　⑤　TPP, Investment Chapter, Article 9.5.

　　⑥　TPP, Investment Chapter, Article 9.6.

时间内保留当前的限制性措施，或根据附件二清单允许成员方制定新措施进行限制。根据美国联邦法对外商持股限制或"埃克松-弗洛里奥 (Exon-Florio) 法案"的"准入前"国民待遇例外在美式的 FTA 中非常普遍，保证了美国仍可对战略服务业外商投资比例作出限制或总统以"国家安全"为由禁止外商并购的歧视性设立待遇。①

中国与东盟 2007 年《投资框架协议》已实现准入前最惠国待遇的规定，但仍适用准入后的国民待遇，例如《投资框架协议》第 4 条有关国民待遇的约文规定，各方在其境内应当给予另一方投资者及其投资，在管理、经营、运营、维护、使用、销售、清算或此类投资其他形式的处置方面，不低于其在同等条件下给予其本国投资者及其投资的待遇。进而第 5 条有关最惠国待遇的规定则规定各缔约方在准入、设立、获得、扩大、管理、经营、运营、维护、使用、清算、出售或对投资其他形式的处置方面，应当给予另一缔约方投资者及其相关投资，不低于其在同等条件下给予任何其他缔约方或第三国投资者及／或其投资的待遇。但即便是最惠国待遇，中国与东盟《投资框架协议》亦非完全的准入前待遇，因为基于第 6 条的规定，无论是最惠国待遇还是国民待遇，均适用"祖父"原则，即《投资框架协议》签订时现存及新增的不符措施，以及对这些不符措施的延续和修改。因而，中国与东盟《投资协议》在授予投资者待遇方面尚未达到美式 FTA 所授予的待遇。

"一带一路"建设，中国将成为区域内最大的资本输出国。那么中国企业能否在沿线国获得与本地企业相同的待遇亦成为制约中资企业"走出去"的一个疑虑之一。无论是设立后东道国对外资企业的税收待遇及销售

---

① Nicholas A. Phelps，Philip Raines, *The New Competition for Inward Investment: Companies, Institutions and Territorial Development*. Massachusetts: Edward Elgar Publishing, 2003, pp.38-39.

管理，还是在设立前的行政审查、人员签证等，中资企业均需要获得国民待遇来保障。尤其是沿线国中国内法较为不健全，对外投资协定签署较少的国家，其规则认同程度低，政府腐败程度较高，其行政管制及司法体制更容易对待外国投资者方面作出不公平及任意的举措。在与之推行负面清单管理及准入前国民待遇时，必然会遭遇较多的障碍。

基于准入前国民待遇与负面清单条款往往配套使用，因而同理，中国应根据沿线国可接受负面清单条款的程度，在与之进行负面清单谈判时，对准入前国民待遇条款加以谈判。可先与已采纳负面清单管理及授予准入前国民待遇的国家更新双边投资协定，落实准入前国民待遇条款。与前文所述投资开放较为保守的沿线国进行相关谈判，通过授予关税方面更优惠的待遇而换取其对负面清单条款及准入前国民待遇条款的认同，并允许其在初期借助于附件一和附件二的例外规定，将暂不予以开放的行业设置不开放及保护的宽限期。

3. 当地成分等要求

国际投资协定下回应投资壁垒的条款主要体现在当地控股、当地成分、当地雇佣等要求上，2013年"一带一路"建设开展以来，基于"设施互通"作为"五通"政策的第二"通"，中资交通、通信及能源基础设施企业当前成为赴海上丝路沿线国投资的首批"吃螃蟹者"，参与沿线国的交通、电力、港口建设等工程。目前，基于对中资企业赴外投资的调研，目前主要投资瓶颈体现为当地控股比例、当地成分要求以及当地雇佣要求等履行要求规定。

第一，不少东道国投资准入法律不允许外国投资者独资建立交通及能源企业，或规定中资企业不得控股，从而中资企业不得不在当地寻找合作者。但一旦合作者违约，便会影响中资企业的前期投资。

第二，在基础设施建设的过程中，东道国法律如对项目主要设施和零部件设有当地成分要求，中资企业则不得不根据当地要求使用当地设施和零部件，由此导致建设成本增加，或因设施不兼容而使项目延迟，也不利于中国海外建设消化国内剩余产能的战略目的的实现。

第三，中资企业在跨境投资中，另一受制约的壁垒是人力资本问题。基于多数沿线国家对于外资引入有当地雇佣的要求。无论是管理人才还是建设工人的当地雇佣要求均可能无法满足中资企业需求，甚至导致中资企业建设项目的延迟和违约。[①]

FTA 有关履行要求的限制性或禁止性规定对于减轻前述履行要求具有很重要的意义。以当地成分为例，TPP 第 9.9 条为限制任何成员方的当地成分或进口替代要求，做了详细的规定，要求任何成员方不得对另一方投资的设立、并购、扩张、管理、实施、运行、销售或其他有关投资的处分施加或执行的履行要求包括：（1）出口给定水平或比例的产品或服务；（2）达到给定本土化水平或比例；（3）购买、使用本土生产的产品，或对本土生产或从本土个人购买的产品给予优惠待遇；（4）以出口数量或获得的外汇收入价值限制进口的数量或价值；（5）以出口数量或获得的外汇收入限制本土销售的产品或服务的价值；（6）对本国个人转让特定的技术、生产方式或其他知识产权；（7）向本土个人购买、使用技术或给予该技术优惠待遇或阻止对本区域内特定技术的购买、使用或优惠待遇的授予；或（8）采取许可合同特定的特许权使用费率或许可使用合同的期限。[②] 相比而来，中国与东盟的《投资框架协议》尚未就任何当地成分及进口替代问题作出限制，这也是中资企业在赴东亚、东南亚以及其他"一带一路"沿线国家投资反映遭遇较明显投资障碍的原因。

---

① 从对中资企业的调研中发现，中资企业在赴海外投资时，当地雇佣工人往往因宗教原因，不同意加班或延长工作时间，或因每日进行宗教仪式而无法保证有效率地完成工程。因此，不少企业认为当地政府对其投资项目所批准的工作许可是保证项目如期完成的重要因素。

② TPP, Investment Chapter, Article 9.9.

可见，"一带一路"建设，中国政府应在调研中资企业赴外投资所遭遇瓶颈和壁垒的基础上，积极落实与沿线国家之间的双边投资协定或自由贸易协定签订和更替，针对当地控股、当地成分、当地雇佣要求等积极去除投资壁垒。当然，基于中资企业赴外进行基础设施建设的国家法制发展水平不高，中国与之投资协定更替期望能一下子实现投资壁垒的去除，并不具有太大的现实可能性。因而，可考虑在投资协定修订尚未形成解决方案前，中国政府在推进"一带一路"沿线国基础设施建设时，可考虑先与沿线国就交通、通信及能源基础设施建设达成政府协议或备忘录，放宽投资比例及当地成分要求。对赴外投资的中资企业提供投资指导和尽职调查，关注东道国对建设项目控股比例、当地成分、当地雇佣等方面的要求。进而利用各现有的双边及多边投资谈判机制，如东盟"10+1"、APEC、亚洲首脑峰会等正式及非正式对话机制，推动与基础设施投资有关的双边及区域性投资协定的达成。

4.强化海外投资的风险控制

"一带一路"倡议为中国"走出去"战略的一部分，为中资企业带来了红利，但也因沿线国家政治、经济、法制环境的不稳定，对海外直接投资和出口贸易带来了风险。中国政府在非商业风险控制方面应发挥主要作用。如前文所述，中资企业在赴海上丝路沿线国家投资时所面临的较为突出的海外投资风险主要体现在东道国环境管制、汇率波动、海外并购安全审查、知识产权技术垄断等方面。中国政府在推动"一带一路"投资治理时应与沿线国完善双边及区域性投资协定中的投资章节和条款，并积极利用现有的多边投资风险担保机制，加强国内出口管制、安全审查和风险调查机制以减少中资企业赴海上丝路国家投资的风险。

例如针对征收风险，尽管当前对外国投资直接征收和国有化的个案已不多见，但基于"一带一路"沿线国仍涵盖不少经济发展水平较低、政治不稳定的国家，征收风险依然存在。中国作为资本输出国，在与"一带一路"沿线国签订 FTA 时，应该制定较为周全的征收及间接征收条款。目前以中国与东盟《投资协议》为例，征收条款基本与美式征收条款相当，略有区别。例如以 TPP 第 9.7 条的征收条款为蓝本：各方不得直接或间接采取相当于征收或国有化措施对涵盖投资进行征收或国有化，除非：（1）为了公共目的；（2）采取非歧视的方式；（3）符合第 2、3、4 款要求的及时、充分及有效的赔偿要求；（4）符合正当程序的要求，进而第 2 款还要求赔偿应该毫无延迟的支付，相当于征收发生前的市场价值，未因征收提前披露而价值折损，并可充分实现和自由转换。① 中国与东盟《投资协议》同样设定了征收的四个合法条件。其中为了公共目的以及非歧视实施与 TPP 相当，但赔偿数额根据《投资框架协议》为征收公布时或征收发生时被征收投资的公平市场价值计算，两者孰为先者为准，需为可自由兑换货币并可自由转换，与 TPP 差异亦不大。差异最大的是征收程序方面，《投资框架协议》规定适用的可适用的国内程序包括法律程序即满足，而无需英美法系下正当程序要求，严格执行告知（notice）及听审（hearing）程序等。

在当前全球金融危机的宏观环境下，"一带一路"建设中的汇率风险不得小觑，沿线国家俄罗斯自金融危机以来本国货币多次贬值。"一带一路"建设要实现资金融通，化解中资企业境外投资汇率风险，只有通过人民币国际化，将人民币作为"一带一路"建设中的结算货币方能实现。这点则需要自由贸易协定服务贸易领域加强沿线各国之间对人民币业务的开放。

除了国际投资协定所提供的投资保护，亦可利用政府及商业投资保险机制消化中资企业海外投资中的风险，可积极促成"一带一路"金融支持机制如丝路基金、亚投行等开发出相应的投资保险，并积极利用现有的多边投资风险担保机制如 MIGA 所提供的保险，减轻中资企业赴外投资的

---

① TPP, Investment Chapter, Article 9.7.

风险。

此外，"一带一路"建设也应强化本国投资保护机制，以公共产品的方式提供给中资企业。基于中资企业对海上丝路沿线国的投资环境不尽熟悉，中国政府应针对海外投资风险委托政府及民间投资机构作相应的调查，制成投资指南，作为公共产品向中资企业提供。另外，对海外投资政府信用进行评级，对违约的国家实施对等待遇，在投资税收、信贷等方面不予优惠待遇，譬如中国对外进出口银行对沿线国信用评级较差国的企业和个人不予投资和贸易贷款。此外，鼓励以人民币作为海上丝绸之路沿线国家贸易与投资结算货币，亦可减少中资企业赴外面临的汇率风险。

五、推动多边投资谈判

2014—2018 年间，有接近 1500 个国际投资协定陆续到期，[1] 面临着文本重新定位及谈判的需要，为多边投资协定谈判提供良好的时间窗口。中国作为资本输入及输出大国，为保护本国投资者，并健全国际投资体系，应积极参与多边投资协定的制定。[2] 因而在 2016 年 G20 杭州峰会上，G20 首次设置贸易与投资工作组，并在中国的倡议下达成了《国际投资指导原则》，标志着中国对国际投资协定多边谈判所付出的努力。但要看到的是，国际投资协定多边谈判动力与障碍并存，国际投资协定在趋同的过程中虽为制度的多边化提供了基础，但在投资准入、投资竞争环境及投资争议解决条款上仍存在着明显的南北分歧。这意味着，未来中国如要推动国际投

---

① UNCTAD, *World Investment Report 2015: Reforming International Investment Governance*, United Nation, UNCTAD/WIR/2015, 2015, p.110, http://unctad.org/en/pages/PublicationWebflyer.aspx?publicationid=1245.

② 林念：《从企业扬帆到政府起航——关于国际投资协定的讨论》，《国际经济评论》2013 年第 1 期。

资协定的多边谈判，需审慎选择谈判场合，推动符合包容、开放原则的国际投资协定谈判。

（一）全球投资治理多边谈判的路径选择

多边投资协定谈判可在不同多边组织下进行。

第一种是与20世纪90年代MAI谈判一样，由OECD牵头，并由该组织提供谈判的机构和文本支持。但显然，OECD作为发达国家的"俱乐部"式组织，其引导下的多边投资协定谈判很可能在制度供给上呈现向发达国家一边倒的趋势。并且，当前国际投资协定中南北分歧的一个核心便是针对发展中国家国有企业投资及商业行为的国有企业竞争中立原则及相关规定，该原则由贸易协定蔓延至投资协定，并有扩张的倾向，正是源于发达国家对OECD2011年发布的《竞争中立与国有企业：挑战与政策选择》的推广，在OECD下展开多边谈判不仅不能充分考虑到资本输入国家及发展中国家的利益，并可因对投资环境过度规制而激化南北矛盾。

第二种路径是在WTO的平台下进行。当前WTO多边谈判功能陷于停滞，美欧等发达国家另起炉灶，在WTO内部通过"定向邀请"的方式选择部分国家开展"服务贸易协定"及"投资框架协定"谈判，排除新兴发展中国家参与，并试图在形成高标准规则后对新兴发展中国家形成绑架之势。中国可联合发展中国家，尤其是金砖国家在WTO的总理事会或部长级会议上要求美欧澳等发起的"投资框架协定"谈判维持开放性，允许发展中国家自愿加入谈判，在南北充分协商的基础上形成缔约文本。但需要承认的是，美欧主导的"投资框架协定"谈判有意将中国等新兴发展中国家排除在外，当中国要求美欧等开放"投资框架协定"谈判时，很可能遭遇其拒绝或不置可否的态度。

第三种倘若WTO下的"投资框架协定"谈判排斥中国等新兴发展中国家的加入。中国可联合金砖国家等发展中国家，并邀请若干处于非绝对话语强势的发达国家另起炉灶，拟定一个可平衡南北分歧的多边投资协定草案，并由"联合国贸易发展委员会"（UNCTAD）共同组建联合工作组为多边投资协定谈判提供机构及制度支持。UNCTAD 长期致力于南北国家的投资合作工作，为多边投资协定谈判提供基本框架制度支持具有可行性。金砖国家是主要的资本输出国和投资目标国，因而一个在金砖国家及主要发展中国家实施的国际投资协定无疑对发达国家具有吸引力，亦可缓冲发达国家主导的国际投资协定中南北失衡的话语权。

（二）中国在全球投资治理多边谈判中的价值取向

由前文分析可见，南北国家因政治经济制度差异，发展阶段不同，在国际投资协定若干条款方面仍存在显著分歧，在当前逆全球化背景下发达国家更是出现了抑制对外投资的保护性措施。未来国际投资协定多边谈判应以促进投资开放和发展为宗旨，并具有兼容南北制度差异的能力。

因此，中国未来应在国际投资协定多边谈判中坚持以"共同发展"为导向[1]，使国际投资协定多边谈判具有发展性、包容性和灵活性。

第一，中国应提倡国际投资协定多边谈判在改善海外投资环境、提高投资开放程度的同时，补充提升发展中国家对外投资及接受投资能力的内容。中国可建议由 UNCTAD 调研制约发展中国家投资吸收能力的障碍，倡导缔约国，尤其是发展中国家减少投资审批环节、采取一站式审批、开展电子政务合作及通关便利、保障法律法规透明度等提高外资引入的便利程度，以降低资本输出国资本输出成本，提高发展中国家资本输入和利用效率。

第二，中国应提倡国际投资协定多边谈判应具有兼容不同发展阶段国

---

[1]　陈伟光、王燕：《全球经济治理中的制度性话语权中国提升策》，《改革》2016年第 7 期。

家、企业发展需求及不同发展模式的包容性。"包容"亦是"共同发展"的应有之义。国际投资协定多边谈判不应具有意识形态及发展模式的歧视性，而应使不同规模的企业及不同发展阶段的国家均能从投资开放中获利，为中小企业及不发达国家融入全球价值链提供便利。国际投资协定多边谈判应打破双边及区域投资协定基础上形成的排他性价值链，为不发达国家提供发展机会，并应倡导对中小企业授予投资优惠及便利措施，提供技能培训，禁止跨国企业在东道国采取打压中小企业的垄断及反竞争行为。并且，国际投资协定多边谈判应包容南北国家不同的发展模式。发展中国家的发展可借鉴西方新自由主义制度下的"私有化"路径，也可创新具有自身特色的"国有化"或"混合制"路径。当前，美欧所主导的国际投资协定中的国有企业条款、竞争中立条款等欲使发展中国家按照西方的意图进行政治经济体制改革，为本国跨国企业境外扩张及并购扫清道路。这些条款的强制性适用以"形式上"的公平竞争掩盖了不同发展阶段国家竞争起跑线的"实质不公平"，服务于发达国家对国企比例较高的发展中国家，尤其是新兴经济体优势企业的"去国有化"。例如国有企业竞争中立条款，美国主张适用"所有制区分型"的国有企业竞争中立条款，而有别于澳大利亚所适用的"行为区分型"国有企业竞争中立条款。前者规定一旦企业符合协定所定义的"国有企业"，便需遵守特殊的竞争中立规则，而无论该企业是否基于国有企业的地位而被授予特殊待遇，具有较强的歧视性。① 国际投资协定多边谈判应以追求"实质公平"为宗旨，在追求公平市场竞争环境时考虑不同发展模式及发展阶段的需求，具有兼容私有制、公有制及混合制发展模式的"中立性"。

最后，国际投资协定多边谈判应具有兼容南北制度分歧的灵活性。譬如在投资准入方面，倘若国际投资协定多边谈判一律采纳准入前国民待遇

① 王燕:《自由贸易协定法律输出与话语权研究》,《政治与法律》2016 年第 1 期。

及负面清单，必然难以为多数发展中国家所接受；倘若一概采纳准入后国民待遇及正面清单，对于发达国家无疑构成倒退，并增加准入模式转变的缔约成本。国际投资协定多边谈判可参考《中澳自由贸易协定》的混合准入模式，即澳大利亚对中国适用准入前国民待遇及负面清单开放模式，中国对澳大利亚则实施准入后国民待遇，维持现有投资准入的不符措施，但承诺与澳方尽快就负面清单达成协议。从而可兼顾当前在双边及区域自由贸易协定中采纳不同准入模式的发达国家和发展中国家的不同利益，并通过过渡期的方式逐步推进发展中国家投资准入的负面清单化。

再如针对投资开放、保护及争议解决条款亦可充分吸收中国与加拿大、澳大利亚等自由贸易协定中的灵活性规定。在《中加投资促进与保护协定》中，中国保留了要求投资者先行适用东道国的行政复议程序，方能对东道国发起国际投资仲裁程序的要求。在向社会公众公开国际投资仲裁程序的材料方面，亦采纳了非常灵活的措辞，由争端缔约方即东道国决定是否予以公开①，由此既可满足发达国家国内民主制度对程序公开及透明度的要求，也具有兼顾发展中国家维持投资争议相关信息保密的灵活性。

2016 年后国际社会"黑天鹅"事件迭出，全球化进程及全球经济治理前景不明。寻求新的经济合作模式和契机，已成为当前应对逆全球化、重振全球化信心的当务之急。国际投资协定作为当前尚未多边化的领域，在不同国家利益的驱使下，未来将在多边化进程上演一番制度之争。因此在 2016 年 11 月杭州召开的峰会上，中国作为主席国倡导各国达成《全球投资指导原则》，以发展中国家的立场，发出了国际投资协定多边合作的呼声。而在此之前，新一轮国际投资协定多边化进程已然开始。2015 年，美欧澳等国家在 WTO 下重启"投资框架协定"谈判，并将中国等新兴发展中国家排除在谈判之外，便体现了发达国家以"俱乐部"方式达成高标

---

① 《中加投资促进与保护协定》第 28 条。

准多边或区域投资协定的意图。在这种背景下，中国无论是作为全球资本输入大国及输出大国的身份，还是处于维护全球化的需要，制定符合发展中国际立场的国际投资制度，推动多边投资协定的谈判，积极参与制度的制定对中国而言无疑意义重大。

六、实施国内政策改革

除了提速"中美双边投资协定""中欧双边投资协定"谈判，促进国际投资治理的多边谈判之外，中国亦需通过国内投资政策改革，如提速外资法改革，深化国企的商业化和竞争中性改革，从而增进中国在全球投资治理中的话语权。

（一）外国投资法改革

早期指导中国对外投资的法律主要是《中外合资企业经营法》《外资企业法》《中外合作企业经营法》（以下简称外资三法），三资法所确立的逐案审批制模式已经难以适应全面深化改革和进一步扩大开放的需要。党的十八届三中全会提出"构建开放型经济新体制""统一内外资法律法规，保持外资政策稳定、透明、可预期""改革涉外投资审批体制""探索对外商投资实行准入前国民待遇加负面清单的管理模式"；十八届四中全会要求"适应对外开放不断深化，完善涉外法律法规体系，促进构建开放型经济新体制"，改革的方向是"三法合一"——制定一部统一的《外国投资法》。《外国投资法》也根据指导方针和中美 BIT 的内在要求定位为一部深化体制改革的法，扩大对外开放的法，促进外商投资的法，规范外资管理的法。

当前，《外国投资法（草案征求意见稿)》（以下称《草案》）已经出台，尝试对中国现行外资管理制度做出根本性变革。《草案》对外国投资准入执行负面清单制度，并且在准入时执行报告制度，取代此前的事前审批制度，执行事中和事后监督，但与其他国家的投资法相比，竞争中性规则在《草案》中体现不够，负面清单还需要进一步缩减，外国投资者待遇和投资履行要求方面的规定也有待和国际通行规则进一步接轨。在投资审查制度方面，《草案》则可以加大国家对外国投资安全审查方面的权限。2016年，美中经济安全审查委员又建议国会修改法令禁止中国国企收购美国企业或获得美国企业的控制权。① 美国国会 2018 年扩张外国投资委员会的权限范围，将获得少数股权的投资及并购行为以及购买位于港口或包括军事设施在内的敏感设施附近的土地被纳入外国投资委员会（CFIUS）的投资审查范畴。为防止公司在被审查完全之前急于完成交易，法案授予 CFIUS 暂停公司交易的权力。② 对此，中国在进一步简政放权，扩大外商投资开放范围的同时，亦可扩张国家对外商投资安全审查权限，对外国针对中国实施的歧视性投资审查措施执行对等待遇。

（二）深化国企的商业化和竞争中立改革

国有企业限制竞争行为并非全球普遍现象，其分布也颇为不均衡。发达国家国有企业在国民经济中占比较少，尤其像美国这样的国家，仅在邮政领域保留了联邦国有企业，州立国有企业并非国民经济主体。但新兴发展中国家，如中国、印度及巴西等国营经济比例较高。在欠缺对国企进行竞争规制的情形下，国企通常在国内政策、初始垄断、所有权流动性不足方面具有竞争优势，或干扰市场环境。第一，国有企业往往能获得私营企业无法获得的各种直接或间接的税收、信贷补贴和优惠。第二，国有企业

---

① 2016 Report to Congress, the U.S.-China Economic and Security Review Commission, Chapter 1, https://www.uscc.gov/annual_reports/2016-annual-report-congress.

② 美国新通过法案为 S2098. http://www.yidianzixun.com/article/0J8TMQtc。

多处于垄断性行业，或被授予排他性或独占性权利，即便这些行业因自然垄断而不适于私人投资，但国有企业仍可因产品、服务购买和销售时的初始垄断权影响上下游企业的竞争条件。第三，国有企业所有权及控制权流动性不足、企业内外监督机制效率低、无需向股东支付红利、对证券市场股票价格不敏感、亏损时获得国家注资等因素不做成本效益性决策，甚至采取反竞争的价格策略。[①] 国有企业的种种特权因跨境贸易和投资，对产品及服务的进出口和价格以及在本国市场投资的外资企业商业行为均产生影响。

鉴于此，美国与其他发达国家一道积极推动 OECD 和 UNCTAD 制定示范法强化国企竞争中立的价值观，将国企竞争中立规则推广至更多的国家。2010—2015 年间，OECD 先后发布题为《竞争中立和国有企业：挑战和政策选择》(2011)、《竞争中立：在公私企业间维持公平竞争环境》(2012)及《OECD 关于国企公司治理的指南》(2015) 三份报告，而 UNCTAD 于 2014 年亦发布了《竞争中立及其在特定国家的应用》(2014) 报告。这些报告和指南是美欧宣传竞争中立规则的重要平台。但这些报告和指南并不具有强制约束力[②]，由各国政府决定是否在本国推广适用。美国仍需借助于自由贸易路径实现国企竞争中立规则的落地。因此，国企竞争中立规则作为规则新秀，频频出现在美国、欧盟、澳大利亚本世纪签订的自由贸易协定中，并逐渐由单一条款发展为独立章节。

目前，澳大利亚所签署的 8 个自由贸易协定中，有 4 个包含国企

---

① Ines Willemyns, *Disciplines on State-Owned Enterprises in International Economic Law: Are We Moving in the Right Direction?* J Int Economic Law, 2016, 19(3), pp.657-680.

② See Anthony Aust, *Handbook of International Law (Second Edition),* Cambridge University Press, 2010, p.11; Malcolm N. Shaw QC, *International Law (Sixth edition),* Cambridge University Press, 2008, p.118; Huge Thirlway, *The Source of International Law,* Cambridge University Press 2014, p.164.

竞争中立规则。① 美国从 NAFTA 协定开始，在自由贸易协定中植入与国有企业竞争相关的条款，其后续与新加坡、澳大利亚、韩国等签署的自由贸易协定，均包含国企竞争中立条款。尤其是 TPP 协定，影响了对国企竞争规则持反对意见国家的态度，并覆盖全球经济最活跃亚太地区的主要国家，其达成被认为是国企竞争规则由萌芽至普及化的重要证据。② 尽管当前美国退出 TPP 协定，删减后的 CPTPP 并没有移除和修改国企竞争中立条款。USMCA 协定更是进一步强化了国企竞争中立调控。

中国作为全世界国营经济占比最高的发展中大国，需重视国有企业竞争中立规则的普及和同化效应，关注国企竞争中立实体及程序义务规则的发展趋势，务实推动国内国企商业化改革，在自身主导的自由贸易协定中建构符合本国利益的国企竞争中立条款。中国要意识到全面反对国企竞争中立规则与国际经贸规则的发展趋势并不一致，也不切实际。但美国版本的国企竞争中立规则义务过于苛刻，亦不能为中国所接受。因此，一方面，中国应区分美欧澳贸易协定中当前可予接受、可渐进接受以及不能接受的条款，与国有企业占比较高的新兴发展中国家及"一带一路"沿线国形成话语联盟，或在自身主导的自由贸易协定中制定较为温和的、考虑中国国情的国企竞争规制方案，推动国企的国内改革进度，以逐步适应该规则。另一方面，中国与话语强势国家的双边投资协定或自由贸易协定谈判倘若涉及该规则，应反对该规则的全面建构，尤其是强制性争端解决条款的制定，在谈判中对国企名录范围、国企商业行为、提供公共物品及服

---

① 这 4 个是澳大利亚与美国、韩国、新加坡和智利的协定。

② Julien Sylvestre Fleury and Jean-Michel Marcoux, *The US Shaping of State-Owned Enterprise Disciplines in the Trans-Pacific Partnership*, J Int Economic Law, 2016, Vol.19, No.2, p.445.

务的国企例外、国企优惠过渡期等议题的定义、解释与规则等进行"软化"①，并借助于"不符措施清单"为国有企业改革预留空间和时间。

　　总而言之，中国作为一个正在崛起中的发展中大国，更富建设性、有效地参与全球投资治理、向国际社会提供投资制度等公共产品任重而道远，需要中国完善和更新当前所签署的双边投资协定、提速与美国和欧盟的投资协定谈判、改善区域投资治理、推动多边投资谈判，以及深化国企改革并完善投资法律和政策。

---

　　① 　盛斌、段然：《TPP 投资新规则与中美双边投资协定谈判》，《国际经济评论》2016 年第 5 期。

主要参考文献

中文著作：

1.蔡拓著：《全球学的构建与全球治理》，中国政法大学出版社 2013 年版。

2.蔡拓著：《公共权力与全球治理》，中国政法大学出版社 2011 年版。

3.成中英著：《论中西哲学精神》，湖北人民出版社 2006 年版。

4.陈继勇著：《美国对外直接投资研究》，武汉大学出版社 1993 年版。

5.［美］道格拉斯·C.诺思、张五常等著，［美］李·J.阿尔斯通、［冰］思拉恩·埃格特森等编，罗仲伟译：《制度变革的经验研究》（第二辑），经济科学出版社 2003 年版。

6.［美］道格拉斯·C.诺思著，杭行译：《制度、制度变迁与经济绩效》，上海人民出版社 2008 年版。

7.［英］戴维·赫尔德等：《全球大变革：全球化时代的政治、经济与文化》，社会科学文献出版社 2001 年版。

8.［美］肯尼斯·华尔兹著，信强译：《国际政治理论》，上海世纪出版社 2008 年版。

9.范菊华著：《国际制度的建构主义分析》，贵州人民出版社 2007 年版。

10.［美］费里德利克·克拉托赫维尔、爱德华·曼斯菲尔德主编：《国际组织与全球治理读本》，北京大学出版社 2007 年版。

11.李巍著：《制度变迁与美国国际经济政策》，上海人民出版社 2010 年版。

12.［美］罗伯特·基欧汉著，苏长和等译：《霸权之后》，上海人民出版社

2001 年版。

　　13.陆雄文著：《管理学大辞典》，上海辞书出版社 2013 年版。

　　14.黄仁伟著：《国际制度》，上海人民出版社 2006 年版。

　　15.[法] 卡蓝默著，高凌翰译：《破碎的民主》，生活・读书・新知三联书店 2005 年版。

　　16.林跃勤、周文主编：《金砖国家发展报告（2015)》，社会科学文献出版社 2015 年版。

　　17.[美] 曼瑟尔・奥尔森著，陈郁等译：《集体行动的逻辑》，格致出版社 2011 年版。

　　18.庞中英主编：《亚投行：全球治理的中国智慧》，人民出版社 2015 年版。

　　19.庞中英著：《全球治理与世界秩序》，北京大学出版社 2012 年版。

　　20.[美] 托马斯・谢林著，赵华等译：《冲突的战略》，华夏出版社 2011 年版。

　　21.秦亚青主编：《世界政治与全球治理》，世界知识出版社 2014 年版。

　　22.孙吉胜著：《语言、意义与国际政治》，上海人民出版社 2009 年版。

　　23.王忠强著：《中国古代文化史话："海上丝绸之路"》，吉林文史出版社 2011 年版。

　　24.王辑思等著：《中国学者看世界：全球治理卷》，新世界出版社 2007 年版。

　　25.王奇才著：《法治与全球治理》，法律出版社 2012 年版。

　　26.[美] 温都尔卡・库芭科娃、尼古拉斯・奥努弗、保罗・科维特主编，肖锋译：《建构世界中的国际关系》，北京大学出版社 2006 年版。

　　27.吴志成著：《全球治理》，中央编译出版社 2010 年版。

　　28.[美] 亚历山大・温特著，秦亚青译：《国际政治的社会理论》，上海人民出版社 2000 年版。

　　29.[美] 约翰・R.康芒斯著，朱飞等译：《集体行动的经济学》，中国劳动社会保障出版社 2010 年版。

30.俞可平著:《全球化:全球治理》,社会科学文献出版社 2003 年版。

31.〔美〕约瑟夫·奈、约翰·唐纳胡主编,王勇等译:《全球化世界的治理》,世界知识出版社 2003 年版。

32.余劲松主编:《中国涉外经济法律问题研究》,武汉大学出版社 1999 年版。

33.郑永年著:《中国的崛起——重估亚洲价值观》,东方出版社 2016 年版。

34.朱杰进著:《国际制度设计》,上海人民出版社 2011 年版。

35.朱立群著:《欧洲安全组织与安全结构》,世界知识出版社 2002 年版。

中文论文:

1.鲍勃·杰索普:《治理的兴起及其失败的风险:以经济发展为例的论述》,《国际社会科学杂志》1999 年第 2 期。

2.车丕照:《我们可以期待怎样的国际法治》,《吉林大学社会科学学报》2009 年第 4 期。

3.车丕照:《国际法的话语价值》,《吉林大学社会科学学报》2016 年第 6 期。

4.陈淑梅、全毅:《TPP、RCEP 谈判与亚太经济一体化进程》,《亚太经济》2013 年第 2 期。

5.陈素权:《二十国集团在全球金融与经济治理中的角色分析》,《世界经济与政治论坛》2009 年第 4 期。

6.陈伟光:《全球治理与全球经济治理:若干问题的思考》,《教学与研究》2014 年第 2 期。

7.陈伟光、王燕:《全球经济治理制度性话语权:一个基本的理论分析框架》,《社会科学》2016 年第 10 期。

8.陈正良、周婕、李包庚:《国际话语权本质析论——兼论中国在提升国际话语权上的应有作为》,《浙江社会科学》2014 年第 7 期。

9. 蔡拓：《全球治理的中国视角与实践》，《中国社会科学》2004 年第 1 期。

10. 蔡从燕：《国际投资仲裁的商事化与"去商事化"》，《现代法学》2011 年第 1 期。

11. 东艳、苏庆义：《解开 TPP 面纱：基于文本的分析》，《国际经济评论》2016 年第 1 期。

12. 东艳：《全球贸易规则的发展趋势与中国的机遇》，《国际经济评论》2014 年第 1 期。

13. 董漫远：《全人类共同利益与中国的和平发展》，《国际问题研究》2005 年第 5 期。

14. [美] 丹尼尔·耶金：《一个时堪词的诞生》，《新闻周刊》1999 年第 2 期。

15. 丁振辉、翟立强：《美国对外直接投资与贸易选择》，《国际贸易问题》2013 年第 8 期。

16. 崔志楠、邢悦：《从"G7 时代"到"G20 时代"：国际金融治理机制的变迁》，《世界经济与政治》2011 年第 1 期。

17. 杜朝运、叶芳：《集体行动困境下的国际货币体系变革——基于全球公共产品的视角》，《国际金融研究》2010 年第 10 期。

18. 冯维江：《试论"天下体系"的秩序特征、存亡原理与制度遗产》，《世界经济与政治》2011 年第 8 期。

19. 傅瑜、杨永聪：《全球经济治理框架的转型与重构》，《国际经贸探索》2013 年第 12 期。

20. 高程：《从规则视角看美国重构国际秩序的战略调整》，《世界经济与政治》2013 年第 12 期。

21. 高巍：《印度对外投资的经验及启示》，《国际经济合作》2006 年第 12 期。

22. 龚宇：《从 ICSID 到 WTO——多边投资争端解决机制之演进与比较》，《商业经济与管理》2003 年第 3 期。

23. 广东国际战略研究院课题组：《国际形势发展、影响及对策建议》，《国际经贸探索》2013年第12期。

24. 广东国际战略研究院课题组：《中国参与全球经济治理的战略：未来10—15年》，《改革》2014年第5期。

25. 黄河：《公共产品视角下的"一带一路"》，《世界政治与经济》2015年第6期。

26. 黄文艺：《全球化时代的国际法治——以形式法治概念为基准的考察》，《吉林大学社会科学学报》2009年第4期。

27. 黄世席：《国际投资仲裁中的条约挑选问题》，《法学》2014年第1期。

28. 何帆、冯维江、徐进：《全球治理机制面临的挑战及中国的对策》，《世纪经济与政治》2013年第4期。

29. 何志鹏：《大国政治的终结——国际法治的目标探求》，《吉林大学社会科学学报》2013年第3期。

30. 何帆、冯维江、徐进：《全球治理机制面临的挑战及中国的对策》，《世界经济与政治》2013年第4期。

31. 何智娟：《2004—2013年中印货物贸易发展浅析》，《南亚研究季刊》2014年第3期。

32. 何志鹏：《"良法"与"善治"何以同等重要——国际法治标准的审思》，《浙江大学学报（人文社会科学版）》2014年第3期。

33. 胡鞍钢、熊义志：《对中国科技实力的定量评估（1980—2004）》，《清华大学学报（哲学社会科学版）》2008年第2期。

34. 韩亮：《20世纪90年代双边投资保护协定的发展及评价》，《法学评论》2001年第2期。

35. 韩冰：《准入前国民待遇与负面清单模式：中美BIT对中国外资管理体制的影响》，《国际经济评论》2014年第6期。

36. 黎兵：《全球经济治理相关领域的理论探索》，《国际关系研究》2013年第2期。

37. 李晓、冯永琦：《国际货币体系改革的集体行动与二十国集团的作用》，《世界经济与政治》2012年第2期。

38.李向阳:《论"海上丝绸之路"的多元化合作机制》,《世界经济与政治》2014年第11期。

39.梁凯音:《中国话语权在经济全球化中的困境及其对策》,《国际商务》2014年第2期。

40.刘勇:《中国平安诉比利时王国投资仲裁案——以条约适用的时际法为视角》,《环球法律评论》2017年第4期。

41.[美]罗伯特·吉尔平:《国际治理的现实主义视角》,曹荣湘译,《马克思主义与现实》2003年第5期。

42.刘宏松:《正式与非正式国际机制的概念辨析》,《欧洲研究》2009年第3期。

43.刘志彪、张杰:《全球代工体系下发展中国家俘获型网络的形成、突破与对策——基于GVC与NVC的比较视角》,《中国工业经济》2007年第5期。

44.刘新生:《携手打造新"一带一路"》,《东南亚纵横》2014年第2期。

45.卢静:《后金融危机时期金砖国家合作战略探析》,《国际展望》2013年第6期。

46.卢进勇:《从〈与贸易有关的投资措施协议〉到〈多边投资协议〉》,《世界经济》1997年第10期。

47.林念:《从企业扬帆到政府起航——关于国际投资协定的讨论》,《国际经济评论》2013年第1期。

48.马丁·休伊森、蒂莫西·辛克莱著,张胜军编译:《全球治理理论的兴起》,《马克思主义与现实》2002年第1期。

49.倪世雄:《发展长期健康稳定的新型大国关系》,《当代世界与社会主义》2013年第3期。

50.聂平香:《国际投资规则的演变及趋势》,《国际经济合作》2014年第7期。

51.庞中英:《全球治理的转型——从世界治理中国到中国治理世界》,《国外理论动态》2012年第10期。

52.庞中英、王瑞平:《全球治理:中国的战略应对》,《国际问题研究》

2013 年第 4 期。

53. 庞中英：《"全球政府"——一种根本而有效的全球治理手段?》，《国际观察》2011 年第 6 期。

54. 庞中英：《全球治理的"新型"最为重要——新的全球治理如何可能》，《国际安全研究》2013 年第 1 期。

55. 庞中英：《1945 年以来的全球经济治理及其教训》，《国际观察》2011 年第 2 期。

56. 裴长洪：《全球治理视野的新一轮开放尺度：自上海自贸区观察》，《改革》2013 年第 12 期。

57. 裴长洪：《全球经济治理、公共产品与中国扩大开放》，《经济研究》2014 年第 3 期。

58. 彭何利、毛勇：《新丝绸之路经济带的国际法治构建》，《法学杂志》2015 年第 8 期。

59. 全毅：《TPP 对东亚区域经济合作的影响：中美对话语权的争夺》，《亚太经济》2012 年第 5 期。

60. 漆彤：《论中国海外投资者对国际投资仲裁机制的利用》，《东方法学》2014 年第 3 期。

61. 盛斌、果婷：《亚太区域经济一体化博弈与中国的战略选择》，《世界经济与政治》2014 年第 10 期。

62. 苏长和：《中国的软权力——以国际制度与中国的关系为例》，《国际观察》2007 年第 2 期。

63. 孙学峰、陈寒溪：《中国地区主义政策的战略效应》，《世界经济与政治》2007 年第 5 期。

64. 孙吉胜：《国际关系中的言语与规则建构——对尼古拉斯·奥努弗的规则建构主义研究》，《世界经济与政治》2006 年第 6 期。

65. 盛斌、果婷：《亚太区域经济一体化博弈与中国的战略选择》，《世界经济与政治》2014 年第 10 期。

66. 宋国友：《"一带一路"战略构想与中国经济外交新发展》，《国际观察》

2015 年第 4 期。

67. 宋伟:《规范与认同的相互建构》,《世界经济与政治》2008 年第 3 期。

68. 苏长和:《中国的软权力——以国际制度与中国的关系为例》,《国际观察》2007 年第 2 期。

69. 谈毅、慕继丰:《论合同治理和关系治理的互补性与有效性》,《公共管理学报》2008 年第 3 期。

70. 唐双宁:《提升中国金融"软实力"问题》,《银行家》2009 年第 4 期。

71. 唐海燕:《当代经济全球化的发展及其后果》,《华东师范大学学报(哲学社会科学版)》1999 年第 4 期。

72. 王明国:《全球治理机制碎片化与即指融合的前景》,《国际关系研究》2013 年第 5 期。

73. 王燕:《区域经贸法治"规则治理"与"政策治理"模式探析》,《法商研究》2016 年第 2 期。

74. 王燕:《欧盟新一代投资协定"反条约挑选"机制的改革——以 CETA 和 JEEPA 为分析对象》,《现代法学》2018 年第 4 期。

75. 王燕:《自由贸易协定法律输出与话语权研究》,《政治与法律》2016 年第 1 期。

76. 王毅:《试论新兴全球治理体系的构建及制度建设》,《国外理论动态》2013 年第 8 期。

77. 王正毅:《亚洲区域化:从理性主义走向社会建构主义》,《世界经济与政治》2003 年第 5 期。

78. 魏玲:《小行为体与国际制度——亚信会议、东盟地区论坛与亚洲安全》,《世界经济与政治》2014 年第 5 期。

79. 张斌、王勋、华秀萍:《中国外汇储备的名义收益率和真实收益率》,《经济研究》2010 年第 10 期。

80. 张谊浩、裴平、方先明:《国际金融话语权与中国方略》,《世界经济与政治》2012 年第 1 期。

81. 张宇燕:《利益集团与制度非中性》,《改革》1994 年第 2 期。

82.郑海麟:《建构"一带一路"的历史经验与战略思考》,《太平洋学报》2014年第1期。

83.郑李猛:《推进国家治理体系与国家治理能力现代化》,《吉林大学社会科学学报》2014年第2期。

84.钟腾飞、张洁:《雁型安全模式与中国周边外交的战略选择》,《世界经济与政治》2011年第8期。

85.竺彩华、韩剑夫:《"一带一路"沿线FTA现状与中国FTA战略》,《亚太经济》2015年第4期。

86.周宇:《全球经济治理与中国的参与战略》,《世界经济研究》2011第11期。

87.朱立群、聂文娟:《从结构—施动者角度看实践施动——兼论中国参与国际体系的能动性》,《世界经济与政治》2013年第2期。

88.邢广程:《理解中国现代丝绸之路战略——中国与世界深度互动的新型链接范式》,《世界经济与政治》2014年第12期。

89.徐秀军:《新兴经济体与全球经济治理结构转型》,《世界经济与政治》2012年第10期。

90.徐崇利:《从实体到程序:最惠国待遇适用范围之争》,《法商研究》2007年第2期。

91.徐树:《国际投资仲裁庭管辖权扩张的路径、成因及应对》,《清华法学》2017年第3期。

92.许罗丹、谭卫红:《对外直接投资理论综述》,《世界经济》2004年第3期。

93.辛宪章:《国际投资争端解决机制研究》,东北财经大学博士学位论文,2013年。

94.[德]托马斯·里斯,肖莹莹译:《全球化与权力:社会建构主义的视角》,《世界经济与政治》2013年第10期。

95.袁新涛:《"一带一路"建设的国家战略分析》,《理论月刊》2014年第11期。

96. 袁伟华、韩召颖:《权力转移、国家意志与国际秩序变迁》,《世界经济与政治》2015 年第 12 期。

97. [加] 约翰·科顿:《二十国集团治理的成长——一个全球化了的世界使然》,《国际展望》2013 年第 5 期。

98. 于海春、雷达:《新地区主义与美国的对外贸易政策协调》,《国际经济评论》2014 年第 4 期。

99. 叶玉:《全球经济治理体系的冲突与协调》,《国际观察》2013 年第 3 期。

100. 俞可平:《全球治理引论》,《马克思主义与现实》2002 年第 1 期。

101. 余劲松:《国际投资条约仲裁中投资者与东道国权益保护问题研究》,《中国法学》2011 年第 2 期。

102. 曾向红、李廷康:《上海合作组织扩员的学理与政治分析》,《当代亚太》2014 年第 3 期。

103. 张宇燕、田丰:《新兴经济体的界定及其在世界经济格局中的地位》,《国际经济评论》2010 年第 4 期。

104. 赵骏:《全球治理视野下的国际法治与国内法治》,《中国社会科学》2014 年第 10 期。

105. 赵艳杰、陈效卫:《当代国际体系结构的稳定机制与变革动因》,《国际政治研究》1998 年第 2 期。

106. 赵永亮:《国内贸易的壁垒因素与边界效应——自然分割和政策壁垒》,《南方经济》2012 年第 3 期。

107. 周方银:《中国的世界秩序理念与国际责任》,《国际经济评论》2011 年第 3 期。

108. 周士新:《中国安全外交与地区多边机制》,《国际安全研究》2014 年第 6 期。

109. 周士新:《香格里拉对话会的演进与前景》,《东南亚南亚研究》2012 年第 3 期。

110. 周宇:《全球经济治理与中国的参与战略》,《世界经济研究》2011 年第 11 期。

111. 郑瑜、孙丽辉：《巴基斯坦的产业结构经济开放与经济增长的实证研究》，《企业研究》2007 年第 10 期。

112. 张宝艳：《俄罗斯对外直接投资：理论、现状与影响》，《俄罗斯中亚东欧研究》2009 年第 5 期。

113. 张庆麟：《论国际投资协定"投资"的性质与扩大化的意义》，《法学家》2011 年第 6 期。

114. 张宇燕：《利益集团与制度非中性》，《改革》1994 年第 2 期。

115. 曾华群：《论双边投资条约实践的"失衡"与革新》，《江西社会科学》2010 年第 6 期。

116. 朱明新：《最惠国待遇条款适用争端解决程序的表象和实质——基于条约解释的视角》，《法商研究》2015 年第 3 期。

117. 赵骏：《全球治理视野下的国际法治与国内法治》，《中国社会科学》2014 年第 10 期。

外文专著：

1.M. Slaughter, *A New World Order,* Princeton University Press, 2004.

2.Andreas Hasenclever, Peter Mayer, and Volker Rittberger, *Theories of International Regimes,* Cambridge University Press, 1997.

3.Anthony Aust，*Handbook of International Law (Second Edition)*, Cambridge University Press, 2010.

4.Brummer, Minilateralism, *How Trade Alliances, Soft Law and Financial Engineering are Redefining Economic Statecraft,* Cambridge University Press, 2014.

5.Chester Brown, *Commentaries on Selected Model Investment Treaties*, Oxford University Press, 2013.

6.Commission on Global Governance, *Our Global Neighbourhood: The Report of the Commission on Global Governance*, Oxford University Press,1995.

7.Chester Brown, *Commentaries on Selected Model Investment Treaties*, Oxford University Press, 2013.

8.Denis Smith, *Diplomacy and Strategy of Survival, British Policy and Franco's Spain*（*1940-1941*）, Cambridge University Press, 1986.

9.Gilpin, Robert, *U.S. Power and the Multinational Corporation*, Basic Books, 1975.

10.Huge Thirlway, *The Source of International Law*, Cambridge University Press 2014.

11.Ines Willemyns, *Disciplines on State-Owned Enterprises in International Economic Law: Are We Moving in the Right Direction?* J Int Economic Law, 2016, 19(3), pp.657-680.

12.Jeffrey J. Schott, Minsoo Lee, and Julia Muir, *Prospects for Services Trade Negotiations, working paper, pp 12-27, Peterson Institute for International* Economics, 2012.

13.John Rawls，*A Theory of Justice*，Revised Edition，Oxford University Press, 1999.

14.Nicholas A. Phelps and Philip Raines, *The New Competition for Inward Investment: Companies, Institutions and Territorial Development*, Massachusetts: Edward Elgar Publishing, 2003.

15.Paul J. Davidson, *The Role of Soft Law in the Governance of International Economic Relations in Asia,* Martinus Nijhoff Publishers, 1985.

16.Palitha Tikiri Bandara Kohona, *The Regulation of International Economic Relations through Law*, Martinus Nijhoff Publishers, 1985.

17.Michael Barnett and Raymond Duall (eds), *Power in Global Governance*, Cambridge University Press, 2005.

18.Michael Barnett and Martha Finnemore, *Rules for the World: International Organizations in* Global Politics, ICornell University Press, 2004.

19.Malcolm N. Shaw QC, International Law (Sixth edition), Cambridge University Press, 2008.

20.Nicholas A. Phelps and Philip Raines, *The New Competition for Inward Investment: Companies, Institutions and Territorial Development,* Edward Elgar Publishing, 2003.

21.OECD, *International Investment Law: Understanding Concepts and Innovations,* OECD Publications, 2008, p.275.

22.Sampson Gary, *The World Trade Organization and Sustainable Development*, United Nations University Press, 2005.

23.Trachtman J. *The Future of International Law, Cambridge*: Cambridge University Press, 2013.

24.Trachtman J., *The Future of International Law*, Cambridge University Press, 2013.

外文论文：

1.Abbott and Snidal, "Strengthening International Regulation Through Transnational New Governance", *Vanderbilt Journal of Transnational Law,* Vol.42, No.1, 2009.

2.Alexander Wendt, "the Agent-Structure Problem in International Relations Theory", *International Organization*, Vol.41, No.3, 1987.

3.Andrew Grainger, "Trade Facilitation: A Conceptual Review", *Journal of World Trade*, Vol.45, No.1, 2011.

4.Bill Keller, "Mitt and Bibi: Diplomacy as Demolition Derby," New York Times, Autumn 12, 2012.

5.Christina J. Schneider, "Weak States and Institutionalized Bargaining Power in International Organizations", *International Studies Quarterly*, Vol.55, No.2, 2011.

6.C. O'Neal Taylor, "Of Free Trade Agreements and Models", *Indiana International and Comparative Law Review*, Vol.19, No.1, 2009.

7.E. U. Petersman, "The WTO Constitution and Human Rights", *Journal of*

International Economic Law, Vol.3, No.1, 2000.

8.Filippo Fontanelli and Giuseppe Bianco, "The Inevitable Convergence of the US and the EU on the Protection of Foreign Investments–BITs, PTAs, and Incomplete Contracts". http://papers.ssrn.com/sol3/papers.cfm?abstract_id=2364074.

9.G. John Ikenbeny, "American's Imperial Ambition", *Foreign Affairs*, Vol.81, No.5, 2002.

10.Gary Clyde Hufbauer, "How will TPP and TTIP Change the WTO System?" *Journal of International Economic Law,* Vol.18, No.1, 2015.

11.International Law Commission, Fragmentation of International Law: Difficulties Arising from the Diversification and Expansion of International Law, *Report of the Study Group,* UN Doc. A/CN.4/L.682 (4 April 2006).

12.Mark A. Clodfelter, "The Future Direction of Investment Agreements in the European Union", *Santa Clara Journal of International Law*, Vol.12, No.2, 2013.

13.Jiangyu Wang, "China's Regional Trade Agreements: The Law, Geopolitics, and impact on the Multilateral Trading System", *Singapore Year Book of International Law*, Vol.8, No.1, 2004.

14.Jingjia Ke, "The ASEAN-China Free Trade Area: Neighbors, Relatives, or Foes?", *China and WTO Review*, Vol.1, No.2, 2015.

15.Joost Pauwelyn, "When Structures Become Shackles: Stagnation and Dynamics in International Lawmaking", *European Journal of International Law*, Vol.25, No.3, 2014.

16.John Kirton, "Explaining G8 Effectiveness", in Michal Hodges and John Kirton (eds), *The G8's Role in the New Millennium*, Ashgate,1999.

17.John Shuhe Li: "The Benefits and Costs of Relation-based Governance: An Explanation of the East Asian Miracle and Crisis", East Asian Bureau of Economic Research, Governance Working Paper No.209, June 2000, http://www.eaber.org/intranet/documents/26/209/CUHK_Li_00 -2.pdf.

18.James N. Rosenau, "Governance in the Twenty-first Century", *Global*

Governance, Vol.1, No.1, 1995.

19.Julien Chaisse, "Treaty Shopping Practice: Corporate Structuring and Restructuring to Gain Investment Treaties and Arbitrations", *Hastings Business Law Journal*, Vol.11, No.1, 2015.

20.Katharina P. Coleman, "Locating norm diplomacy: Venue Change in International Norm Negotiations", *European Journal of International Relations,* Vol. 19, No.1, 2013.

21.Laurence R. Helfer, "Regime Shifting: the TRIPs Agreement and New Dynamics of International Intellectual Property: Conflicts or Coexistence?", *Miinisotta Intellectural Proeperty Review,* Vol.47, No.5, 2003.

22.Martti Koskenniemi: "Fragmentation of International Law: Difficulties Arising from the Diversification and Expansion of International Law", *International Law Commission Report*, 99 UN Doc. A/CN.4/L.682 (Apr. 13, 2006).

23.Martin Roy, Juan Marchetti, Hoe Lim : "Services Liberalization in the New Generation of Preferential Trade Agreements (PTAs): How Much Further than the GATS?" *WTO working paper,* September of 2006, http://ideas.repec.org/a/cup/wotrrv/v6y2007i02p155-192_00.html.

24.Meredith Kolsky Lewis, "The TPP and the RCEP (ASEAN +6) as Potential Path Toward Deeper Asian Economic Integration", *Asian Journal of WTO and International Health Law and P*olicy, Vol.8, No.1, 2013.

25.Okezic Chukwumerije, "Interpreting Most-Favored Nation Treatment Clause in International Investment Arbitration", *J. World Investment & Trade,* Vol.8, No.1, 2007.

26.Okezic Chukwumerje, "Interpreting Most-Favored-Nation Clause in Investment Treaties Arbitration", *J. World Investment & Trade*, Vol.8, No.1, 2007.

27.Patrick Thaddeus Jackson and Daniel H. Nexon, "Relations before States: Substance, Process and the Study of World Politics", *European journal of International Relations*, Vol. 5, No.1, 1999.

28.Paul J. Davidson, "The Role of International Law in The Governance of International Economic Relations in Asia", *Singapore Year Book of International Law and Contributors,* Vol.12, No.1, 2008.

29.Paul J. Davidson, "The Role of Soft Law in the Governance of International Economic Relations in Asia", *Chinese Taiwan Year Book of International Law and Affairs*, Vol.24, No.1, 2006.

30.Peter K. Yu, "TPP and Trans-Pacific Perplexities", *Fordham Int'l L. J.* Vol.37, No.1, 2013.

31.Raj Bhala, "Trans-Pacific Partnership or Trampling Poor Partners? A Tentative Critical Review", *Manchester King International Economic Law,* Vol.11, No.1, 2014.

32.Robert O. Keohane, "International Institutions: Two Approaches", *International Studies Quarterly*, Vol.32, No.4, 1988.

33.Robert O. Keohane, "Governance in a Partially Globalized World", *American Political Science Review*, Vol.95, No.1, 2001.

34.Ronald J. Gilson, "Controlling Family Shareholders in Developing Countries: Anchoring Relational Exchange", *Stanford Law Review*, Vol.60, No.4, 2007.

35.REINISCH, A."The EU on the Investment Path Quo Vadis Europe? The Future of EU BITs and other Investment Agreements". *Available on SSRN*. 2013.

36.Stephen Krasner, "Structural Causes and Regime Consequences: Regimes As Intervening Variables", *International Organization* , Vol. 36, No.2, 1982.

37.Sumantra Ghoshal and Peter Moran Insead, "Bad for Practice: A critique of the Transaction Cost Theory," *The Academy of Management Review*, Vol.21, No.1, 1996.

38.Stephan W. Schill, Multilateralizing Investment Treaties through Most-Favored-Nation Clauses, *Berkeley J. Int'l Law*, Vol.27, No.1, 2009.

39.Tietje, "History of Transnational Administrative Networks", in O. Dilling, M. Herberb and G. Winter (eds),"Transnational Administrative Rule-Making, Performance, Legal Effects, and Legitimacy", Hart Publishing, 2011.

40.Tom Donilon, "America is Back in the Pacific and will Uphold the Rules," *Financial Times,* November 27, 2011.

41.Thomas Schultz and Cédric Dupont, "Investment Arbitration: Promoting the Rule of Law or Over-Empowering Investors? A Quantitative Empirical Study", *European Journal of International Law*, Vol.25, No.4, 2014.

42.UNCTAD, "World Investment Report 2015: Reforming International Investment Governance", United Nation, UNCTAD/WIR/2015.

43.UNCTAD, *World Investment Report 2016*:"Investor Nationality, Policy Challenge", UN CTAD/WIR/2016.

44.Weidong Ji, "Power and People in Relational Network: Dutton on Chinese Social Control", *Law and Society Review*, Vol.29, No.1, 1995.

45.WTO, "Decision Adopted by the General Council on 1 August 2004", WT/L/579, 2 August 2004.

46.*World investment report* 2017: "Investment and Digital Economy", UNCTAD/WIR/2017, p.XII, 116.

47.Young, Oran R., "International Regimes: Problems of Concept Formation", *World Politics*, Vol.32, No.1,1980.

责任编辑：王新明

封面设计：石笑梦

版式设计：吴　桐

图书在版编目（CIP）数据

全球投资治理与体系建构／陈伟光，王燕　著 . — 北京：人民出版社，2020.12

ISBN 978－7－01－022745－0

I.①全…　II.①陈…②王…　III.①投资－研究　IV.① F830.59

中国版本图书馆 CIP 数据核字（2020）第 241032 号

全球投资治理与体系建构

QUANQIU TOUZI ZHILI YU TIXI JIANGOU

陈伟光　王　燕　著

人民出版社 出版发行

（100706　北京市东城区隆福寺街 99 号）

北京盛通印刷股份有限公司印刷　新华书店经销

2020 年 12 月第 1 版　2020 年 12 月北京第 1 次印刷

开本：710 毫米 ×1000 毫米 1/16　印张：18.75

字数：247 千字

ISBN 978－7－01－022745－0　定价：80.00 元

邮购地址 100706　北京市东城区隆福寺街 99 号

人民东方图书销售中心　电话（010）65250042　65289539